Felicidade Genuína

B. Alan Wallace

Felicidade Genuína

Meditação como o Caminho para a Realização

Prefácio de Sua Santidade o Dalai Lama
Apresentação de Lama Padma Samten

Teresópolis - RJ
6ª tiragem

LÚCIDA LETRA

Copyright © 2005 B. Alan Wallace
Direitos desta edição reservados a:
© 2015 Editora Lúcida Letra

Título original: Genuine Happiness: Meditation as the Path to Fulfillment

Editor: Vítor Barreto

Tradução: Jeanne Pilli
Revisão: Lúcia Brito, Vinícius Melo, Édio Pullig
Capa: Aline Haluch | Studio Creamcrackers
Projeto gráfico e diagramação: Aline Mendonça (Bibi) | Studio Creamcrackers

1ª tiragem: 05/2015, 6ª tiragem: 04/2021

Dados Internacionais de Catalogação na Publicação (CIP)

W187f Wallace, B. Alan.

Felicidade genuína: meditação como o caminho para a realização/B. Alan Wallace; tradução Jeanne Pilli; prefácio Sua Santidade o Dalai Lama; apresentação Lama Padma Samten – Teresópolis, RJ: Lúcida Letra, 2015.

208 p.; 23 cm.

ISBN 978-85-66864-14-4

1. Meditação - Budismo. 2. Budismo. 3. Autorrealização. 4. Consciência. I. Pilli, Jeanne. II. Bstan-'dzin-rgya-mtsho, Dalai Lama XIV, 1935-. III. Samten, Lama Padma. IV. Título.

CDU 294.3   CDD 294.34

Índice para catálogo sistemático:
1. Meditação : Budismo   294.3

(Bibliotecária responsável: Sabrina Leal Araujo – CRB 10/1507)

Sumário

Prefácio de Sua Santidade o Dalai Lama	8
Prefácio à edição brasileira	10
Agradecimentos	13
Introdução	16

Parte 1
Refinando a atenção

Atenção plena à respiração	25
Estabelecer a mente em seu estado natural	37
A consciência de estar consciente	49

Parte 2
Insight por meio da atenção plena

Atenção plena ao corpo	63
Atenção plena aos sentimentos	79
Atenção plena à mente	91
Atenção plena aos fenômenos	107

Parte 3
Cultivando um bom coração

Bondade amorosa	121
Compaixão	137
Alegria empática e equanimidade	151

Parte 4
Explorando a natureza da consciência

Bodicita: o espírito do despertar	169
Prática diurna de ioga dos sonhos	183
Prática noturna de ioga dos sonhos	197
A Grande Perfeição	209

Prefácio de Sua Santidade o Dalai Lama

A meditação é um instrumento ou técnica para moldar ou transformar a mente. De acordo com a minha própria e escassa experiência em meditação como um simples monge budista, à medida que envelheço, apesar de muitos dos problemas que enfrento se tornarem mais sérios e as minhas responsabilidades se tornarem mais desafiadoras, a minha mente se torna mais calma. O resultado de uma mente mais calma é que sou mais feliz. Quando me deparo com problemas, a minha paz mental em grande medida não se altera. Esse é certamente o resultado da meditação.

A meditação é importante como uma ferramenta para transformar a mente. Não temos que a conceber como algo religioso. Assim como a compaixão e o espírito do perdão, eu a incluiria entre as nossas boas qualidades humanas básicas. Quando nascemos, somos bastante livres de ideologia, mas não somos livres da necessidade de afeto humano. Compaixão, amor e perdão, o espírito de harmonia e um senso de fraternidade, todos são ensinados por nossas tradições religiosas. E, ainda assim, isso não significa que, se você aceitar o valor da compaixão ou do perdão, terá que adotar a religião como um todo. Com a meditação é igual: podemos usá-la como um meio de fortalecer as nossas boas qualidades humanas básicas.

De modo geral, a nossa atenção é normalmente atraída em direção às experiências sensoriais físicas e aos conceitos mentais. Com a meditação, aprendemos a recolher a nossa mente para o interior – não permitimos que ela persiga os objetos sensoriais. No entanto, não a recolhemos tanto a ponto de embotá-la. Precisamos manter um estado muito pleno de alerta e atenção, de modo que a consciência do nosso estado mental natural emerja. Esse é um estado mental no qual a consciência não é afligida por memórias e pensamentos do passado nem por pensamentos do futuro, expectativas, medos e esperanças. Em vez disso, a nossa mente permanece em um estado natural e neutro.

Quando recolhemos a nossa mente dos objetos externos, é quase como se não pudéssemos mais reconhecê-la como nossa mente. Há uma espécie de ausência, uma espécie de vácuo. No entanto, à medida que lentamente progredimos e nos habituamos, começamos a notar uma claridade, uma luminosidade subjacente. E é então que começamos a apreender e apreciar o estado natural da mente.

A tradição de meditação budista inclui diversas técnicas e práticas. Mas é muito importante ser hábil em como empregá-las. Precisamos de uma abordagem equilibrada, combinando estudo e aprendizagem com práticas de contemplação e meditação. Caso contrário, existe o risco de a intelectualização demasiada destruir as práticas mais contemplativas. Por outro lado, uma ênfase demasiada na implementação prática sem estudo pode destruir o entendimento.

Neste livro, Alan Wallace descreve uma série de técnicas meditativas, desde a mais simples atenção plena à respiração até os elevados métodos do Dzogchen. Partindo de uma perspectiva de longa experiência de estudo e prática, ele procurou apresentar essas técnicas tendo como referência as qualidades universais da mente humana, livres dos adornos culturais que possam ter se associado a elas, já que foram desenvolvidas na Índia, Tibete e outros lugares. Acredito que isso seja inteiramente apropriado. Inicialmente, quando o Buda e outros grandes mestres do passado deram essas instruções, eles não pretendiam beneficiar apenas os indianos, tibetanos, ou os asiáticos em geral, mas o fizeram para que todos pudessem encontrar paz e felicidade. Rogo também para que todo aquele que colocar essas instruções e aconselhamentos em prática possa encontrar tranquilidade e discernimento, que são seus frutos.

29 de setembro de 2003

Prefácio à edição brasileira

Ao longo do texto, o professor Alan Wallace constrói um caminho muito interessante, apresentando vários métodos, visões e passagens de sua própria vida e de sua interação com grandes mestres de diferentes tradições, cientistas notáveis e praticantes verdadeiros. Ele recebeu ensinamentos e treinou com 60 mestres do Oriente e do Ocidente, em sua maioria mestres tibetanos, mas também mestres de meditação Teravada da Birmânia, da Tailândia e do Sri Lanka, consolidando, assim, uma visão ampla e não sectária.

Aqui, o foco de seus ensinamentos é atingir a felicidade genuína treinando a atenção no cultivo da quiescência meditativa, explorando as quatro aplicações da atenção plena, as quatro incomensuráveis, a ioga dos sonhos e o Dzogchen, culminando no repouso na consciência absolutamente pura do presente imediato.

Baseado em sua própria experiência, introduz também conselhos muito úteis para estabelecer o Darma do Buda no contexto da vida e estabilizar a lucidez pela maturação progressiva da motivação correta e de bodicita. O seu conhecimento profundo de ciência e da mente ocidental permite que esses ensinamentos preciosos sejam apresentados com autoridade e precisão, em meio a um diálogo intercultural muito rico, com paralelos e exemplos que nos tocam diretamente. O autor fala transpirando a maturidade de sua própria prática, conectando-a com fontes escriturais selecionadas.

Para as pessoas em geral interessadas no tema, bem como para praticantes de abordagens específicas budistas e não budistas e os alunos do CEBB (Centro de Estudos Budistas Bodisatva), o texto é muito interessante por ampliar a sua visão e sua base de compreensão acerca das múltiplas abordagens da prática de meditação. Ele pode ser usado ainda como um programa progressivo e completo de formação no tema. Trata-se de um precioso referencial para a observação comparativa entre a presente prática de cada um e as várias descrições aqui contidas, a motivação adequada, o posicionamento adequado da mente e da energia de ação e o foco em meio à vida.

Temos hoje no Brasil uma diversidade de escolas tradicionais e muitos professores independentes trazendo contribuições que, mesmo originando-se da mesma raiz dos ensinamentos do Buda, muitas vezes parecem difíceis de harmonizar. Vejo o surgimento da presente publicação como uma abordagem unificadora que traz uma linguagem comum a todas essas expressões.

A Sanga brasileira tem sido muito beneficiada pela presença regular do professor Alan Wallace entre nós, que já percorreu o Brasil de norte a sul e tem também dialogado com o nosso ambiente universitário em diferentes capitais. A sua abordagem, que é especialmente hábil por conhecer em profundidade as origens e os meandros da cultura contemporânea, e por sua inteligência brilhante e compassiva, ajuda poderosamente a configuração da presença do Darma no Brasil. Muitos agradecimentos!

Lama Padma Samten.
Centro de Retiros do CEBB Darmata,
20 de junho de 2014.

AGRADECIMENTOS

Este livro é baseado em uma série de palestras que proferi em Santa Bárbara, ao longo do outono de 2000 e da primavera de 2001. As palestras foram gravadas e transcritas por muitos voluntários, alunos meus, a quem sou profundamente grato. A transcrição bruta foi editada na forma de livro por Brian Hodel e a seguir fiz várias alterações, às quais ele mais uma vez deu polimento. Tem sido um prazer trabalhar com Brian, e agradeço por seu entusiasmo incansável e por sua habilidade como editor. O manuscrito foi então enviado para a minha agente, Patricia van der Leun, que me orientou com enorme paciência para escrever uma primeira versão do livro e refinar o meu estilo de escrita. Foi graças a ela que o manuscrito foi submetido à John Wiley & Sons e, devido ao gentil interesse por parte de Thomas Miller, editor executivo de livros de interesse geral, foi aceito para publicação. Tive muito prazer em trabalhar com Teryn Johnson, editora da John Wiley & Sons que revisou o manuscrito e fez outras sugestões úteis. Agradeço a todos aqueles que contribuíram para este livro, especialmente aos meus muitos mestres, incluindo Sua Santidade o Dalai Lama, Geshe Rabten e Gyatrul Rinpoche, sem os quais a minha vida no Darma e este livro, que foi resultado dela, teriam sido impossíveis. Por fim, gostaria de expressar os meus agradecimentos pelo apoio amoroso de minha esposa, Vesna A. Wallace, e de minha enteada, Sara, que têm trazido tanta alegria à minha vida.

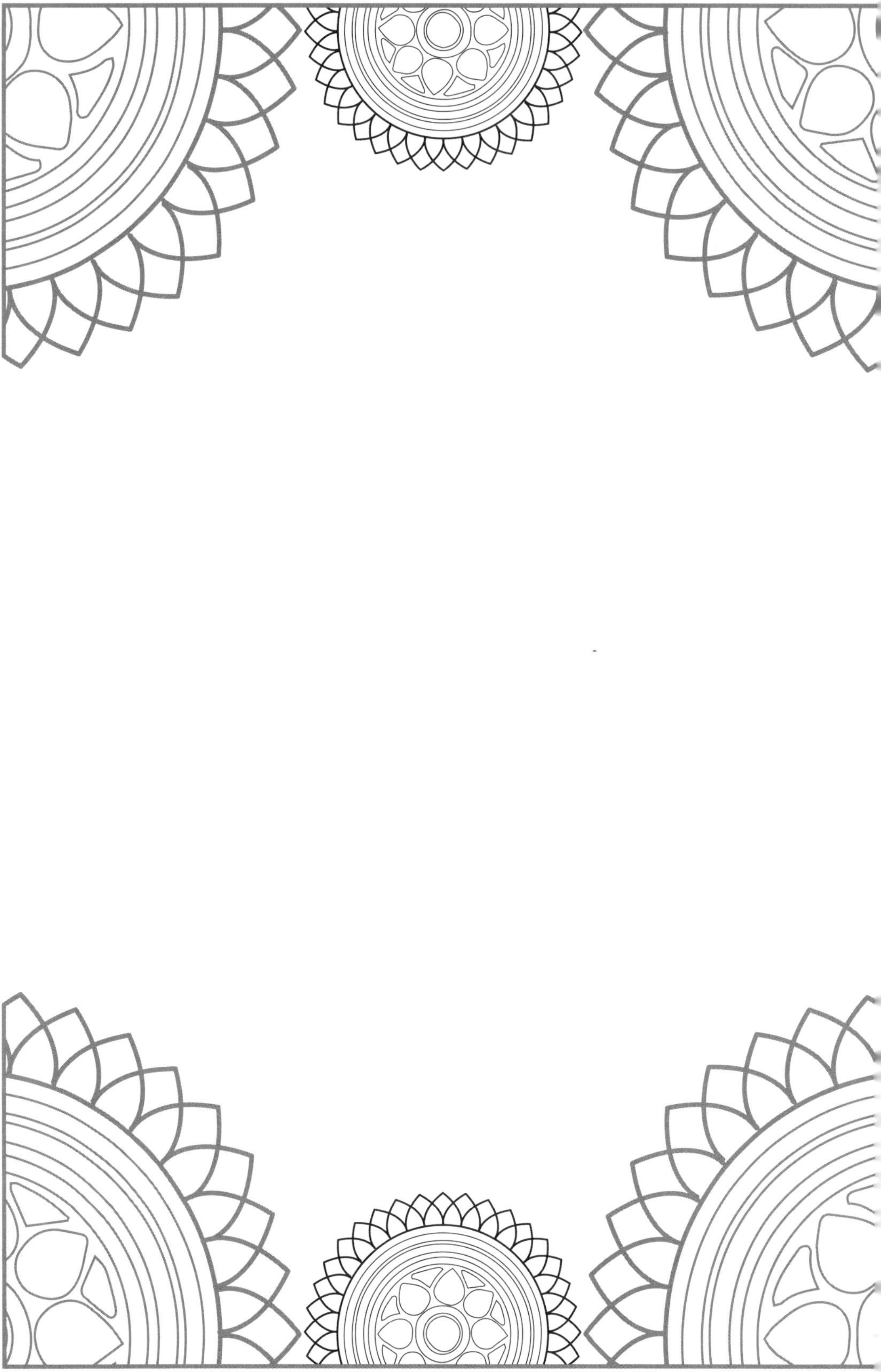

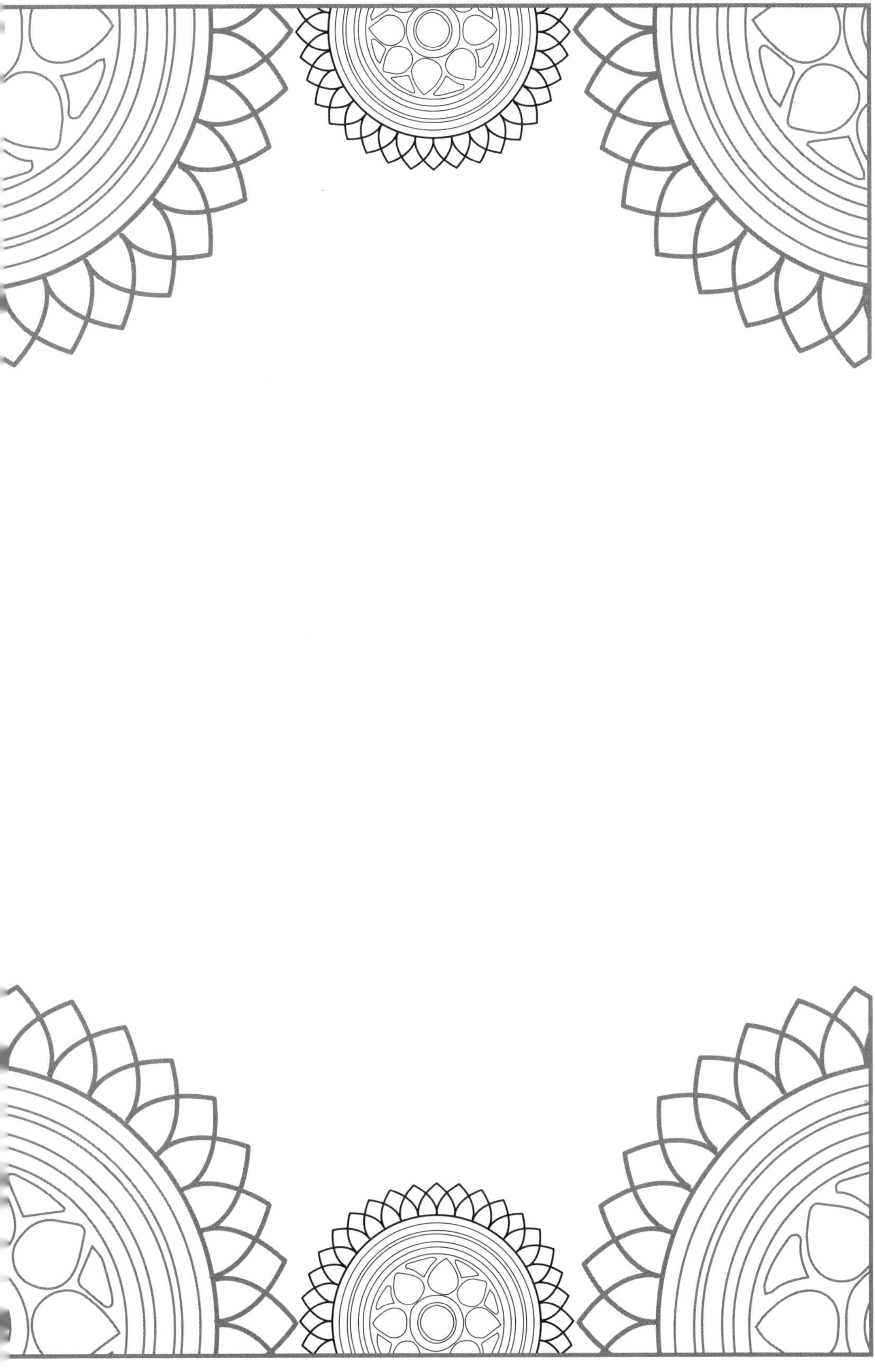

Introdução

AO LONGO DOS 34 ANOS EM QUE tenho estudado e praticado o budismo, fui treinado sob a orientação de 60 professores do Oriente e do Ocidente. A maioria dos meus mentores espirituais têm sido tibetanos, mas também estudei com mestres de meditação treinados nas tradições Teravada da Birmânia, Tailândia e Sri Lanka. Entre a ampla gama de práticas meditativas a que fui exposto, não encontrei nenhuma mais benéfica do que essas cinco meditações budistas:
• Quiescência meditativa;
• As quatro aplicações da atenção plena (ao corpo, sensações, mente e objetos mentais);
• As quatro qualidades incomensuráveis (compaixão, bondade amorosa, alegria empática e equanimidade);
• Ioga dos sonhos;
• Dzogchen, a Grande Perfeição.

Na minha opinião, esses são os maiores sucessos da tradição meditativa budista, porque apresentam um caminho direto que leva à realização da nossa natureza mais profunda e dos potenciais de consciência. Essas meditações são as práticas budistas essenciais para refinar a atenção, cultivar a atenção plena, abrir o coração, investigar a natureza do estado de vigília e a sua relação com o sonhar, e, finalmente, investigar a natureza da própria consciência. Cada uma delas leva você um passo adiante no caminho para a iluminação sem que você precise acreditar em nenhum credo específico para praticá-las, sendo rapidamente capaz de ver por si mesmo o quanto podem aliviar as aflições da mente e trazer uma maior sensação de bem-estar e satisfação.

Não diluí essas meditações para o consumo popular, tampouco as misturei a aditivos culturais das civilizações asiáticas tradicionais nas quais têm sido preservadas há tempos. Mesmo admirando essas culturas, nasci e fui criado no Ocidente, e é importante reconhecer que essas práticas são tão poderosas para o mundo moderno como eram para os asiáticos séculos atrás. Apesar de terem se originado na Índia e no Tibete, essas práticas são de emprego universal. As questões que abordam são fundamentais para a existência humana em todo o mundo e durante toda a história da humanidade, e nunca foram tão relevantes quanto hoje.

Dei o título *Felicidade genuína* a este livro porque as meditações aqui contidas apresentam um caminho para a realização interior e para o florescimento humano. Essa é a felicidade obtida não por meio da conquista externa das condições naturais ou da obtenção de riqueza e fama, mas através da conquista de nossos obscurecimentos internos e da realização dos recursos naturais inerentes ao nosso coração e mente.

Ao ser introduzido a esses meios de explorar e treinar a mente, você vai sondar estados de consciência cada vez mais profundos para acessar os recursos internos da consciência. Em meio às atividades da vida diária, a nossa mente se torna facilmente dispersa e a nossa atenção se torna disfuncional, oscilando entre o embotamento e a agitação compulsiva. Os três capítulos iniciais apresentam técnicas para superar esses estados por meio do cultivo da quiescência ou tranquilização meditativa – shamatha, em sânscrito. As práticas têm o propósito de recompor e focar a mente por meio do cultivo da quietude, estabilidade e vivacidade internas. Esse processo de refinar a atenção nos leva a um estado chamado, em sânscrito, de sukha, que significa "felicidade genuína", um estado que surge unicamente de uma mente saudável e equilibrada.

Para auxiliar nesse processo, abri cada capítulo com uma meditação conduzida. Cada prática dura 24 minutos, um período chamado, em sânscrito, de ghatika, frequentemente considerado de duração ideal para uma sessão de meditação quando se está começando a praticar. Juntamente a comentários e materiais introdutórios, algumas palavras no início de cada meditação estabelecerão a sua motivação e sempre encerraremos com uma breve dedicação de méritos. Sugiro que você siga os capítulos em ordem, dedicando uma ou duas semanas a cada prática antes de avançar para a próxima etapa do desenvolvimento meditativo.

Conforme aperfeiçoa a sua mente por meio da meditação, você pode desejar saber como utilizar essa nova ferramenta – uma mente funcional e estável – para trazer cada vez mais riqueza e clareza, mais compreensão e sabedoria à sua vida. Você pode começar com o que o próprio Buda descreveu como o caminho veloz para a liberação, o ensinamento sobre o insight, fundamento de todo o Darma budista: as quatro aplicações da atenção plena. O seu significado se resume à recomendação familiar tanto ao Ocidente quanto ao Oriente: "Conhece-te a ti mesmo." Sócrates expressou esse tema quando comentou: "Ainda sou incapaz de conhecer a mim mesmo – e de fato me parece ridículo examinar qualquer outra coisa antes que tenha compreendido isso."[1]

Na prática budista das quatro aplicações da atenção plena, começamos observando atentamente a natureza do corpo. Em seguida, mudamos o nosso foco para as sensações físicas e mentais: prazer, dor e indiferença. Observando de perto, como um cientista que nunca havia encontrado uma sensação antes, examinamos a natureza do fenômeno "sensações", em vez de nos identificarmos com elas. Como as sensações surgem e desaparecem, qual é a sua natureza e como são influenciadas pela observação? A seguir, enfocamos outros processos mentais e a própria consciência, e, finalmente, todos os diversos fenômenos que surgem aos olhos da mente. Em que medida essa variedade de eventos mentais – imagens, sonhos e pensamentos – pode ser observada? Qual é a sua natureza? As quatro aplicações da atenção plena foram as primeiras formas de meditação budista que descobri, e ainda me impressiono com a sua profundidade e eficácia.

Depois das quatro aplicações da atenção plena, investigaremos um conjunto de práticas que proporcionam uma base sólida para a empatia: as quatro incomensuráveis – bondade amorosa, compaixão, alegria empática e equani-

---

1 Platão, *Phaedo*, Oxford, Oxford University Press, 2002, p.230.

midade. Esses "meios hábeis" são um complemento perfeito para as práticas de sabedoria das quatro aplicações da atenção plena. Você descobrirá que a atenção plena e a bondade intensificam uma à outra. A partir daí, iremos explorar as práticas diurna e noturna de ioga dos sonhos, antes de chegarmos finalmente ao pináculo dos ensinamentos budistas, o Dzogchen, normalmente traduzido como a "Grande Perfeição". Aqui, movemo-nos para além de qualquer "ismo", para um domínio de realização que pode ser comparado às práticas contemplativas encontradas nas tradições cristã, judaica, taoísta, sufista e vedanta. Apesar das diferenças em termos de doutrina, ritual e prática, estou convencido de que existe uma íntima ligação entre as tradições contemplativas em níveis mais profundos de realização, uma base comum subjacente a todas essas diferenças. Essa base comum é a felicidade que todos almejamos do fundo do coração.

Creio que todos os seres humanos anseiam pela felicidade genuína, uma qualidade de bem-estar mais profundo do que o prazer, entretenimento ou estímulo intelectual passageiros. No budismo, a fonte desse anseio profundo – que o grande mestre tibetano do século XIV Tsongkhapa chamou de nosso "eterno anseio" – está no nível mais profundo de nosso ser, a natureza de Buda ou consciência primordial. Essa busca pela felicidade genuína contrasta fortemente com a nossa atração por prazeres fugazes. Não há nada de errado em saborear os prazeres da vida, os prazeres que experimentamos por estarmos com amigos queridos e com pessoas que amamos, por desfrutarmos de uma refeição deliciosa ou de um clima maravilhoso, prazeres que são despertados por estímulos provenientes dos cinco sentidos físicos. Podemos também experimentar prazeres que não requerem estímulos sensoriais, como, por exemplo, quando temos uma lembrança agradável. Todavia, quando o estímulo é removido, o prazer desaparece. A felicidade genuína, por outro lado, não é acionada por estímulos.[2] Aristóteles chamou essa felicidade de eudaimonia e a comparou com a bondade humana, com a mente trabalhando de acordo com a virtude, especialmente com a melhor e mais completa virtude. Santo Agostinho, o grande filósofo e teólogo cristão do século V, chamou a felicidade genuína de "alegria oferecida pela verdade", uma sensação de bem-estar que surge da natureza da própria verdade. No entendimento budista, essa não é uma verdade que aprendemos nem uma verdade que está fora de nós. É a verdade que somos em nossa natureza mais íntima.

---

2   Santo Agostinho, *The Confessions*, Hyde Park, New City Press, 1997, p.33.

Introdução

Nas sociedades modernas, há uma fixação generalizada naquilo que os budistas chamam de as "oito preocupações mundanas": (1) buscar a aquisição de bens materiais; (2) tentar não perder aquilo que se tem; (3) esforçar-se para obter prazeres dependentes de estímulos; (4) fazer o seu melhor para evitar a dor e desconforto; (5) buscar elogios; (6) evitar o abuso; (7) ansiar por uma boa reputação; (8) temer a desonra. Esforçamo-nos pelo que é mundano, pelas coisas boas da vida, não só porque trazem prazer, mas porque são símbolos do que realmente queremos. Não há nada intrinsecamente errado com esses estímulos prazerosos, mas podemos ter tudo isso e ainda assim nos sentir insatisfeitos. Então, pelo que verdadeiramente ansiamos? O Buda sugeriu que o nosso mais profundo desejo de felicidade genuína não se baseia em conseguir ajustar as circunstâncias externas, mas em algo que surge de dentro, livre dos efeitos da boa sorte e da adversidade. Portanto, na prática budista, em nossa busca pela felicidade genuína, cultivamos o que é às vezes chamado de "renúncia", embora eu prefira o termo "espírito de emersão", que é a minha tradução do termo tibetano ngejung. Parte da experiência desse espírito de emersão é o reconhecimento de que a felicidade genuína não é encontrada em meros estímulos prazerosos, mas na dissipação das causas internas de sofrimento e descontentamento. Com essa motivação, busca-se emergir definitivamente, de uma vez por todas, das verdadeiras causas do sofrimento e perceber a felicidade inata da consciência não contaminada pelas aflições da mente.

No Ocidente, existem hoje duas tendências psicológicas principais. A mais antiga e até recentemente dominante é a psicologia negativa. Baseia-se em atacar um problema mental, como no caso de uma neurose ou psicose que tenha chamado a sua atenção. Você não iria ao psicólogo, a menos que tivesse ciência do problema – então, o terapeuta buscaria uma solução. Essa abordagem tradicional agora está sendo complementada com a psicologia positiva, que questiona: que qualidades saudáveis podemos cultivar a fim de alcançar uma saúde mental acima do normal? Como podemos acentuar o que é positivo?

O budismo utiliza ambas as abordagens. Determinar a natureza da frustração, da insatisfação, da ansiedade, da irritação e de outros males pertence à primeira das quatro nobres verdades – a realidade do sofrimento. Aqui, o Buda disse: "Essa é a realidade do sofrimento. Reconheça-o!" Não se mantenha na negação, mova-se em direção à compreensão. O Buda começou a "girar a roda do Darma" com os seus ensinamentos sobre as quatro nobres verdades. Desde então, os professores budistas tradicionais muitas vezes começam a explicar o Budadarma com uma discussão sobre a realidade do sofrimento e do oceano do samsara – o ciclo de existência no qual compulsivamente renascemos sob a influência de nossas aflições mentais, especialmente da delusão. Uma vez que começamos a sondar a realidade do sofrimento, voltamo-nos para as outras nobres verdades: a origem do sofrimento, a possibilidade de sua cessação e o caminho que conduz ao fim do sofrimento. Esse é o ensinamento inicial do Buda.

No entanto, muitos se perguntam se é prejudicial observar atentamente a realidade do sofrimento. Afinal, se você atentar para a realidade do sofrimento dentro de si mesmo e no mundo ao seu redor, logo isso pode parecer opressivo. Você começa a observar a si mesmo e começa a ver como a insatisfação, ou duhkha, permeia a sua vida. Mesmo quando tudo está temporariamente indo bem, é difícil escapar do fato de que isso não irá durar, e esse reconhecimento traz consigo ansiedade: "O que será de mim?" Desde o início, o budismo nos encoraja a olhar o sofrimento nos olhos, e há muito a ser dito sobre isso. Mas existe o perigo de fixação excessiva nos problemas da existência. Você quer correr o risco de levar uma vida onde o sofrimento preencha o seu mundo em razão de você observá-lo muito atentamente? Existe mais alguma coisa autenticamente budista que possa complementar essa abordagem?

Existe. A realidade do sofrimento é equilibrada pela Grande Perfeição, o Dzogchen. A premissa básica da Grande Perfeição é que a nossa natureza fundamental sempre foi a perfeição primordial, a pureza e a bem-aventurança inatas que estão ali só à espera de serem descobertas. Cá está o mais simples (mas de forma alguma o mais fácil!) de todos os caminhos budistas: procure um mentor espiritual qualificado e peça que ele ou ela aponte a natureza de sua própria consciência prístina, conhecida em tibetano como rigpa. Investigue e identifique a essência da própria consciência em seu estado natural, antes que ela se torne conceitualmente estruturada, distorcida e obscurecida. Então, permaneça nesse estado. Mantenha essa consciência ao caminhar, falar, comer ou dirigir – sempre e em toda parte. Ao sustentar o reconhecimento da consciência prístina que nunca foi distorcida ou afligida de nenhuma forma, você descobre que ela é primordialmente pura. Essa consciência não é algo a ser desenvolvido ou alcançado. Ela está presente neste momento. Então, simplesmente apanhe o fio da pureza absoluta de sua própria consciência e sustente-o ininterruptamente. Ao fazer isso, ela se tornará cada vez mais clara e o caminho se abrirá para você por si mesmo. Os primeiros quatro tipos de meditação apresentados neste livro são preparações para esse estágio de culminância.

Em resumo, a parte I deste livro explica três métodos para o desenvolvimento da quiescência meditativa: atenção plena à respiração; estabelecer a mente em seu estado natural; cultivar a consciência de simplesmente estar consciente. A parte II aborda as quatro aplicações da atenção plena: ao corpo; às sensações; à mente; aos fenômenos em geral. Esses são os ensinamentos budistas fundamentais sobre o cultivo do insight contemplativo. A parte III discute as quatro incomensuráveis: bondade amorosa; compaixão; alegria empática; equanimidade. Elas são o caminho do coração para a felicidade genuína. A parte IV começa com uma explicação sobre o espírito do despertar – o anseio altruísta de alcançar a iluminação para beneficiar o mundo –, prosseguindo para as práticas diurnas e noturnas de ioga dos sonhos e, finalmente, o Dzogchen.

Treinando a atenção no cultivo da quiescência meditativa e explorando as quatro aplicações da atenção plena, as quatro incomensuráveis, a ioga dos sonhos e o Dzogchen, temos a oportunidade de liberar a consciência absolutamente pura do presente imediato e nela repousar. Essa é a versão budista do "ir em busca de sua felicidade". Não significa "ir em busca de estímulos prazerosos". Pelo contrário, refere-se a algo que é anterior a estímulos prazerosos, algo que supera o agradável e o desagradável, algo mais profundo. Todos nós já o vislumbramos e, portanto, não devemos pensar que seja algo misterioso e difícil de realizar. Suspeito que não haja ninguém que não tenha experimentado o seguinte: um momento em que sentiu o seu coração pleno, em que esteve completamente relaxado, com um sorriso no rosto e permeado por uma sensação de bem-estar – e sem ter a menor ideia do porquê. Nada especialmente bom havia acontecido antes disso. Você não estava pensando em nada de bom, não estava provando nada de bom e não havia nenhum estímulo prazeroso. No entanto, ali estava: o seu coração, o seu próprio ser, oferecendo-lhe a sua própria alegria. Esse é o primeiro sinal de um sentimento de felicidade genuína que vem da natureza da própria consciência. Portanto, é disso que este livro trata: seguir os indícios da felicidade genuína até a sua fonte, investigando a natureza da consciência e acessando os seus recursos naturais internos integralmente.

Parte 1

Refinando a atenção

1 Atenção plena à respiração

OS MÉTODOS PARA REFINAR A atenção já estavam desenvolvidos em um grau muito sofisticado há 2.500 anos, na Índia, nos tempos de Gautama, o Buda. Verificou-se que esses estados avançados de samadhi, ou concentração meditativa, produziam estados profundos de serenidade e bem-aventurança, e muitos contemplativos cultivaram esses estados como fins em si mesmos. A grande inovação de Gautama foi avançar no desenvolvimento desses métodos de samadhi, e então aplicar essa atenção refinada e focada à investigação experimental direta da mente e à sua relação com o resto do mundo. Desse modo, o cultivo de shamatha, ou quiescência meditativa, é análogo ao desenvolvimento do telescópio para a observação precisa e contínua de fenômenos celestes. O único instrumento que temos para observar diretamente os fenômenos mentais é a consciência mental, e ela é aperfeiçoada para tornar-se uma excelente ferramenta para o desenvolvimento de shamatha.

O Buda ensinou dezenas de técnicas para refinar, estabilizar e clarificar a atenção. Uma em particular é especialmente adequada para pessoas com mentes muito discursivas, conceituais, imaginativas e falantes; a atenção plena à respiração. Segundo os registros mais antigos que temos da busca do próprio Buda pela liberação, na noite de sua iluminação, primeiramente, ele estabilizou a mente com a prática de shamatha, aplicando-a a seguir à prática de vipashyana, o cultivo do insight contemplativo sobre a natureza da realidade.

A atenção plena à respiração foi a primeira meditação budista que comecei a praticar e, muitas vezes, eu a recomendo aos meus alunos como o primeiro passo no caminho da meditação. Comecei aprendendo a partir de livros, em 1970, especialmente a partir dos livros do monge tailandês Buddhadasa. Eu levava uma vida de estudante universitário recluso naquele momento, passava muito tempo lendo sobre as tradições contemplativas do mundo e comecei a estudar a língua tibetana. Alguns anos mais tarde, vivendo como monge nas montanhas acima de Dharamsala, na Índia, recebi instrução pessoal sobre a técnica de dois mestres de meditação budista Theravada, Goenka e Kitti Subho, que haviam sido treinados na Birmânia e Tailândia. Em 1980, viajei para o Sri Lanka unicamente para meditar e, então, tive a oportunidade de treinar essa prática durante meses sob a orientação do renomado estudioso e contemplativo Balangoda Ananda Maitreya. Ao longo dos anos, também recebi ensinamentos de vários lamas tibetanos sobre variações dessa prática, mas, para esse tipo de meditação, baseio-me principalmente em meus professores de meditação Theravada.

Prática

Em nossas práticas para refinar e equilibrar a atenção, começaremos com a estratégia budista de passar do grosseiro para o sutil, do fácil para o mais difícil. Essa abordagem se inicia com a atenção plena à respiração, segue para estabelecer a mente em seu estado natural e se conclui com a prática de simplesmente estar consciente de estar consciente. Em cada uma dessas práticas, começamos a sessão adotando uma postura corporal apropriada e cultivando três qualidades, à medida que "estabelecemos o corpo em seu estado natural": relaxamento, quietude e vigilância.

Relaxamento

Há duas posturas que eu recomendaria para essa prática: sentado ou deitado. Em geral, a postura melhor e mais recomendada é sentado sobre uma almofada, de pernas cruzadas. Se essa postura for muito desconfortável, você pode se sentar em uma cadeira, com os pés apoiados no chão. Uma outra postura menos utilizada é deitado de costas, com os braços estendidos ao lado do corpo, com as palmas para cima e a cabeça apoiada em um travesseiro. Essa postura é especialmente útil se você estiver com algum problema nas costas, ou fisicamente cansado ou doente.

Qualquer que seja a postura que você adote, deixe o seu corpo repousar à vontade, com a coluna reta, mas não rígida. Relaxe os ombros, com os braços caindo levemente para os lados. Permita que a gravidade assuma o controle. Traga então a sua consciência para o rosto. É melhor que os seus olhos estejam semiabertos, não completamente cerrados. Suavize os músculos do seu rosto, especialmente os músculos da mandíbula, das têmporas e da testa. Suavize os olhos. Deixe o seu rosto tão relaxado quanto o de um bebê dormindo. A seguir, para completar esse relaxamento inicial, faça três respirações suaves, profundas e lentas através das narinas. Para inalar, inspire suave e profundamente desde a parte inferior do abdômen. Como se estivesse enchendo um copo com água, sinta o seu abdômen se expandindo e sendo preenchido lentamente, então respire em seu diafragma e, finalmente, na parte superior do tórax. Em seguida, solte a respiração totalmente, sem forçar a saída do ar. Faça isso três vezes, mantendo a consciência presente em seu corpo, observando especialmente as sensações da entrada e saída do ar. Depois dessas respirações profundas, deixe a respiração voltar ao normal sem controlá-la. Permita que essa qualidade de relaxamento corporal seja a expressão externa de sua mente: deixe a sua consciência à vontade, liberando todas as preocupações; esteja simplesmente presente no aqui e no agora.

À medida que inspira e expira, direcione a sua atenção às sensações táteis da passagem do ar pelas aberturas das narinas ou acima de seu lábio superior. Tome alguns instantes para localizar a sensação. Repouse a sua atenção exatamente onde sente a entrada e a saída do ar. De vez em quando, verifique se ainda está respirando desde a base do abdômen. Isso acontecerá naturalmente se o seu corpo estiver tranquilo, com as costas retas e com o abdômen relaxado e solto.

Quietude

Durante cada sessão de meditação, deixe o seu corpo o mais quieto possível, com o mínimo de movimentação – permaneça imóvel como uma montanha. Isso ajuda a produzir a mesma qualidade na mente, qualidade de quietude, em que a sua atenção é focada e contínua.

Vigilância

Mesmo que esteja deitado, deixe a sua postura refletir um senso de vigilância, sem cair em sonolência. Se estiver sentado sobre uma almofada ou uma cadeira, eleve um pouco o esterno, mantendo o abdômen solto e relaxado. Dessa forma, a respiração naturalmente iniciará no abdômen e, quando a respiração se aprofundar, você poderá também sentir o diafragma e o tórax se expandindo. Sente-se atentamente, sem curvar-se para a frente ou inclinar-se para os lados. Essa postura física também reforça a mesma qualidade de vigilância da mente.

Atenção plena à respiração

Manter a atenção focada é vital para praticamente tudo o que fazemos ao longo do dia, incluindo trabalhar, dirigir, relacionar-se com outras pessoas, desfrutar de momentos de lazer e entretenimento, e engajar-se na prática espiritual. Por essa razão, o tema dessa sessão é aprender a focar a atenção. Seja qual for seu nível normal de atenção – quer esteja normalmente disperso ou sereno –, a qualidade de sua atenção pode ser melhorada, e isso traz benefícios extraordinários. Nessa prática, passamos de um modo de operação da consciência compulsivamente conceitual e fragmentado para um modo mais simples, um modo em que testemunhamos ou observamos. Além de aperfeiçoar a atenção, essa meditação irá melhorar a sua saúde, ajustar o seu sistema nervoso, permitir que você durma melhor e melhorar o seu equilíbrio emocional. Trata-se de uma maneira diferente de empregar as nossas mentes, e que melhora com a prática. O método específico que seguiremos é o cultivo da atenção plena na respiração.

Devido ao hábito, seguramente os pensamentos invadirão a sua prática. Quando surgirem, apenas libere-os ao expirar, sem se identificar com eles, sem responder emocionalmente a eles. Observe o pensamento emergir, passar diante de você e depois desaparecer. Então, deixe que a sua atenção repouse, não entorpecida e preguiçosa, mas à vontade. Por enquanto, se tudo o que conseguir em um ghatika, ou 24 minutos, for uma sensação de relaxamento mental, está ótimo. Mantenha a sua atenção exatamente onde sente as sensações da inspiração e da expiração.

Mantenha a atenção plena em sua respiração da forma mais contínua possível. Neste contexto, o termo "atenção plena" (mindfulness) refere-se à habilidade de focar continuamente um objeto familiar de sua escolha sem distração. Em tibetano e sânscrito, a palavra traduzida como "atenção plena" (mindfulness) também significa "lembrar". Portanto, o cultivo da atenção plena significa manter um fluxo ininterrupto de lembrar, lembrar e lembrar. Não envolve nenhum comentário interno. Você está simplesmente se lembrando de observar o fluxo de sensações táteis relacionadas à entrada e saída do ar. A qualidade da consciência que você está cultivando aqui é um tipo de atenção direta, um simples testemunho, sem análise mental ou elaboração conceitual. Além de sustentar a atenção plena, é crucial aplicar a introspecção intermitentemente durante toda a sessão. Isso não significa pensar a respeito de si mesmo. Pelo contrário, é o monitoramento interno de seu estado mental. Por meio da introspecção, olhando para dentro, você pode verificar se a sua atenção se desengajou da respiração e desviou-se para sons, para outras sensações em seu corpo ou para devaneios, memórias e antecipações do futuro. A introspecção implica um controle de qualidade, um monitoramento dos processos da mente e do corpo. De vez em quando, observe se alguma tensão se formou ao redor dos seus olhos ou na testa. Se isso ocorrer, relaxe. Permita que a sua face relaxe e suavize. Passe ainda alguns minutos observando se você é capaz de dividir a sua atenção permanecendo tranquilo. Esteja plenamente consciente de sua respiração, mas também ciente de como a sua mente está operando.

Gostaria de enfatizar que essa não é uma técnica de concentração no sentido ocidental. Não estamos buscando vencer na marra, com esforço para manter o foco. É essencial manter uma sensação física e mental de relaxamento, e, com base nisso, gradualmente aumentar a estabilidade e, a seguir, a vivacidade da atenção. Isso implica uma qualidade ampla da consciência e, dentro desse espaço, um senso de abertura e tranquilidade – a atenção plena repousa sobre a respiração, como uma mão que suavemente toca a cabeça de uma criança. Conforme a vivacidade da atenção for aumentando, você notará sensações até mesmo entre as respirações. À medida que a turbulência da mente for cedendo, você verá que pode simplesmente observar as sensações táteis da respiração, em vez de observar os seus pensamentos a respeito delas.

Agora, introduzirei uma técnica que você poderá achar útil em algumas ocasiões – o simples recurso de contar, que, quando feito com precisão, poderá trazer maior estabilidade e continuidade à sua atenção. Mais uma vez, com uma luxuosa sensação de estar à vontade e de descansar do trabalho excessivo e da exagerada conceituação da mente, estabeleça a sua atenção nas sensações táteis da respiração. Depois de expirar, bem no início da próxima inspiração, conte "um" mentalmente. Com o tórax elevado, mantenha uma postura ereta para que o ar flua sem esforço, inspire e observe as sensações táteis da respiração, permitindo que a sua mente conceitual repouse. Então, experimente a maravilhosa sensação revigorante conforme libera o ar, ao longo de todo o caminho, até o ponto em que o ciclo seguinte se inicia. Cultive uma "mente de teflon" – uma mente na qual nada adere, que não se apega a pensamentos sobre o presente, passado ou futuro. Dessa forma, conte de um a dez. Você pode então repetir a contagem até dez ou continuar contando de dez para cima. Essa é uma prática de simplificação e não de supressão de sua mente discursiva. Você está reduzindo a atividade mental a contar apenas, tirando férias do pensamento compulsivo durante todo o ciclo da respiração. Pratique por vários minutos, até que a sessão termine.

Para encerrar qualquer prática de uma forma significativa, os budistas dedicam os méritos. Algo foi elaborado em nosso coração e em nossa mente ao nos dedicarmos a essa atividade sadia. Depois de completar uma sessão de meditação, você pode desejar repousar por um minuto ou mais para dedicar os méritos de sua prática, para que esses méritos possam conduzir à realização de tudo que considera mais significativo para si mesmo e para os outros. Com intenção e atenção, essa bondade pode ser dirigida para onde desejarmos.

Para contemplação adicional

O Buda louvava a prática da atenção plena na respiração como uma forma excepcionalmente eficaz de equilibrar e purificar a mente:

> *Como no último mês da estação quente, quando uma massa de poeira e sujeira forma um redemoinho, e uma nuvem grande de chuva fora de época o dispersa e domina imediatamente, da mesma forma, a concentração por meio da atenção plena à respiração, quando desenvolvida e cultivada,*

> *é pacífica e sublime, uma morada ambrosíaca, e dispersa e domina instantaneamente os estados insalubres sempre que surgem.*[3]

Na prática de shamatha, repousamos atentamente a nossa consciência sobre a respiração. A respiração é como um garanhão e a consciência é o seu cavaleiro. É improvável que a observação da respiração desperte desejo ou aversão. Passando para essa neutralidade, não irritamos nem distorcemos a mente. Portanto, é de se esperar que essa prática seja um pouco tediosa. O objeto da atenção não parece muito interessante, apenas a velha respiração de sempre. No entanto, uma vez que você tenha desenvolvido alguma continuidade, algumas surpresas o aguardam. Você descobrirá uma sensação de bem-estar e equilíbrio que surge de uma forma tranquila e serena, como se estivesse na praia ouvindo as ondas do mar. Você poderá descansar em serenidade e repousar cada vez mais profundamente. A sua mente é como um riacho e você simplesmente não está poluindo-o com distrações. Aqueles que estudam ambientes naturais sabem que, se você parar de contaminar um rio poluído, a capacidade de autopurificação desse rio virá à tona. O mesmo é verdadeiro para as propriedades de cura natural da mente.

Todos nós sabemos algo a respeito dos recursos naturais da Terra e da importância de sua conservação – mas não temos também recursos naturais internos? Não poderia a mente, de uma forma muito prática e cotidiana, tornar-se a sua própria fonte de bem-estar? Sempre que vejo Sua Santidade o Dalai Lama, sinto que ali está um homem cujo coração, mente e espírito estão transbordando de boa vontade, compaixão e alegria naturais. Ele deve ter explorado extraordinariamente os seus recursos internos para que se abrissem como um manancial. Uma vez que todos nós temos um eterno anseio de encontrar satisfação real que preencha o coração, um desejo que busca algo mais do que um contínuo fluxo de estímulos prazerosos, algo mais profundo, algo mais gratificante, como podemos acessar esse recurso? Shamatha é como uma plataforma de perfuração a partir da qual podemos começar a explorar nossos recursos naturais internos.

Se você é atraído pela prática da atenção à respiração, faça pelo menos uma sessão por dia, embora seja melhor fazer duas sessões, uma pela manhã e uma à noite. Vinte e quatro minutos é o tempo que os iogues indianos e chineses escolheram independentemente. Na teoria chinesa antiga, diz-se que 24 mi-

---

[3] *The Connected Discourses of the Buddha*, Boston, Wisdom Publications, 2000, v.2, p.1.774.

nutos é o tempo necessário para que o qi, ou energias vitais do corpo, passem por um ciclo completo. Para os indianos, o mesmo período de tempo era considerado ideal para as sessões de meditação, quando se começa a praticar. Mais tarde você pode desejar estender esse tempo. Tenha em mente que 24 minutos é apenas uma pequena fração das cerca de 16 horas diárias em que você está acordado. Se essa for a sua única prática espiritual, se ela não influenciar todo o resto, então, não importa o que aconteça nesses 24 minutos, a prática não terá um efeito muito transformador sobre a sua vida como um todo. Há competição demais por parte das atividades das outras 15 horas e meia.

Atenção plena na vida diária

Aqui estão algumas orientações retiradas dos ensinamentos de Asanga,[4] grande praticante budista indiano do século V, que podem ajudá-lo a estender a sua prática para a vida cotidiana.

Contenha os seus seis sentidos (consciência mental, bem como os cinco sentidos físicos) frente a objetos que despertem desejo ou hostilidade. Isso não significa que você nunca deva pensar em nada agradável ou desagradável. Apenas evite permanecer nessas coisas de uma forma que perturbe o equilíbrio de sua mente. Se você quiser observá-las, faça-o, mas não alimente as aflições mentais de apego e aversão. Isso seria como poluir um córrego da montanha. Da mesma maneira, se você enfocar coisas decepcionantes em si mesmo ou nos outros, elas se tornarão a sua realidade. Assim, evite dar importância ao que desperta hostilidade, irritação, negatividade, desejo, ansiedade e fixação.

Além disso, não se apegue às informações trazidas pelos sentidos. Quando um monge caminha pela estrada, ele lança o olhar para baixo, de modo a não focar coisas que possam catalisar desejo ou hostilidade. O ponto é esse: não vá a lugares onde seja provável que você sucumba a desejos obsessivos. O anseio sensual é um dos cinco obstáculos que o Buda apontou como obstrutivos ao processo de refinamento da atenção. Outro obstáculo é a maldade. Quando estiver perturbado pelo comportamento negativo de alguém em relação a você, trate essa pessoa com compaixão. Ser dominado por pensamentos de

---

4 Tsong-kha-pa, *The Great Treatise on the Stages of the Path to Enlightenment*, Ithaca, Snow Lion Publications, 2000, v.1, p.100–108.

raiva e ódio apenas envenena a mente. Proteja a sua mente da maldade como protegeria uma criança de se ferir.

Durante as atividades normais, quando estiver andando, comendo ou fazendo limpeza, traga uma maior atenção aos seus movimentos. Esteja atento à sua dieta. Consuma alimentos que não sejam de difícil digestão e em quantidades que não sejam nem muito grandes, nem muito pequenas. Se quiser transformar o ato de comer em uma atividade do Darma, alimente-se para que possa nutrir o seu corpo e colocá-lo a serviço do mundo. E durma o suficiente. Mesmo com a melhor das intenções, a sua prática será prejudicada se você não estiver dormindo o suficiente. Tente adormecer com pensamentos sadios. Proporcione a si mesmo um intervalo entre o sono e as suas atividades diárias, com todas as suas preocupações e responsabilidades. É ideal meditar um pouco antes de se recolher.

Costuma-se dizer que a prática espiritual não será produtiva a longo prazo a menos que você sinta satisfação ao praticar. É claro que você não irá apreciar cada momento, porque às vezes o caminho se torna áspero – não porque o Darma seja espinhoso, mas porque a nossa mente guiada pelos hábitos o é. Em geral, é importante encontrar e seguir um caminho que faça o coração cantar. Quando a consciência da respiração começa a fluir, torna-se agradável. Na simplicidade, você verá que o perfume do progresso espiritual é forte e puro. Mas você também poderá desenvolver um apego à simplicidade. Pode começar a desejar a solidão e querer desligar-se do mundo, pensando: "Isso me faz tão bem – tudo de que necessito é a respiração." Isso poderá aliená-lo, evitando que se envolva com os outros, fazendo com que se torne menos disposto a oferecer o que poderia para aqueles que o rodeiam. É importante não desvalorizar o envolvimento com os outros nem a realidade de nossa interconexão com eles. Temos algo a oferecer aos outros e algo a ser recebido. Esse é um elemento-chave no sentido da vida e você não pode se desconectar disso por gostar tanto de observar a respiração.

O budismo não é apenas meditação – aliás, nenhum caminho contemplativo é apenas um conjunto de técnicas, um livro de receitas para a alma. A meditação se entremeia a todo o tecido da vida. E, de modo geral, a prática espiritual traz uma disposição em focarmos criticamente o modo como vivemos. Por que nos envolvemos nos tipos de coisas que fazemos no dia a dia? Entre os muitos desejos que vêm à mente e os muitos que podemos seguir, não existem aqueles nos quais não vale a pena investir toda uma vida, coisas que fazemos apenas por força do hábito? Alguns desejos, tais como o desejo de ser um bom pai, irmão, mãe ou irmã, são aspirações nobres. Em seu trabalho, você deseja realizar as suas tarefas de maneira benfeita e satisfatória. Assumindo que o trabalho seja sadio, há um valor nisso. Mas não há alguns desejos que são mais importantes do que outros, convidando-nos a priorizá-los e a fazer sacrifícios? Na prática espiritual em geral, a questão é a simplificação e priorização dos desejos. O que mais queremos? Poderiam alguns dos nossos desejos representar meramente outra coisa que de fato queremos? Você já observou quantas pessoas, sobretudo as muito conhecidas, chegaram ao ápice de suas profissões e tornaram-se vítimas do alcoolismo e das drogas? Recentemente fiquei impressionado quando ouvi a atriz Gwyneth Paltrow comentar em uma entrevista que, ao se tornar uma celebridade adorada por fãs e muito rica, "se isso é tudo o que você tem, você não tem muito". Não é possível que alguns de nós estejamos nos esforçando diligentemente na direção errada, sem contato com as nossas verdadeiras aspirações?

No meu caso, quando tinha 20 anos, senti que ter uma namorada, um carro, uma boa educação e excelentes perspectivas de uma carreira de sucesso não era o suficiente. Descobri que a fixação ao mundano e ao transitório, em última análise, não cumprem as promessas iniciais. Assim, enquanto estamos imersos no fluxo contínuo de felicidade e dor da vida, o espírito de emersão pode nos guiar na busca de um caminho de sanidade crescente. Manter os pés no chão, tornando-nos psicologicamente mais saudáveis e menos neuróticos – isso por si só nos trará uma maior sensação de bem-estar. E há uma tênue linha que liga a saúde mental ao amadurecimento espiritual. Isso implica que mesmo os primeiros passos em direção à saúde mental são parte da prática espiritual.

Ir além do desejo por coisas que são apenas símbolos da verdadeira felicidade leva a uma compreensão mais profunda. Começamos a ver que estamos inter-relacionados com os nossos companheiros seres humanos, com outros seres sencientes e com todo o ambiente. Estamos agora – e sempre estivemos – inextricavelmente interligados com o que nos rodeia. No budismo, a noção de um indivíduo isolado e independente, de um ego autônomo, não está fundamentada na realidade. Esse ego nunca existiu, nada mais é do que uma construção mental habitual e uma construção deludida. Essa afirmação é mais do que meramente uma crença: é uma hipótese de trabalho que examinaremos cuidadosamente conforme prosseguimos por meio dessas práticas, não meramente aceitando qualquer coisa como dogma. Se estamos inter-relacionados a partir de nossa essência e nos voltamos para a questão de "o que buscamos?", a nossa busca não é apenas por nós mesmos, mas por nós mesmos em relação a todos os outros. As questões passam a ser: "o que eu procuro em relação a você?", "como podemos nos aventurar juntos?". Assim que possível, cultive uma motivação altruísta para a sua prática de atenção plena na respiração e para qualquer outra prática que realizar. Aspire manifestar a capacidade total de sua própria natureza de buda. Manifeste-a completamente, não importando em que isso possa implicar. Como resultado, você experimentará uma capacidade para a compaixão, a sabedoria e a energia ou o poder do próprio espírito, o poder de curar e o poder de criar.

Como isso pode ser revelado? Simplificando e enfocando os nossos desejos da mesma maneira que cultivamos a atenção. Ao final, alcança-se um ponto onde todos os nossos desejos se tornam derivações de uma única aspiração: "Que eu possa realizar o perfeito despertar espiritual para o benefício de todos os seres." Esse é o simples e único desejo de bodicita, o espírito do despertar. Assim, quando esse for o único desejo remanescente, libere-o por um momento. Solte-o e apenas esteja presente. Da mesma forma, quando enfocar a atenção, quando a mente se acalmar e se tornar mais centrada na respiração, solte-a. Solte e permaneça presente no puro estado de estar consciente. Isso revelará a você a natureza da própria consciência.

2 Estabelecer a mente em seu estado natural

AGORA PASSAREMOS DA PRÁTICA DA atenção plena à respiração para a meditação mais sutil de estabelecer a mente em seu estado natural. Depois de passar quatro anos na Índia estudando com muitos mestres budistas tibetanos e theravadas, fui encorajado por Sua Santidade o Dalai Lama, que me ordenou monge, a juntamente com o meu mestre Geshe Rabten estabelecer um monastério budista tibetano para ocidentais na Suíça. Para mim, foi como regressar ao lar, pois fui criado e vivi durante anos na Suíça. Pouco depois de me mudar para lá, Geshe Rabten deu ensinamentos a seus alunos, monges e leigos sobre a prática de Mahamudra, cujo propósito é levar à compreensão da natureza da consciência. Essa prática consiste em duas partes: shamatha e vipashyana. A técnica de shamatha que ele ensinou é idêntica à apresentada aqui. Desde então, recebi ensinamentos semelhantes do falecido contemplativo tibetano Khenpo Jigmé Phuntsok, talvez o mais conhecido iogue em todo o Tibete, e de Gyatrul Rinpoche, cuja orientação e exemplo têm sido uma profunda fonte de inspiração.

Prática

Repouse o corpo em seu estado natural, como descrito no capítulo anterior. Para essa prática, é importante deixar os olhos abertos, dirigindo o olhar livremente ao espaço à sua frente. Pisque sempre que desejar e deixe que os seus olhos permaneçam relaxados. Embora deixar os olhos abertos possa parecer um pouco estranho caso você nunca tenha meditado assim antes, tente se acostumar. Não permita que os seus olhos se tornem tensos – deixe-os como se estivesse sonhando acordado. Nessa prática, a sua cabeça pode ficar ligeiramente inclinada. A língua pressiona suavemente o palato. Ao longo dos 24 minutos dessa sessão, o seu corpo deve permanecer à vontade e sem nenhum movimento além dos movimentos naturais da respiração. Traga à mente as três qualidades da postura: relaxamento, estabilidade e vigilância.

Antes de aventurar-se na prática principal, permaneça por alguns instantes em meditação discursiva, trazendo à mente a sua motivação para a sessão. Qual é o seu anseio mais profundo e significativo no contexto mais amplo de sua prática espiritual ou de sua vida? Como você poderia encontrar maior significado, contentamento, satisfação e felicidade em sua vida? Essa aspiração pode se referir não só ao seu bem-estar individual, mas pode incluir todos aqueles com quem você tem contato, todo o mundo. Encorajo você a trazer à mente a sua motivação mais significativa. Isso enriquecerá a sua prática.

Vamos começar a estabilizar esse maravilhoso instrumento – a mente –, aperfeiçoar o seu foco e a sua atenção, contando 21 respirações. Em um modo de operação puramente observacional, foque a sua atenção mais uma vez nas sensações táteis produzidas pela entrada e saída do ar pelas narinas. Direcione também a sua consciência introspectiva para o estado de sua mente, observando se está agitada, calma, sonolenta ou alerta. Deixe que a atenção plena à respiração e que a vigilância introspectiva da mente sejam acompanhadas de uma sensação de estar profundamente à vontade e relaxado. Com essa técnica simples, no início da próxima inspiração, conte "um" mentalmente, e a seguir apenas observe as sensações táteis da inspiração e da expiração. No início da próxima inspiração, conte "dois". Desse modo, siga de um a 21 sem perder a contagem. Quando os pensamentos surgirem, apenas deixe-os passar, libere-os a cada expiração e direcione a atenção de volta para a respiração.

Agora destacaremos um segundo aspecto dessa prática: aumentar a vivacidade, estabelecendo a mente em seu estado natural. Temos seis portas de percepção, incluindo os cinco sentidos físicos de visão, audição, olfato, paladar e tato. Mas ainda temos uma outra via, uma percepção direta de um outro reino da realidade – o sexto domínio, o da experiência mental. Assim, tome interesse agora pelo domínio da mente, esse campo de experiência no qual ocorrem pensamentos, imagens, sentimentos, emoções, memórias, desejos, medos e, à noite, os sonhos. Por enquanto, manteremos também uma atenção periférica à respiração. Metaforicamente, manteremos uma das mãos da atenção sobre a boia da respiração. Para expandir a metáfora, imagine que você esteja no oceano em um suave balanço, subindo e descendo, com uma das mãos sobre uma boia que lhe dá alguma estabilidade, um ponto de referência. Agora, usando uma máscara, você mergulha a cabeça a um nível abaixo da superfície das ondas, consciente dos movimentos de seu corpo para cima e para baixo, mas observando tudo o que jaz nas profundezas do oceano, na água transparente e límpida.

Nesse estado de consciência, observe o que quer que surja na mente, sem qualquer preferência quanto a pensamentos surgirem ou não, sem nenhuma preferência por pensamentos agradáveis em oposição a pensamentos desagradáveis. Faça isso sem intervenção nem manipulação, sem controle. Deixe o pensamento surgir, passar diante de você e em seguida desaparecer. Enquanto isso, permita que a consciência repouse, permanecendo em sua própria quietude, mesmo enquanto a mente está ativa. Desse modo, a mente gradualmente se estabelecerá em seu estado natural, que é bastante diferente de seu estado habitual. Em geral, a mente oscila entre a agitação e a lassidão. Mas, com essa prática, a mente gradualmente acaba por repousar em sua própria base, calma e clara.

Por fim, da mesma forma, sem controle ou identificação, apenas descanse no modo de observação, por vezes chamado de "consciência nua". Perceba, da forma mais nua possível, tudo o que surgir nesse espaço, quer brote de dentro, como uma emoção ou sentimento, quer pareça ser um objeto da mente, como, a tagarelice mental ou as memórias. Veja se é possível deixar a sua consciência profundamente relaxada, de modo que você possa observar esses eventos mentais sem intervenção. Você é capaz de assistir passivamente a cada evento mental seguindo a sua própria vida – surgindo, permanecendo por algum tempo e partindo – como se não fosse influenciado pelo fato de você estar consciente dele? Observe atentamente, mas permaneça relaxado.

Nessa prática, é muito importante que não haja preferência por ter uma mente calma e tranquila em oposição a uma mente ativa e discursiva. É apropriado ter uma preferência por não ser levado pelos eventos mentais e não se agarrar a eles. Descubra se é possível permanecer calmo, mesmo quando os pensamentos que passam por sua mente estão perturbados.

Continue respirando normalmente no abdômen. Se você se sentir desorientado, retorne à respiração, estabilize um pouco e, em seguida, paire no espaço da mente uma vez mais. Tente manter esse estado meditativo durante os 24 minutos.

Para encerrar essa sessão, dedique qualquer benefício – o que quer que tenha sido significativo nessa prática – para a realização de suas aspirações por seu próprio bem-estar e felicidade, e pelo bem-estar e felicidade de todos aqueles que o cercam. Que o maior bem possível possa resultar dessa prática.

PARA CONTEMPLAÇÃO ADICIONAL

A fim de tornar a atenção maleável ou aproveitável, começamos com duas práticas que treinam a atenção com shamatha, ou quiescência meditativa. Essa atenção tem duas qualidades: estabilidade e vivacidade, ambas alcançadas pelo cultivo da atenção plena e da introspecção. O primeiro capítulo enfocou a atenção na respiração – aqui, nos concentraremos na mente. Na antiga literatura páli, o Buda se refere a essa prática como o cultivo da "atenção plena sem fixações". Podemos facilmente traçar paralelos entre essa técnica de shamatha e a prática do "sentar" do Soto Zen, bem como com a tradição Vipassana contemporânea. Na tradição budista tibetana, essa prática pode ser chamada de diferentes formas, como "estabelecer a mente em seu estado natural", "quiescência focada na conceituação" e "tomar a mente e as aparências como caminho". Embora essa prática com certeza produza muitos insights sobre a natureza da mente, ela é corretamente classificada como uma prática de shamatha e não como vipashyana, pois não implica qualquer investigação sobre a natureza dos fenômenos. Esse método de estabelecer a mente tem a grande vantagem de conduzir ao insight sobre a natureza relativa da consciência.

Praticar a atenção à respiração fornece uma medida clara da estabilidade da atenção. Ou você está na respiração ou não está. Se você escolhe ficar na respiração, mas cinco segundos depois está distraído, você sabe que sua estabilidade precisa melhorar. Retorne sempre à respiração, cultivando a continuidade e estabilidade, mantendo-a como um ponto de referência. Além disso, preste atenção à vivacidade e à clareza da percepção das sensações táteis da inspiração e da expiração. Você consegue identificar sensações mesmo entre as respirações ou elas desaparecem? Mesmo que as sensações da respiração se tornem tênues ou desapareçam, mantenha a sua atenção na região onde surgiram pela última vez. Conforme a vivacidade aumentar, você verá que o que você está sentindo tem maior riqueza. A técnica é simples e direta: mantenha a atenção plena na respiração, buscando continuidade e monitorando a mente durante todo o tempo quanto à ocorrência de agitação ou lassidão por meio de vigilância introspectiva.

O primeiro passo para desenvolver a estabilidade e vivacidade da atenção é usar um objeto claro para a mente, como a respiração. Mas nessa técnica de observar a mente você passa para algo mais sutil, em que a estabilidade e vivacidade da atenção não estão ligadas a um objeto específico. Você traz a consciência para o domínio da sua mente e então a estabiliza – vividamente, claramente –, e o que quer que apareça surge e passa de forma não obstruída. Na cacofonia da mente, a consciência em si permanece estável. Usando uma metáfora citada por Sogyal Rinpoche, a sua consciência é como um anfitrião gentil em meio a convidados indisciplinados. Os convidados vêm e vão, podem às vezes brincar de guerra de comida, mas o anfitrião permanece calmo e sereno.

Mesmo quando você está observando o que surge no espaço de sua mente, ainda há objetos da consciência. A dicotomia sujeito/objeto mudou da atenção subjetiva à respiração objetiva para uma consciência subjetiva dos fenômenos objetivos que surgem no domínio da mente. Portanto, você está observando pensamentos e lembranças dentro do domínio da mente como objetos da consciência. Assim como na atenção plena à respiração, você pode cultivar a estabilidade e a vivacidade da atenção, mas sem controlar a sua mente como estava fazendo quando praticava atenção plena à respiração. Nessa prática você não está tentando modificar, julgar ou se identificar com o conteúdo da mente. A estabilidade e a vivacidade ainda estão presentes, mas elas são qualidades da consciência subjetiva e não dos conteúdos objetivos da mente, que vêm e vão, às vezes de forma caótica. À medida que a sua atenção se torna mais estável, você vai se tornando mais familiarizado com essa estabilidade subjetiva mesmo em meio à agitação mental. Sem se identificar com os objetos, julgar, intervir, suprimir ou dar poder às atividades mentais, apenas observe como a mente se estabelece.

Ao observar o surgir e passar dos fenômenos mentais, você já deve ter percebido que há pouca estabilidade. A mente está totalmente preenchida por pensamentos fugazes, imagens, memórias, e assim por diante. Você pode se perguntar como é possível atingir a estabilidade quando a mente está tão turbulenta. Lembre-se de que a estabilidade a ser cultivada aqui não será encontrada nos conteúdos objetivos da mente, mas na sua percepção subjetiva acerca delas. Com isso, quero dizer que você se estabelece na quietude do espaço da mente mesmo quando esse espaço é preenchido com movimento. Portanto, isso requer uma estabilidade de não ser carregado por pensamentos e emoções. Além disso, pelo fato de a sua atenção não estar focada em um ponto fixo, a estabilidade da consciência tem uma qualidade de fluxo livre.

Lerab Lingpa, contemplativo tibetano do século XIX, resumiu a essência dessa prática no conselho de estabelecer a mente "sem distração e sem fixação". Por um lado, não deixe que a sua atenção seja arrastada por qualquer conteúdo da mente, perdendo-se no passado, no futuro ou em elaborações conceituais sobre o presente. Por outro lado, surja o que surgir no campo da mente, não crie fixações, não se identifique, não se agarre e nem afaste. Nem mesmo prefira estar livre de pensamentos. Como Lerab Lingpa aconselhou:

> *Sejam quais forem os tipos de imagem mental que surjam – suaves ou violentas, sutis ou grosseiras, de longa ou curta duração, fortes ou fracas, boas ou más –, observe a sua natureza e evite qualquer avaliação obsessiva acerca delas como sendo uma coisa e não outra. Deixe o coração de sua prática ser a consciência em seu estado natural, límpido e vívido.*[5]

Você alguma vez já viu um falcão pairando no ar enquanto vasculha o solo em busca de comida? Não há nada em que esse pássaro possa se segurar, mas com o monitoramento fino de suas asas e das correntes de ar, ele pode permanecer imóvel em relação ao chão enquanto se desloca pelo ar. Ele paira por não se fixar e, ainda assim, há estabilidade. Você também é capaz de manter a sua atenção sem se mover, "em pleno ar", no espaço de sua mente. Se deseja aprofundar a sua meditação – a investigação contemplativa sobre a natureza de sua própria existência, a sua relação com o ambiente circundante e com os outros seres –, a habilidade de sustentar a atenção de forma contínua e clara é crucial. Nesse momento, estaremos apenas desenvolvendo um instrumento, refinando a nossa atenção para obter um grau mais elevado de estabilidade e

---

5   Lerab Lingpa (gTerstonlasrabglingpa), *rDzogs pa chenpo man ngagsde'ibcudphur man ngagthams cad kyirgyalpoklonglnga'iyigedumbugsum pa lcebtsunchenpo'ivy'mala'izabtiggibshadkhridchu'babssubkod pa snyingpo'ibcuddril ye shesthig le*, Darjeeling, Orgyan Kunsang Chokhor Ling, sem data, p.640.

vivacidade. Düdjom Lingpa, outro mestre tibetano de meditação do século XIX, descreveu os resultados dessa prática da seguinte forma:

> *Dedicando-se a essa prática constantemente, em todos os momentos, durante e entre as sessões de meditação, finalmente, todos os pensamentos sutis e grosseiros se acalmarão na expansão vazia da natureza essencial de sua mente. Você se aquietará em um estado sem flutuação, no qual experimentará alegria como o calor de uma fogueira, clareza como o nascer do Sol e ausência de conceitos como um oceano sem ondas.*[6]

Panchen Lozang Chökyi Gyaltsen, contemplativo do século XVII, tutor do quinto Dalai Lama, resumiu os resultados:

> *Dessa forma, a realidade da mente é percebida de forma clara e profunda, e, ainda assim, não pode ser apreendida nem demonstrada. "O que quer que surja, observe de forma livre, sem se fixar", esse é o conselho quintessencial que passa adiante a tocha do Buda ... Além disso, sejam quais forem os objetos bons e maus dos cinco sentidos que surjam, a consciência assume qualquer aparência de forma clara e luminosa, como os reflexos em um espelho límpido. Você tem a sensação de que ela não pode ser reconhecida como sendo isso e não aquilo.*[7]

No contexto mais amplo da ciência e do conhecimento acadêmico, no Ocidente, nós somos propensos à visão muito restrita, preconceituosa e essencialmente não científica do potencial da mente para observações objetivas. Consideramos que os cinco sentidos externos, com as suas extensões por meio de instrumentos de tecnologia, nos fornecem informações "objetivas",

---

6   Düdjom Lingpa (bDud'jomsglingpa). *The Vajra Essence, Dag snang ye shesdrva pa lasgnas lugs rang byunggirgyudrdorje'Isnyingpo*. Título em sânscrito: *Vajrahṛdaya´suddhadhutijñānahāreśrīlaṃjātiyātisma, Collected Works of His Holiness Dudjom Rinpoche*, Bhutan, Kunsang Topgay, 1978, p.32.

7   Panchen Lozang Chökyi Gyaltsen, na seção "Semsgnaspa'ithabs" de dGeldanbKa'brgyudrinpoche'ibka'srolphyagrgyachenpo'irtsabargyas parbshad pa yang gsalsgron me, Asian Classics Input Project, CD, release A, S5939F.ACT, 1993.

enquanto a mente, voltada para dentro, é considerada "subjetiva" demais para fornecer dados confiáveis sobre o que quer que se esteja observando. De acordo com esse ponto de vista, o empirismo – a exploração da realidade por meio da observação e da experiência (em oposição à confiança no dogmatismo ou racionalismo puro) – deve ser focado no mundo físico e não pode ser aplicado à mente, que é responsável apenas por pensar e lembrar. Mas a mente faz muito mais. Ao observar a sua mente em meditação, você não está simplesmente se lembrando de algo do passado – você está observando eventos mentais no presente. Além disso, você é capaz de dizer, a cada momento, se a sua mente está agitada ou calma, se está interessada ou entediada, feliz, triste ou indiferente. Você sabe disso por meio de observação direta, não indiretamente através de seus cinco sentidos físicos. Mas, infelizmente, na tradição ocidental moderna, tal introspecção tem sido marginalizada, limitando a exploração científica.

O budismo sustenta que temos seis modos de observação, e apenas um deles, a percepção mental, possibilita acesso direto a eventos mentais. Os cientistas do cérebro podem acessá-los indiretamente, encontrando correlações neurais com estados e processos mentais, e os psicólogos comportamentais podem estudá-los indiretamente pela observação das relações entre mente e comportamento. Mas o único acesso direto aos eventos mentais se dá por meio da percepção mental. Esse é um ponto crucial, embora geralmente ignorado em nossa civilização – a percepção mental também tem validade empírica.

É claro que o ideal de objetividade é central para as ciências humanas e para a ciência em geral. Aquele que falha nesse teste é considerado um cientista fraco e um estudioso fraco. Mas será que a objetividade é possível em uma área que parece ser um domínio inteiramente subjetivo: o reino privado e interno de pensamentos, lembranças, sentimentos, desejos, imagens mentais e sonhos? Isso, é claro, depende de como se define "objetivo". Permita-me oferecer duas definições de objetividade. Uma é a objetividade como uma forma de engajamento com a realidade, buscando o entendimento, tão livre quanto possível de qualquer tendência individual. Nela, as preferências pessoais devem ser postas de lado. Contudo, uma mente aberta e uma disposição para ouvir vozes diferentes, opostas ou desconhecidas, para reconsiderar ideias e dar-lhes uma nova chance também é um modelo de objetividade. Não vejo nenhum aspecto negativo nisso. No budismo, há três critérios para se considerar um aluno como adequado, um deles sendo a objetividade: apurar o que está sendo percebido, o que é oferecido a você pela realidade, por assim dizer, sem distorcer, sobrepor ou reduzir por meio de expectativas, preconceitos ou preferências. Essa objetividade é tão crucial para a investigação contemplativa quanto para a investigação científica e acadêmica.

Um outro tipo de objetividade é frequentemente estipulado como ideal para a ciência: o princípio de observar fenômenos que não estão relacionados com qualquer observador individual. Quando você olha para a Lua e fecha os seus olhos, a Lua ainda permanece lá. A Lua é, portanto, considerada objetivamente real e, por essa razão, é um objeto apropriado para estudos científicos. Ciência não é apenas tentar ser livre de preconceitos e inclinações, mas também olhar para o mundo objetivo que está lá fora, independentemente de qualquer observador. Entretanto, repare que, se você começar a chamar aquela matriz de objetos que existem independentemente de qualquer observador individual de "mundo objetivo" ou "mundo físico" e, em seguida, iguálá-lo a "mundo natural", algo é deixado de fora da natureza: todos aqueles fenômenos reais e naturais que não existem de forma independente do observador individual, como os seus pensamentos, emoções, sonhos e todo o reino da sua vida subjetiva. Pensamentos e afins são excluídos por não terem existência independente do observador. Isso implica, erroneamente, que os pensamentos sejam menos reais e que não façam parte do mundo natural por não serem públicos. Mas isso nada mais é do que uma afirmação tendenciosa, uma exclusão subjetivamente preconceituosa dos fenômenos mentais do mundo natural.

No entanto, partindo de um ponto de vista pragmático, além do fascínio de explorar a natureza da consciência, os eventos mentais e a sua relação com a realidade física, qual é o valor desse tipo de investigação contemplativa para nós, pessoalmente? A esse respeito, a minha sugestão é de que a prática em questão é a própria busca pela felicidade genuína mencionada anteriormente: "A verdade vos libertará." Qualquer tradição budista fiel à essência dos ensinamentos do próprio Buda nunca se afasta desse ideal pragmático. O budismo parte da realidade do sofrimento e segue rumo à origem do sofrimento, do descontentamento, da insatisfação, do mal-estar, da falta de sentido e realização, da tristeza, do desespero, e assim por diante. A seguir, indaga: o sofrimento tem causas ou surge aleatoriamente? Se você optar pela última alternativa, a sua pergunta chegará a um beco sem saída. Todavia, se você adotar a hipótese de trabalho de que a felicidade e a tristeza têm causas, a investigação será significativa. Uma vez que enfocamos a natureza de nossos estados emocionais, de nossos estados afetivos de alegria e tristeza em todas as suas gradações, podemos então começar a explorar as suas causas.

Observe como o funcionamento interno da mente pode levá-lo à insatisfação. Por exemplo, ser menosprezado por alguém pode lançá-lo à insegurança e à tristeza. Uma entre um milhão de opiniões precisa arruinar o seu dia? Você desce a ladeira escorregadia da negatividade, preocupa-se com o seu valor como pessoa e assim por diante, mas a sua reação não precisa ser automática. Não existe essa correspondência "um para um" entre os eventos externos e os nossos estados emocionais internos.

Em 1971, fui morar com refugiados tibetanos que, arriscando as suas vidas, haviam fugido de seu país e se estabelecido na cidade indiana de Dharamsala há apenas uma década. Para o meu espanto, eram as pessoas mais felizes que eu havia conhecido na minha vida. Os fatores externos que poderiam sustentar a sua felicidade eram poucos e esparsos. Eles eram pobres, tinham perdido a sua terra natal, cada um deles havia passado por uma tragédia pessoal e muitos estavam mal de saúde. Por meio de uma busca inteligente e pragmática para nos libertarmos daquilo que nos impede, nós também podemos descobrir a fonte do verdadeiro bem-estar.

Estilo de vida favorável à prática

Para melhorarmos a nossa prática, precisamos de um estilo de vida favorável a um maior equilíbrio, serenidade e bem-estar no dia a dia, que permita que a nossa prática flua para a vida cotidiana, proporcionando mais sentido e felicidade. Que sejamos guiados por essa muito citada afirmação de Atisha, o reverenciado mestre indiano do século XI que desempenhou um papel fundamental na revitalização do budismo no Tibete:

> *Enquanto as condições para a quietude meditativa estiverem incompletas, a concentração meditativa não será alcançada, ainda que se medite diligentemente por mil anos.*[8]

Atisha está dizendo que as técnicas precisam ser colocadas no contexto de um estilo de vida que ofereça apoio. Não é suficiente ser habilidoso ou

---

8   Atisha, *Lamp for the Path to Enlightenment*, Ithaca, Snow Lion Publications, 1997, verso 39. Nota do autor: minha tradução difere levemente dessa tradução da obra de Atisha.

sério por 24 minutos. Habilidade e compromisso não irão funcionar nem mesmo em mil anos, se o contexto adequado – um estilo de vida favorável e um ambiente favorável – não estiver presente. Não faz nenhum sentido nos aplicarmos à prática espiritual e não recebermos nenhum benefício. A vida é muito curta.

Se você tem a intenção de elevar a sua atenção a um grau excepcionalmente alto de estabilidade e clareza, de modo a tornar sua mente o mais aproveitável possível, o conselho geral da tradição budista é simplificar radicalmente a sua vida. Retire-se em isolamento para onde possa dedicar-se à prática contemplativa com o mínimo possível de distrações. Mas a maioria de nós é incapaz de fazer isso. Modifiquei as recomendações de Asanga, que se destinam especificamente àqueles que se dedicam inteiramente a uma vida de contemplação, para que o seu conselho pudesse ser aplicado a uma vida ativa. E, embora essas recomendações sejam específicas para o desenvolvimento de shamatha, também se aplicam de modo mais geral à busca de aprofundamento da prática espiritual.

Os seis requisitos internos e externos para treinar a atenção começam com encontrar um ambiente adequado. O seu ambiente é propício para a prática caso apresente essas cinco qualidades:

1. comida, abrigo, roupas e outros itens básicos são facilmente obtidos;

2. é um local agradável, onde você não é perturbado por pessoas, animais carnívoros e assim por diante. Deve haver uma sensação de que o ambiente é relativamente seguro, para que você possa ficar à vontade;

3. é um bom lugar. Você pode querer se afastar de uma área onde não possa respirar ar puro ou beber água limpa, ou onde a doença prevaleça. Se observar os mosteiros no Tibete ou na Europa, você notará que os monges em geral têm um bom senso estético. Eles constroem mosteiros em locais inspiradores. Se você conseguir uma vista que traga à sua mente uma sensação de espaço amplo e relaxamento, está perfeito;

4. tem bons companheiros. Certa vez, o Buda disse que ter amigos espirituais é a prática espiritual inteira. A prática flui muito melhor se você puder contar com companheiros que se apoiam mutuamente. A sensação de alienação das pessoas ao seu redor causa dificuldades;

5. por fim, certifique-se de que as pessoas não perturbem a sua mente durante o dia e de que as noites sejam pacíficas. Os budistas contemplativos transmitiram o aforismo de que para a prática meditativa profunda "o som é um espinho". Você pode fechar os olhos, mas não é tão fácil fechar os ouvidos.

Se tiver a chance, escolha bem onde irá morar.

A segunda recomendação é ter poucos desejos. Liberte-se do anseio por posses, tanto de alta qualidade quanto de grande quantidade, bem como de entregar-se às outras preocupações mundanas.

O contentamento é o terceiro requisito. Olhe para o que você tem e veja se já está adequado. Se estiver, contente-se. Como alguém já materialmente abastado, mas ainda insatisfeito, pode ser chamado de "rico" em algum sentido significativo? A pessoa apenas tem um monte de bagagem. Mas, quer tenha muitas posses ou poucas, se você tem contentamento, a verdadeira riqueza é sua.

O quarto é a simplicidade do estilo de vida. Uma vez, quando eu estava coordenando um retiro de shamatha com cerca de 12 pessoas dedicadas exclusivamente a essa prática por um ano, o tibetano contemplativo Gen Lamrimpa, que era o principal mestre nesse retiro, desencorajou-as até mesmo de manter um diário. "Não atravanquem a sua vida", disse ele. Ele queria que as pessoas enfocassem a prática com o mínimo possível de distrações. Neste momento, a simplicidade radical provavelmente não é viável para a maioria de nós. Todavia, mesmo em meio à complexidade, podemos conseguir algum grau de simplicidade.

A quinta recomendação é manter disciplina ética pura. A essência da ética budista é evitar o envolvimento em ações que sejam prejudiciais ao seu próprio bem-estar ou ao de outros. Nas grandes religiões ocidentais – judaísmo, cristianismo e islamismo – a ética é imposta à humanidade por uma autoridade divina externa. Esse não é o espírito do budismo. A ética deriva naturalmente da busca pela felicidade genuína, do treinamento e do aperfeiçoamento da mente, e da exploração da realidade. É semelhante à ética científica, que implica completa honestidade em relatar o que está sendo pesquisado, pois, se esse princípio é violado, a ciência como um todo deixa de funcionar. Uma das quatro regras éticas mais importantes para os monges budistas é: "Não forje os resultados de sua prática espiritual" – ou, em termos budistas, "não minta sobre a sua realização". Não distorça nem exagere de modo algum o seu grau de realização espiritual. Se fizer isso, não será mais considerado um monge.

A sexta e última advertência é: "Não fique preso a fantasias." Isso sugere que a qualidade de presença que enfatizamos na prática meditativa formal pode ajudar a nos libertarmos de pensamentos obsessivos em nossas interações com os outros, com o ambiente, com o nosso trabalho e com a vida como um todo.

3 A consciência de estar consciente

NA PRÁTICA DE ESTABELECER A mente em seu estado natural, observamos o conteúdo da mente, mas, na consciência de estar consciente, não dirigimos a nossa atenção para coisa alguma. Simplesmente permitimos que a consciência repouse em seu próprio lugar, consciente de si mesma.

Depois de 20 anos de treinamento em abordagens desenvolvimentistas do despertar espiritual, como nos ensina o budismo Theravada e as ordens Gelukpa e Sakyapa do budismo tibetano, em 1990, passei a ser orientado por Gyatrul Rinpoche, lama sênior da ordem Nyingmapa que também recebeu treinamento intensivo na ordem Kagyüpa. Essas são as quatro principais ordens do budismo surgidas no Tibete nos últimos 1.200 anos. Embora nas décadas de 1970 e 1980 eu tivesse sido introduzido por dois mestres Gelukpa, Geshe Rabten e Gen Lamrimpa, à prática de shamatha de estar consciente da natureza da consciência, foi Gyatrul Rinpoche quem primeiro me ofereceu essa prática sutil. Fiquei especialmente impressionado com as instruções sobre essa prática, chamada de "quiescência sem sinal",[9] conforme explicado por Padmasambhava em seu livro Natural Liberation, que traduzi sob a orientação de Gyatrul Rinpoche.

Prática

Antes de começar a próxima meditação, vale a pena dedicar alguns minutos ao cultivo da motivação mais significativa para se prosseguir com essa prática. Você pode ampliar esse ponto da prática. A qualidade da motivação que você leva ao trabalho, às férias, à meditação ou a qualquer coisa infiltra-se na própria natureza da ação. Quanto mais significativa a motivação, mais profunda e mais significativa será a sua ação. Traga à mente as suas mais altas aspirações por seu próprio bem-estar e realização, por dar sentido à sua própria vida como um todo. Inclua também o reconhecimento de que ninguém está isolado. Estamos interconectados e, portanto, em um sentido mais amplo, a nossa mais significativa motivação deve abranger e incluir os outros. Assim, permita que a sua mais elevada aspiração seja o seu incentivo para prosseguir nessa prática.

Estabeleça o corpo em seu estado natural, como fez nas meditações anteriores, produzindo as qualidades de relaxamento, quietude e vigilância. Deixe o seu corpo refletir a qualidade da sua mente. A qualidade da consciência que você está cultivando aqui é de tranquilidade, quietude e calma, e, ao mesmo tempo, é brilhante, vívida, aguçada e clara.

Para ajudar a acalmar a mente, comece pela prática de atenção plena à respiração, contando 21 respirações como fez anteriormente. Agora, como na

---

9 Padmasambhava, *Natural Liberation: Padmasambhava's Teachings on the Six Bardos*, Boston, Wisdom Publications, 1998, p.105–113.

prática anterior de estabelecer a mente em seu estado natural, deixe os olhos ao menos parcialmente abertos. Repouse o olhar sobre o espaço que fica entre o ponto para o qual tem a sensação de estar olhando e as formas e cores que surgem em seu campo de visão. Descanse o seu olhar no próprio espaço, sem qualquer objeto visual. Continue respirando no abdômen de forma natural, não forçada. Agora, simplifique radicalmente a sua consciência, sem focar a respiração e nem mesmo o conteúdo de sua mente. Estabeleça a consciência no próprio estado de estar consciente. Talvez seja esse o seu conhecimento mais primitivo e confiável, anterior e mais certo do que qualquer conhecimento que você tem do mundo externo, até mesmo de seu próprio corpo e do conteúdo da sua própria mente – a consciência do simples fato de estar consciente. Essa prática é às vezes chamada de "shamatha sem sinal". Nessa prática, ao contrário das duas anteriores, você não foca em nenhum objeto, nem mental, nem físico. Você não dirige a consciência nem para dentro, nem para fora: a consciência está uniformemente presente, tanto externa quanto internamente, e é anterior a essa divisão da experiência. Apenas permita que a consciência se estabeleça em sua própria natureza. Os pensamentos podem ir e vir, mas não obscurecem a natureza da consciência – são expressões dela. Repouse nesse estado de consciência sem ser levado ou distraído por qualquer conteúdo e sem fixar-se em absolutamente nada.

Em meio aos pensamentos que surgem compulsivamente e permeiam o campo de sua consciência, você detecta algo imutável, tão imóvel quanto o próprio espaço? Dizem que a consciência pode se manifestar como todos os tipos de representações sensoriais e mentais. Essa qualidade da consciência de revelar a si própria sob tais formas é chamada de "claridade" ou "luminosidade", sendo uma das qualidades características da consciência. É como o espaço radiante que ilumina tudo o que nele surge e a sua radiância permanece mesmo nos momentos em que a consciência não tem nenhum objeto perceptível. Em sua experiência, você é capaz de detectar em meio às imagens mentais uma luminosidade que persiste mesmo na ausência dessas imagens, como a superfície de um espelho com ou sem reflexos?

Além disso, a consciência não é simplesmente a claridade ou a luminosidade das aparências se manifestando. Ela tem uma segunda qualidade, que é a cognição. A consciência é imbuída de uma qualidade de apreensão. As aparências não apenas surgem à consciência, como a consciência também apreende essas aparências, permitindo-nos a seguir relatar sobre elas. As imagens surgem em um espelho, por exemplo, mas o espelho não sabe que elas estão ali. No espaço da mente, por outro lado, as aparências surgem e sabemos que estão presentes. Você consegue discernir a ocorrência da pura cognição?

Não permita que a sua mente se torne tão focada a ponto de impedir a sua respiração. De vez em quando, monitore a sua respiração e veja se ela está fluindo naturalmente, sem quaisquer limitações resultantes da concentração da atenção. Deixe que a sua barriga permaneça solta e continue respirando no abdômen sem esforço.

Agora vamos tentar uma experiência dentro dessa prática. Continue a respirar no abdômen como tem feito, naturalmente e sem esforço, de tal forma que, quando você inspira, ele se expande um pouco. À medida que o abdômen se expande durante a inspiração, ele assume uma forma levemente arredondada. Quando expirar, procure manter esse arredondamento em algum grau, como se fosse um vaso. Faça isso com suavidade, sem forçar os músculos da barriga. Mantenha um pouco da plenitude do abdômen durante a expiração, como se estivesse à espera da próxima inspiração. Então, o abdômen se expande um pouco quando você inspira. Observe se isso tem algum efeito benéfico em sua prática. Essa é a chamada "respiração suave do vaso", que muitos contemplativos tibetanos consideram útil para estabilizar a mente. Outro experimento que você pode fazer é tentar respirar pela boca. Essas duas técnicas não são cruciais para a prática, mas, se você achar qualquer uma delas benéfica, utilize-a. No entanto, é crucial manter os olhos abertos. Isso ajuda a desobstruir a mente, aumenta a clareza da consciência, e também começa a destruir a falsa dualidade de que existe um lado de fora e um lado de dentro da mente.

Sejam quais forem os pensamentos que surjam na mente, eles não obscurecem a natureza da consciência. A consciência está igualmente presente durante e entre os pensamentos – por isso, nessa prática, não há razão para tentar aquietar a mente. Examine o espaço de consciência que persiste entre os pensamentos, de onde os pensamentos surgem e no qual desaparecem. Descanse sem expectativa, sem desejo, sem esperança ou medo.

Embora não deva observar especificamente o conteúdo da mente, você tampouco deixa de notá-lo. Repousando a consciência em sua própria natureza, quaisquer constrições ou perturbações que surjam na mente se liberarão naturalmente, sem a aplicação de qualquer antídoto. Continue a respirar livremente. Esse é um estado de profundo relaxamento da consciência – não há constrição.

A qualidade do repouso é tão profunda e a mente está tão relaxada que, quando você se tornar proficiente nessa prática, sentirá que poderia passar diretamente para o sono. Todavia, se adormecesse, você não abandonaria a clara consciência de sua consciência, mas entraria em um estado lúcido sem sonhos, relaxado e sem referências.

Você iniciou essa prática cultivando as suas aspirações e motivações mais significativas. Ao terminar essa sessão de 24 minutos, reafirme que qualquer benefício, compreensão ou clareza que tenham surgido podem conduzi-lo à realização de seus mais significativos anseios e aspirações, ao seu bem-estar e ao bem-estar dos outros.

Para contemplação adicional

Neste capítulo, introduzi a técnica de shamatha mais sutil que encontrei. Você pode perceber que estabelecer a mente em seu estado natural é mais sutil do que a atenção plena na respiração e que a prática de shamatha de estar consciente é ainda mais sutil. Essa terceira técnica de cultivo da quiescência meditativa é a culminância dessa linha específica de treinamento meditativo. É a mais simples e, potencialmente, também a mais profunda e poderosa. Nessa técnica, não há nada para cultivar. Não estamos desenvolvendo a estabilidade e a vivacidade da atenção. Em vez disso, descobrimos por meio da nossa experiência se há algum aspecto da própria natureza da consciência que seja inatamente estável e claro. Precisamente na própria natureza da consciência há luminosidade e claridade. Podem estar obscurecidas ou encobertas como resultado da fixação conceitual, mas são inatas à própria consciência. A prática de ser consciente consiste em liberar aquilo que obscurece a quietude e a luminosidade intrínsecas da consciência. Essa é uma abordagem de descoberta e não de desenvolvimento, um processo de libertação e não de controle. Podemos verificar por nós mesmos se a natureza da consciência em si tem luminosidade, nitidez e clareza. Isso não é algo para ser aceito como dogma.

Na prática anterior, partimos do ponto que Descartes considerou o nosso conhecimento mais certo: nós somos conscientes. A sua afirmação frequentemente citada – cogito ergo sum – é geralmente traduzida como "penso, logo existo", mas o termo em latim cogito significa tanto "pensar" como "ser consciente". Assim, a declaração pode ser melhor traduzida como "sou consciente, logo existo". No budismo, reduziríamos essa afirmação a "existe a consciência dos eventos". Disso podemos estar absolutamente certos, mesmo que não haja tal coisa como um eu ou um ego que exista separadamente da consciência e que seja o agente que está consciente. O lama tibetano Sogyal Rinpoche chamou essa consciência de estar consciente de "o conhecimento do conhecimento". Nós podemos ter mais certeza da presença da consciência do que de qualquer outra coisa. Esse é um bom ponto para se começar a meditar.

A técnica explorada neste capítulo vai além de controlar diretamente a mente e de "conhecer a si mesmo" em termos específicos e pessoais. Em vez disso, nessa prática, perguntamos: conhecer a si mesmo como um indivíduo, com uma localização específica no tempo e no espaço, é tudo o que há para se conhecer de si mesmo como um ser consciente neste universo? Somos definidos por parâmetros de gênero, idade, nacionalidade e história pessoal? Ou existe um nível mais profundo, transpessoal de nossa existência, que pode ser acessado quando a mente condicionada por conceitos adormece?

Aqui, temos uma técnica para remover os véus que obscurecem a base da mente comum e a dimensão da consciência primordial, esta que se encontra além e, todavia, permeia todos os estados de consciência. Você repousa naquilo de que tem mais certeza. Mesmo antes do pensamento "penso, logo existo", você sabe que a consciência está presente. Entre os pensamentos, você não apaga, não desliga. Antes dos pensamentos, entre os pensamentos e quando os pensamentos desaparecem completamente – como quando se está morrendo –, você pode verificar aquilo que permanece. Nessa prática, em vez de tentar cultivar a estabilidade e a vivacidade da atenção, solte aquilo que obscurece a quietude, a estabilidade e a vivacidade inatas da própria consciência. Quando repousa profundamente nessa consciência, você rompe a estrutura artificial de "interno" e "externo" conceitualmente sobreposta. Quando os seus olhos estão abertos e o seu olhar está apenas repousando no espaço à frente, e a sua consciência mental está descansando na pura percepção de estar consciente, onde exatamente você está? Você está dentro de sua cabeça, fora dela ou essas questões já não são mais relevantes? Fixações a externo versus interno podem simplesmente desaparecer. Sujeito versus objeto também pode desaparecer, especialmente se ficar claro que a dicotomia sujeito/objeto – a maneira como estruturamos a nossa experiência perceptiva e conceitual – consiste em nada mais do que construções que sobrepomos à experiência. Se são sobreposições artificiais, liberando-as podemos nos estabelecer em um estado de não dualidade subjacente. Pode ser útil permanecer nesse estado em nossa meditação final durante o processo de morte. Mas por que esperar se podemos fazê-lo agora?

Padmasambhava, o grande mestre budista indiano do século VIII, descreveu essa abordagem do refinamento de atenção como "shamatha sem sinal". Tsongkhapa, sábio tibetano do século XV, referiu-se a ela como observar "a consciência pura e a claridade absoluta da experiência".[10] Ele descreveu essa prática como uma forma de atenção não conceitual – não há foco em nenhum objeto de meditação. Panchen Lozang Chökyi Gyaltsen descreve esse método da seguinte forma:

> *Seja implacável com os pensamentos e, cada vez que observar a natureza de quaisquer ideias que surjam, elas desaparecerão por si mesmas, surgindo, após isso, um vazio. Da mesma forma, se você também examinar a mente enquanto se mantém sem flutuação, verá um vazio vívido, claro e desobstruído, sem qualquer diferença entre os estados anteriores e posteriores. Entre os meditadores, isso é chamado e aclamado como "fusão entre a quietude e a dispersão".*[11]

No processo de morte, chegará um momento em que a respiração irá parar e, portanto, a atenção plena à respiração não será mais possível. Todavia, mesmo depois que a respiração cessa e os sentidos físicos são interrompidos, é possível continuar a meditar, pois os eventos mentais continuam a ocorrer. Nessa fase do processo de morte, você pode praticar a segunda técnica, a de observar o domínio da mente – imagens, pensamentos, lembranças, emoções e impulsos. Em vez de temer a morte, tome interesse pelos eventos que ocorrem no espaço da mente e pela natureza do próprio espaço. A sua mente agora está prestes a desaparecer, pois o cérebro está sendo desligado, mas a consciência substrato permanecerá. E é possível repousar nessa dimensão da consciência com bem-aventurança, luminosidade e não conceitualidade. Mesmo quando todas as

---

10   Citado por B. Alan Wallace, *The Bridge of Quiescence: Experiencing Tibetan Buddhist Meditation*, Chicago, Open Court, 1998, p.173.

11   Panchen Lozang Chökyi Gyaltsen, citação da seção "Semsgnaspa'ithabs" de sua obra *dGeldanbKa' brgyudrinpoche'ibka' srolphyagrgyachenpo'irtsabargyas par bshad pa yang gsalsgron me*, em Geshe Rabten, *Echoes of Voidness*, Londres, Wisdom Publications, 1986, p.113–128.

atividades mentais cessam, você pode permanecer vividamente consciente do espaço vazio da consciência, no qual todas essas atividades desaparecem. Esse espaço é chamado de "substrato" (alaya) e a consciência básica desse domínio é a "consciência substrato" (alayavijñana).

A prática de shamatha sem sinal, ou simplesmente de estar consciente de estar consciente, resulta em uma experiência viva da consciência substrato que é imbuída das qualidades de bem-aventurança, luminosidade e não conceitualidade. Esse também é o estado de consciência que, ao final, emerge por meio da prática anterior de estabelecer a mente em seu estado natural. Sogyal Rinpoche chama isso de "base da mente comum" e é muito fácil confundi-la com a natureza absoluta da consciência, conhecida como "consciência prístina" (rigpa), "consciência primordial" (yeshe) ou "clara luz" (ösel). Existem muitas diferenças sutis entre as duas, porém o mais importante é que simplesmente repousar na consciência substrato não purifica ou libera a mente de nenhuma aflição mental, enquanto que repousar na consciência prístina libera radicalmente a mente de seus obscurecimentos e permite acessar uma fonte inesgotável de virtudes espontâneas. Düdjom Lingpa escreveu a esse respeito:

> *Alguém que experienciou a vacuidade e a luminosidade e que dirige a sua atenção para dentro pode pôr fim a todas as aparências externas e chegar a um estado em que acredita não haver nem aparências, nem pensamentos. Essa experiência de brilho, a qual não se ousa abandonar, é a consciência substrato ... alguns professores a confundem com a clara luz ... Na realidade, é a consciência substrato – por isso, se você ficar preso lá, será lançado no reino da não forma, sem nem sequer se aproximar um pouco do estado de liberação.*[12]

Quanto a repousar a mente em um estado de profunda inatividade como descrito aqui, é razoável perguntar se isso é a culminação da prática budista. Acalmar toda a atividade e acabar sentado serenamente sob a sua própria árvore bodhi, com um sorriso feliz no rosto, sem fazer nada, é o objetivo supremo? Neste mundo com tanto sofrimento, injustiças e conflitos, isso seria um anticlímax. As atividades motivadas pelo ego e autocentradas são reduzidas ao mínimo nesse tipo de meditação, mas você não adormece e nem se torna apático. A consciência luminosa permanece, sem atividade ou movimento. A

---

12   Düdjom Lingpa, Op.cit., p.364.

partir desse estado de consciência tranquila e fluida, os pensamentos surgem sem esforço. Em circunstâncias normais, quando a mente está envolvida em fixações, chamaríamos esses pensamentos de distrações – contudo, depois da meditação, é possível manter um estado ao menos um pouco semelhante a essa qualidade tranquila de consciência não egocentrada.

O objetivo da meditação não é apenas sentar em silêncio. É sentar-se em silêncio e, em seguida, levantar-se e mover-se em quietude, permanecendo silencioso em certo sentido até mesmo quando se está falando. Foi lá fora, no jogo da atividade espontânea, que o ponto culminante da vida de Buda teve lugar – quando ele começou a ensinar. A culminação não foi na quietude, sentado sob a árvore bodhi. Foi no serviço a todos os seres, emanado de sua experiência do despertar.

Ao se engajar em tal prática, você pode sentir as comportas de sua criatividade abrirem-se espontaneamente. Em um estado de consciência serena, com o ego adormecido, observe o que surge a partir da quietude, espontaneamente e sem esforço. A quietude não é perdida nem mesmo quando a mente se torna ativa. Da mesma forma, você poderá sentir que não é necessário abandonar esse silêncio nem mesmo quando está falando ou quando o seu corpo está em movimento. William James descobriu que todos os gênios têm uma qualidade em comum: todos eles têm uma capacidade excepcional de manter a atenção voluntária. Ele estava convencido de que a genialidade levava a essa maior capacidade de concentrar a atenção por longos períodos de tempo e não que a atenção sustentada os tornasse gênios. Tenho certeza de que há muita verdade nessa afirmação, mas, se ampliarmos a noção de gênio no sentido de reconhecer que todo mundo tem um grau de genialidade ou habilidade inata para algo, estou convencido de que esse tipo de prática de shamatha pode ajudar a revelar esse gênio. Uma vez que o ego esteja relativamente fora do caminho, a fonte de criatividade se abre. Verifique se isso é verdade para você.

Na prática da quiescência meditativa, há dois modelos complementares: desenvolvimento e descoberta. Comum a ambos é a ideia de que uma mente utilizável é imbuída de estabilidade da atenção, permitindo a sustentação do foco em um objeto escolhido. Quer esteja resolvendo problemas, ouvindo ou compondo músicas, dando aulas ou criando filhos, você está presente de forma sustentada. É o oposto de estar agitado, distraído ou fragmentado. A segunda qualidade comum a ambos os modelos é a vivacidade. Estabilidade sem vivacidade não é muito útil, a menos que o objetivo seja o sono profundo, no qual se tem boa estabilidade, mas pouca clareza. As primeiras duas técnicas que exploramos – consciência da respiração e observação da mente – seguem a abordagem de desenvolvimento. Ao cultivarmos a atenção plena à respiração, aprendemos a controlar o cavalo selvagem da mente. Lutamos com esse espírito rebelde com o senso de: "Você tem me dominado, mas agora vou virar o jogo e dominar você. Vou aprender a cavalgá-lo de um modo tal que você não poderá me coicear nem me machucar." Sem isso, somos dominados por um espírito rebelde que move o corpo, controla a boca e fere os outros com sarcasmo, desonestidade, abuso, rispidez e escárnio.

A prática de se soltar na estabilidade e vivacidade naturais da consciência pode ser realizada além da meditação formal. Entre as sessões, se você quer manter essa qualidade de consciência e ainda ser capaz de fazer o que precisa no mundo, pode continuar a repousar a sua consciência no espaço à frente, mesmo em meio a uma conversa. Focar os olhos no espaço intermediário não o impede de ver o que está lá fora. Quando os eventos mentais surgirem, não se apegue a eles. Deixe-os surgir e passar. Pode ser que você não consiga fazer essa prática enquanto escreve ou executa um trabalho intelectual, mas isso pode ser praticado em outras situações, como enquanto anda pela rua ou espera em uma fila de supermercado, ou em muitas outras situações. Mantenha a continuidade tanto quanto possível. Essa é uma abordagem direta para a exploração da natureza fundamental da nossa existência, nada menos do que isso.

Os cinco fatores da estabilização meditativa

O Buda falou de cinco fatores da estabilização meditativa (dhyana), essa que não é um estado de transe, mas uma consciência clara, inteligente, focada e estável, não estando sujeita a flutuações compulsivas ou lassidão. Esses cinco fatores são:

1. pensamento aplicado;
2. pensamento sustentado;
3. bem-estar;
4. bem-aventurança;
5. atenção unifocada.

Relacionados a esses cinco fatores da estabilização meditativa estão os cinco obstáculos para se atingir essa estabilização, obscurecimentos que velam o

estado fundamental da consciência. São eles:
1. letargia e sonolência;
2. ceticismo;
3. malícia;
4. agitação e culpa;
5. desejo sensual ardente.

Acontece que cada um dos cinco fatores de estabilização meditativa naturalmente neutraliza o seu obstáculo correspondente na ordem apresentada aqui. O primeiro dos cinco fatores, o pensamento aplicado, implica um engajamento inicial e voluntário da mente a um objeto. Essa atividade mental é comparada a bater um sino com um martelo. Entre os cinco obstáculos à estabilização meditativa, esse fator neutraliza a letargia e a sonolência. Simplesmente direcionando a mente para um objeto e engajando-se nele com inteligência e vigilância, a atenção é despertada, e os obscurecimentos de letargia e sonolência são eliminados.

O segundo fator de estabilização mental, o pensamento sustentado, implica um engajamento mental voluntário contínuo com o seu objeto. Não envolve pensamento compulsivo ou associações conceituais, mas é uma atenção dirigida, discriminativa e focada. É comparado às reverberações que continuam depois que o sino foi tocado. O pensamento sustentado mostrou-se capaz de neutralizar o ceticismo – a mente que vacila e tem dúvidas, e que simplesmente não consegue se acalmar e se engajar na tarefa proposta. A mente sujeita à influência do ceticismo ou da incerteza oscilante irá minar qualquer empreendimento, seja iniciar um negócio, obter um diploma universitário ou engajar-se na prática espiritual. Os tibetanos dizem que meditar com uma mente assim é como tentar passar um fio desfiado pelo buraco de uma agulha.

O terceiro fator da estabilização meditativa é uma sensação de bem-estar que surge a partir de uma mente profundamente equilibrada, uma mente estabelecida em equilíbrio meditativo. Não tem referencial, não está feliz "por causa de" alguma coisa ou de algum evento específicos. Ao invés disso, ela emerge da própria natureza da mente quando a mente fica livre de desequilíbrios da atenção e emocionais. Essa sensação de bem-estar neutraliza naturalmente a malícia – a intenção de infligir dano –, que é o mais perturbador dos cinco obstáculos. Não apenas ela perturba profundamente a mente, como também pode causar grande destruição no mundo. Observe a sua mente sempre que você sucumbe à raiva, malícia ou ódio. Veja se essas aflições não surgem invariavelmente quando você está infeliz ou frustrado. Malícia e bem-estar são mutuamente excludentes. Um precisa desaparecer para que o outro possa surgir.

O quarto fator de estabilização é a bem-aventurança. Ao progredir no caminho de shamatha para a realização da estabilização meditativa, um sentimento crescente de felicidade irá saturar o seu corpo e a sua mente. Isso não surge porque você está tendo um pensamento feliz ou experimentando um prazer sensual. Essa bem-aventurança nítida e clara surge simplesmente da natureza de sua consciência porque a mente está estabilizada com vivacidade. A bem-aventurança é um sintoma de que a mente está saudável e equilibrada. Inquietação, insatisfação, ansiedade, tédio e frustração são todos sintomas de uma mente desequilibrada e aflita.

A bem-aventurança neutraliza naturalmente a agitação e a culpa. Na terminologia budista, "agitação" não se refere a todos os estados mentais agitados, mas especificamente àqueles que são induzidos pelo anseio, pelo desejo e pelo apego. Por que desejamos ou ansiamos por alguma coisa? Pela expectativa de que nos trará felicidade! Porém, se a bem-aventurança já está presente, não há motivo para agitação. Nessa mesma categoria de obstáculos está listada a culpa. O remorso verdadeiro pode ser saudável. Pode nos levar a um maior equilíbrio mental e a interações harmoniosas com os outros. Se você foi ríspido com outra pessoa, sentir remorso e querer corrigir o seu modo de agir é uma boa coisa. Mas o remorso também pode se transformar em vergonha e culpa obsessivas, e, quando isso acontece, obstrui a prática espiritual de forma geral e, em particular, o cultivo da estabilização meditativa. O seu antídoto natural é a bem-aventurança. Não é possível se sentir culpado quando a mente está saturada de felicidade. Um dos dois precisa partir.

O quinto fator da estabilização meditativa é a atenção unifocada. Aqui, a mente está relaxada, estável e viva, livre dos desequilíbrios da lassidão e agitação. Essa atenção unifocada neutraliza naturalmente o desejo ardente que vem de um sentimento de desejo, inadequação, e insatisfação. Quando a atenção está perfeitamente equilibrada em um único foco, o desejo pela estimulação sensorial desaparece. A mente está tão bem afinada que não necessita de uma fonte externa para o seu bem-estar ou satisfação. Torna-se a sua própria fonte de alegria e satisfação. Essa é uma mente saudável e é um fundamento indispensável para se engajar em práticas de insight para explorar a natureza da realidade como um todo.

Parte 2

Insight por meio da atenção plena

4 Atenção plena ao corpo

OS TRÊS PRIMEIROS CAPÍTULOS DESTE livro foram dedicados ao cultivo da atenção, incluindo a atenção plena e a introspecção. Na medida em que cultivou a atenção plena pela prática de shamatha, você está pronto para aplicar a atenção plena na prática de vipashyana. O primeiro livro sobre meditação budista de insight que estudei com cuidado foi a clássica obra de Nyanponika Thera, *The Heart of Buddhist Meditation*,[13] que dá uma explicação detalhada sobre as quatro aplicações da atenção plena. Isso se passou em 1970 e, três anos depois, tive a sorte de receber instruções profundas sobre essa prática por parte do monge Theravada Kitti Subho, que havia treinado durante seis anos na Tailândia. Na mesma época, Geshe Rabten também me ensinou essa prática, que é preservada na tradição budista tibetana, mas não é amplamente ensinada.

---

13 Nyanaponika Thera, *The Heart of Buddhist Meditation: The Buddha's Way of Mindfulness*, São Francisco, Weiser Books, 2014.

Muitas pessoas confundem vipashyana com shamatha, mas as duas diferem qualitativamente e levam a resultados diferentes. A prática de shamatha desenvolve as faculdades da atenção plena e introspecção como um meio de aumentar a estabilidade e a vivacidade da atenção. Isso implica simplesmente focar a atenção sobre um objeto de escolha e sustentar a atenção, e essa é a essência da prática ensinada anteriormente neste livro. Por outro lado, a prática de vipashyana (ou vipassana, como é chamada em páli) é uma investigação atenta e inteligente das principais características da nossa existência. Por exemplo, a atenção plena à respiração, como é explicado no principal discurso do Buda sobre esse treinamento, começa como uma prática de shamatha, mas se desenvolve a partir daí para vipashyana, pois acrescenta uma dimensão de investigação crítica. A diferença entre as duas não é o grau de concentração ou de atenção, mas sim o elemento de investigação que não está presente em shamatha.

Este capítulo inicia uma série de quatro práticas compreendendo os métodos fundamentais da meditação budista de insight. As chamadas "quatro aplicações da atenção plena" são a atenção plena ao corpo, aos sentimentos, aos estados e processos mentais e aos objetos mentais, incluindo todos os tipos de fenômenos. O objetivo de aplicar a atenção plena a esses quatro domínios da experiência é obter insights sobre a natureza desses elementos da nossa existência. Especificamente, investigamos a natureza de cada um desses domínios para verificar se quaisquer desses objetos da mente são imutáveis, se são verdadeiras fontes de felicidade, e se algum deles é verdadeiramente "eu" ou "meu" por sua própria natureza, independentemente de nossas projeções conceituais. Por meio de tais insights, é possível erradicar as causas das aflições mentais e outras perturbações do coração e da mente que resultam em tanto sofrimento.

Ao longo de seus 45 anos de ensinamentos, o Buda enfatizou fortemente o cultivo das quatro aplicações da atenção plena como um caminho direto para o insight contemplativo e a liberação. Diversas vezes, elogiou essa combinação de práticas, dizendo: "Esse é o caminho direto, monges, para a purificação dos seres, para a superação da tristeza e da lamentação, para a superação da dor e do sofrimento, para se atingir o caminho autêntico, para a realização do nirvana, ou seja, as quatro aplicações da atenção plena."[14] A prática começa com a minuciosa aplicação da atenção plena – que já foi aperfeiçoada através da prática de shamatha – ao corpo, aos sentimentos, à mente e a todos os outros

---

14   Bhikkhu Bodhi, *The Middle Length Discourses of the Buddha*, Boston, Wisdom Publications, 1995, Satipaṭṭhānasutta, verso 2, p.145.

fenômenos. Começamos com o corpo que, em muitos aspectos, é o mais fácil de examinar.

Prática

Estabeleça o corpo em seu estado natural, e traga à mente a sua mais elevada aspiração em termos do que você gostaria de ser, que qualidade de vida gostaria de ter, o que gostaria de realizar e também o que gostaria de oferecer ao mundo. Mantendo essas aspirações de forma nítida em sua mente, engaje-se nessa prática como um meio de realizar o que deseja.

Com os olhos fechados ou apenas parcialmente abertos, comece com a prática de atenção plena à respiração, focando a sua atenção nas sensações táteis onde pode sentir a inspiração e a expiração, e conte 21 respirações. Continue a respirar normalmente no abdômen, mas agora redirecione a sua atenção para o topo da cabeça. Apenas observe qualquer sensação tátil que surja nessa área, se são experiências de firmeza, calor ou frio, formigamento ou movimento. Com o mínimo de sobreposição conceitual possível, observe as sensações táteis da forma como se apresentam à sua consciência. Elas se modificam quando você continua a observá-las?

Agora, imagine o seu campo de consciência como uma superfície curva com cerca de dez centímetros de diâmetro cobrindo o topo da cabeça. Observe as sensações táteis que experimenta ali. Ao continuar, mantenha esse campo de consciência, aproximadamente com o mesmo tamanho, cerca de dez centímetros de diâmetro, como um círculo de consciência continuamente em movimento. A seguir, mova esse campo de atenção para baixo e para o lado direito de sua cabeça, até a altura do ouvido, incluindo a orelha. Então, lentamente, mova-o para a parte de trás da cabeça, deslizando até o lado esquerdo da cabeça. Se descobrir áreas de tensão, relaxe-as imediatamente. Agora, mova o campo de consciência para a testa, deslize até a altura dos olhos e nariz, para baixo até a boca e o queixo, em seguida pelas bochechas. Expanda levemente o campo para cobrir todo o rosto e veja se surge uma imagem mental de seu rosto. Se isso ocorrer, solte essa imagem e observe apenas as sensações táteis. Mova o campo de atenção de volta, a partir do rosto, através da cabeça e até a parte de trás da cabeça. Faça isso lentamente, como se estivesse escaneando a sua cabeça. Mova de trás para frente e a seguir para o rosto, notando se você pode discriminar quaisquer sensações dentro da cabeça ou se consegue captar apenas as que surgem na superfície.

Até aqui, utilizamos um campo mais ou menos bidimensional de consciência. Agora, expanda-o para três dimensões. Inclua simultaneamente as sensações de toda a sua cabeça. Mantenha esse campo de consciência, descendo por seu pescoço até a clavícula, e ajuste as suas dimensões aos contornos do corpo. Mova-o da clavícula direita por sobre o ombro, observando as sensações táteis na superfície, onde as roupas tocam a sua pele, por exemplo, e também as sensações dentro do corpo. Mantenha esse campo em movimento, passando do ombro direito até o cotovelo, depois para baixo, até o pulso. Deixe que o campo de consciência salte para a mão esquerda, movendo-se das pontas dos dedos até o pulso esquerdo, do pulso esquerdo até o cotovelo, mantendo a continuidade da consciência da melhor forma que puder. Vá do cotovelo até o ombro esquerdo, depois passe pela clavícula até a base do pescoço.

Continue escaneando o corpo, dividindo o tronco em nove seções, como um diagrama de jogo da velha, primeiramente observando a região superior esquerda do peito, o interior do tronco e a região superior esquerda das costas. Observe quaisquer sensações dos movimentos associados à respiração. Passe para a região central superior. Siga para a região superior direita. Mova agora para baixo, para a região central direita, com foco na altura do diafragma, na base da caixa torácica. Bem no centro, enfoque o plexo solar, a parte frontal, interior e as costas. Mova para a região central esquerda, então para baixo, para o quadrante inferior esquerdo na altura do quadril. Passe para a região central inferior. Siga para a região inferior direita. Concentre-se agora na nádega direita, observando a sensação de solidez da nádega apoiada no assento. Desça para a superfície e interior da coxa, para o joelho direito, para o tornozelo e então para as pontas dos dedos dos pés. Observe as sensações que surgem no pé. Suba imediatamente para a nádega esquerda. Mova a consciência até o joelho esquerdo, o tornozelo e a ponta dos dedos. É preciso estar mentalmente quieto para experimentar essas sensações de forma vívida.

Muito brevemente, volte para o topo da cabeça. Tomando apenas alguns segundos, escaneie rapidamente desde o topo da cabeça até a ponta dos dedos dos pés. Agora, volte para o topo da cabeça. Pela segunda vez em apenas alguns segundos, varra todo o caminho ao longo do corpo. Em seguida, pela terceira e última vez, volte ao topo da cabeça e então percorra todo o corpo.

Expanda o volume de sua consciência para incluir simultaneamente todo o campo de sensações táteis, desde o topo de sua cabeça, passando pela base das coxas até as pontas dos dedos dos pés. Observe atentamente. Se notar uma imagem mental de como você pensa que o seu corpo se parece – e isso pode comumente surgir –, veja se é capaz de liberá-la e enfocar com atenção pura esse campo de sensações táteis.

Abra os olhos lentamente. Sem perturbar o foco, direcione a mesma qualidade de consciência, essa atenção pura e quieta, para outro domínio de experiência: o visual. Você acabou de examinar o campo da experiência tátil – o domínio visual é bem diferente. Nesse campo de experiência, você percebe cores, formas e o espaço que parece estar entre você e objetos visuais.

Feche os olhos e redirecione a sua consciência para outro domínio de experiência: o dos sons. Ouça apenas o que se apresenta, sem acrescentar quaisquer sobreposições conceituais.

Passe agora para o sentido do olfato, outro domínio de experiência. Você pode detectar alguma fragrância? Agora, siga para a experiência do paladar, ou do sabor. Há algum gosto remanescente em sua boca?

Por fim, observe apenas o sexto domínio, aquele das experiências puramente mentais, no qual surgem as imagens mentais, a tagarelice interna, emoções, desejos, impulsos, memórias e fantasias. Observe com atenção pura.

Encerre a sessão.

Para contemplação adicional

Embora a prática de shamatha leve, ao final, a experiências de luminosidade, bem-aventurança e quietude interior, ela não resulta em nenhuma purificação ou liberação irreversível da mente. É maravilhoso equilibrar a atenção para que a mente se torne a sua própria fonte de bem-estar, mas, para curar a mente de suas aflições, devemos aplicar a atenção para obter conhecimento direto de nossa própria natureza e do restante do mundo. É aí que entram as quatro aplicações da atenção plena.

As técnicas para se atingir shamatha, ou, falando de forma mais ampla, samadhi, estavam bem desenvolvidas antes do tempo de Gautama, o Buda, e muitos contemplativos assumiram esses estados meditativos como finais, acreditando que fossem a verdadeira liberação. Gautama reconheceu que eles não constituem qualquer liberdade duradoura do sofrimento e de suas causas internas, apenas suprimem os sintomas. Quem já teve uma doença de qualquer espécie sabe que a supressão dos sintomas não é ruim. Mas a cura seria muito melhor. É para isso que nos dirigimos e essa etapa é uma das grandes inovações que o Buda trouxe para a Índia.

Começamos com a plena atenção ao corpo, alcançada por meio de um cuidadoso escaneamento das nossas sensações táteis. Muitos dos que praticaram o escaneamento do corpo descobriram que isso beneficia a saúde. É também muito bom para o aterramento da mente, trazendo a consciência de volta para o corpo, chegando aos nossos sentidos. Voltamo-nos para os sentidos, em vez de sermos apanhados como uma mosca na teia de aranha das nossas elaborações conceituais e respostas automáticas. Ao lidarmos apenas com o que nos é dado – nesse caso, as sensações físicas –, a vida se torna mais simples, menos complicada pelas fantasias compulsivas.

Nunca é demais enfatizar a importância desse grupo de quatro práticas no caminho budista. Aqui, não se requer nem um salto de fé em um credo, nem devoção cega a um guru. Essas práticas compreendem uma maneira rigorosa, clara, incisiva, atraente e benéfica de sondar a natureza da existência e do que é ser humano neste universo.

A despeito da grande diversidade de nossas origens e personalidades, acho que muitos de nós compartilhamos algumas motivações básicas, como o desejo de sermos pessoas melhores. Aspiramos a ser mais virtuosos, mais compassivos, mais abertos e mais tolerantes com os outros, e a ter maior equanimidade. Uma vida que exclui tais aspirações certamente não é plena. Quando o Buda falou sobre as quatro aplicações da atenção plena, dizendo que "esse é um caminho direto para a purificação dos seres", ele quis dizer que podemos gradualmente reduzir a carga de aflições mentais que prejudicam a virtude e a felicidade genuína. Se pudermos purificar a nossa mente, a nossa fala e o nosso comportamento para que possamos causar menos danos a nós e aos outros, então, seremos capazes de gerar maior benefício para todos. Além disso, suspeito de que todos nós gostaríamos de encontrar maior satisfação e felicidade, e um sentimento mais profundo de realização e de sentido na vida. O Buda disse que esse é um caminho direto para a superação da dor e da tristeza. Uma vez que as aflições da mente são dissipadas, a felicidade genuína surge espontaneamente. Não precisamos buscá-la fora de nós. Esse é um caminho direto para a realização autêntica do nirvana, para a cessação definitiva do sofrimento e de sua origem.

Em todos os anos que frequentei a universidade, nunca ouvi falar de um curso especialmente concebido para ajudar os estudantes a se tornarem seres humanos mais virtuosos, mais felizes, menos perturbados por sofrimentos e problemas desnecessários. Grande parte da educação moderna é dirigida à aquisição de conhecimento, mas esse conhecimento tem pouco a ver com a busca pela virtude e pela verdadeira felicidade. Todavia, esses são elementos-chave para se ter uma vida significativa. A maioria de nós termina os estudos e faz o que é necessário para ganhar a vida. E então fazemos o que podemos para sermos felizes. Essa vida nos leva na direção doentia da fuga. Quem precisa da realidade quando pode se divertir? No entanto, sabemos muito bem que a felicidade só pode ser encontrada se estivermos presentes em nossa vida diária.

O Buda sugeriu que as qualidades de virtude, felicidade e compreensão da realidade como ela é estão profundamente inter-relacionadas. As quatro aplicações da atenção plena contribuem para cada uma dessas qualidades. A qualidade da atenção que estamos cultivando na prática mencionada anteriormente é muitas vezes chamada de "atenção pura", uma qualidade de percepção relativamente livre de estruturas conceituais preexistentes, filtros, modificações, interpretações e projeções. Não é absolutamente livre dessas superposições conceituais. É improvável que, simplesmente apertando um botão, possamos suspender a atividade conceitual compulsiva. Mas podemos atenuá-la, torná-la menos compulsiva, observando bem de perto, para que possamos ter uma visão mais clara do que está sendo apresentado aos nossos seis sentidos. Uma maneira de começar a fazer isso é escanear o corpo. Pense nas várias situações em que temos a possibilidade de observar algo bem de perto. No campo, um ornitólogo observa de perto com o seu binóculo, tentando ver pequenas listras em asas ou tentando escutar um canto de pássaro. Um chef trabalhando em seu fogão também observa de perto. Todos nós já tivemos vislumbres desses modos de atenção. Alguns de nós, por vocação, podem ter desenvolvido considerável habilidade para isso. O Buda sumarizou esse ideal:

> *No que é visto, existe apenas o que é visto; no que é ouvido, existe apenas o que é ouvido; no que é sentido, existe apenas o que é sentido; no que é mentalmente percebido, existe apenas o que é mentalmente percebido.*[15]

Em outras palavras, basta apanhar o que é apresentado e não confundi-lo com as suas projeções. Não misture com "eu gosto, eu não gosto, estou desapontado, estou eufórico", todas essas intermináveis associações compulsivas.

---

15 *Udāna*, capítulo 1, décimo discurso.

Atravesse tudo isso. O que é visto apenas veja; o que é ouvido apenas ouça; ao escanear o corpo, apenas sinta; o que é percebido no sexto domínio de experiência, o domínio mental, apenas observe. Há momentos em que o pensamento, a imaginação, a análise e a memória são extremamente úteis. De fato, é uma parte importante de algumas meditações budistas. Mas não é útil quando o pensamento se torna compulsivo.

O Buda nos ofereceu alternativas, práticas pertinentes à vida cotidiana. E elas não servem apenas para fugirmos rumo ao deserto e sentarmos sozinho em uma almofada, mas sim para termos uma vida ativa com a família, amigos e colegas – para estarmos no mundo. Essas práticas são especialmente valiosas para se engajar com os outros. A menos que já tenha passado por uma intensa purificação, é provável que, ao encontrar alguém desagradável, você fique chateado ou irritado. A mente parte de um estado de relativa calma, mas então algo nos deixa perturbados. Aquilo que perturba o equilíbrio interior da mente é chamado em sânscrito de klesha, uma aflição mental. Seria bom se pudéssemos simplesmente escolher nunca sermos perturbados por tais aflições, mas não temos a liberdade de suspender imediatamente a obsessão, o ciúme e a raiva. Entretanto, se estamos atentos a uma aflição no instante em que ela surge, não nos fundimos a ela. Podemos vê-la e identificá-la, e temos uma escolha, a possibilidade de responder de um modo não compulsivo. Na ausência de atenção plena, ficamos sem sorte e sem escolhas. Essas compulsões são os mesmos hábitos que nos levaram a confusão, angústia e ansiedade – sulcos na estrada que se tornam cada vez mais profundos.

Um sistema filosófico budista especialmente compatível com as quatro aplicações da atenção plena é chamado de "visão Sautrantika", uma das quatro escolas filosóficas no budismo indo-tibetano. Segundo a tradição tibetana, ela não é a posição definitiva dentro do budismo, mas, para a filosofia budista, ela é o que é a mecânica newtoniana para a física. Trata-se do primeiro sistema filosófico estudado em muitas das universidades monásticas do Tibete. Quando me tornei monge em 1973 e comecei a minha formação no Instituto Budista de Dialética em Dharamsala, esse foi o primeiro tema que estudamos. Todas as nossas instruções e textos eram em tibetano, e, durante a maior parte do tempo que passei lá, eu era o único estudante ocidental. Todos os demais monges eram tibetanos. Além de assistir a palestras, estudar os materiais do curso e memorizar dezenas de páginas de textos, também passávamos cerca de cinco horas por dia em debate filosófico. Essa era uma atividade animada, efervescente, cheia de humor, bem como de análise incisiva, e eu a considerava muito útil para aperfeiçoar minha inteligência e compreender esse sistema de pensamento.

Aprender a visão de mundo Sautrantika e aplicá-la na meditação e na vida cotidiana pode ser muito útil, apesar de alguns de seus princípios básicos não resistirem a uma análise mais profunda. Assim como na física, onde a mecânica clássica foi superada pela mecânica quântica e pela teoria da relatividade, da mesma forma a visão Sautrantika foi substituída pelas visões Yogachara e Madhyamaka, que são mais sutis. Neste momento, não entraremos nessas teorias mais avançadas. Por enquanto, ficaremos com algumas das ideias mais básicas da visão Sautrantika.

Uma das afirmações centrais dessa visão é: algo é real, em oposição a ser imaginário, se tem o potencial de se apresentar diretamente a qualquer um dos seus seis modos de percepção. Talvez esse "algo" seja apresentado aos seus sentidos com o auxílio de um telescópio. Se puder ser apreendido perceptivamente, sem sobreposição conceitual, considera-se que seja real. Isso inclui os conteúdos da percepção mental, por meio da qual estamos imediatamente conscientes de pensamentos, emoções e uma grande variedade de outros fenômenos mentais. Estes não são menos reais do que as coisas que percebemos diretamente com nossos cinco sentidos físicos.

As coisas que se apresentam em seus campos de percepção são reais. As coisas que existem apenas por sobreposições conceituais são imaginárias ou meramente convencionais. Eu poderia pegar um pedaço de papel e dizer "isso é meu", mas você poderia ficar olhando para ele até os seus olhos cansarem e nunca veria o que tem de "meu" no papel. O fato de que ele é meu só é verdade porque eu projetei isso conceitualmente e estabelecemos esse acordo entre nós. Quando você está preocupado com alguma coisa, tente ver se é real ou imaginária. Por exemplo, quando você se olha no espelho e vê a imagem refletida como sendo o seu rosto, examine-o atentamente e veja o que o torna seu. Observe se essa qualidade de propriedade é realmente percebida ou apenas conceitualmente sobreposta. Essa é uma aplicação da atenção plena discriminativa.

A segunda proposição da visão Sautrantika é de que as coisas reais têm eficácia causal. Elas podem fazer coisas. Têm influência. Por sua vez, elas são influenciadas em sequências causais. Todas as coisas reais existem em um nexo de inter-relacionamento causal – influenciam e são influenciadas. A ciência tem uma noção similar da realidade. Se você acha que descobriu uma partícula elementar, precisa ter certeza de que ela pode, por exemplo, influenciar outras entidades medidas em uma câmara de bolhas, tais como outras partículas elementares. Se ela não exerce nenhuma influência e não pode ser influenciada por coisa alguma, não será considerada real.

A partir dessa perspectiva, a crença em coisas imaginárias, ou nas questões convencionais, é "real", pois a crença surge na dependência de causas e condições, e por sua vez influencia outras coisas, tais como o nosso comportamento. Considere, por exemplo, a crença de que "esse papel é meu". O fato de esse papel ser meu não tem eficácia causal própria. Não é como um martelo ou como uma emoção, capazes, por seu próprio poder, de influenciar outras coisas. Mas a minha crença de que ele é meu pode influenciar muitas coisas. Por exemplo, pode fazer com que eu fique chateado se alguém levá-lo sem minha permissão. Ou eu poderia me sentir gratificado se alguém elogiasse a qualidade do papel.

Compare essa visão à visão do materialismo científico de que apenas os fenômenos físicos são reais. O seu cérebro é real. Os seus hormônios, a química do corpo e as glândulas são reais. Doenças com base neles são reais. Mas os acontecimentos subjetivos, tais como imagens mentais e sentimentos que evidentemente não têm qualquer massa ou dimensões espaciais, são de alguma forma menos reais, porque estão "apenas na sua mente". A suposição subjacente aqui é de que os fenômenos objetivos, como massa e energia, são reais, mas processos mentais subjetivos são reais apenas quando são idênticos a, ou derivados de, fenômenos físicos.

Os físicos estão preocupados com a compreensão da natureza do mundo objetivo e real, que existe independentemente da mente, enquanto que os contemplativos budistas estão preocupados em compreender o mundo da experiência, que existe apenas em relação à mente dos seres sencientes, humanos ou não. Essa é uma grande diferença nas orientações básicas dessas duas tradições. Segundo o budismo, eventos mentais influenciam eventos físicos, assim como outros fenômenos mentais, e eventos físicos influenciam outros eventos físicos e eventos mentais imateriais. Se observarmos atentamente o mundo das experiências, isso se torna perfeitamente óbvio, ainda que não possamos identificar qualquer mecanismo pelo qual ocorram essas interações entre processos materiais e imateriais. Elas simplesmente ocorrem. E, se não se pode encontrar nenhum mecanismo para explicá-las – da mesma forma que não foi encontrado nenhum mecanismo que explique as interações entre campos eletromagnéticos e partículas elementares –, talvez essa seja apenas uma limitação das explicações mecânicas.

AS TRÊS MARCAS DA EXISTÊNCIA

Um tema central da visão de mundo budista como um todo e que se relaciona diretamente com as quatro aplicações da atenção plena são as três marcas da existência, cuja primeira delas é a impermanência. Enquanto escaneia o corpo e a seguir investiga a natureza dos sentimentos, de outros estados mentais e de todos os outros fenômenos, verifique se algo nesses vários domínios da experiência é estável e inalterável no decorrer do tempo, incluindo você mesmo. Existe alguma coisa que se apresenta aos campos de percepção que seja causalmente real, e também estática e imutável no decorrer do tempo? De acordo com as investigações budistas, a resposta é "não". Todos os fenômenos condicionados – o nosso corpo, a nossa mente, nós mesmos, o meio ambiente, as outras pessoas – estão em um estado de constante mudança. Todas essas coisas são sujeitas à "impermanência grosseira" e, mais cedo ou mais tarde, desaparecerão. Tudo que nasce ao final morre. Tudo o que é acumulado ao final se dispersa. Tudo o que é elevado ao final desce. Além disso, tudo o que é produzido por causas existe em um constante estado de fluxo, surgindo e desaparecendo a cada momento. O cabelo não fica grisalho de repente, no dia do aniversário. Momento a momento, cada célula do cabelo está envelhecendo e perdendo a cor. Todavia, em meio a essa realidade de constante mudança, nós conceitualmente sobrepomos um falso senso de durabilidade, estabilidade e permanência em nosso corpo, em nossa mente, nas outras pessoas e no ambiente em geral. Distinga entre o que está sendo sobreposto e o que está sendo apresentado aos campos de percepção. Isso começará a iluminar a natureza real de sua própria presença neste mundo e de tudo ao seu redor.

A segunda marca da existência é que tudo o que está sujeito a aflições mentais – incluindo desejo ardente, hostilidade e delusão – está estreitamente ligado à insatisfação, à dor e ao sofrimento. Sob a influência de tais aflições, podemos identificar muitas coisas, eventos e pessoas como sendo as verdadeiras causas da felicidade – porém, se inspecionarmos cuidadosamente, veremos que eles apenas contribuem para o nosso bem-estar, não sendo a sua fonte. Muitas vezes, eles também contribuem para a nossa miséria. Shantideva resume o pathos da condição humana: "Aqueles que desejam escapar do sofrimento apressam-se diretamente em direção ao sofrimento. Com o próprio desejo de felicidade, a partir da delusão, destroem a sua própria felicidade como se fosse um inimigo."

Não precisamos ser persuadidos a desejar a felicidade ou ficar livres do sofrimento e da dor. É natural, faz parte de nós. Se não tivermos desistido desta busca pela felicidade, faz todo sentido interessar-se de forma penetrante pelas verdadeiras fontes de felicidade e de dor e sofrimento. É muito fácil de confundir as suas causas com outros fatores que são apenas circunstanciais para a qualidade de vida que buscamos. Ansiamos pela felicidade e libertação do sofrimento, mas, muitas vezes, nos fixamos em outras coisas: "Se ao menos eu pudesse ter aquele homem/mulher (aquele trabalho, aquela mansão, aquelas férias, aquela BMW), alcançaria a felicidade, a satisfação e a realização que desejo." Mas você pode obter aquela coisa e descobrir que ela não traz a felicidade que você esperava. Em vez disso, você apenas conseguiu "aquilo". Como é triste gastar meses ou anos lutando por algo que, ao final, só traz decepção – isso porque se há uma coisa que você não pode comprar é o tempo.

Antes de investir tudo na tentativa de adquirir algo, investigue quais são as chances de isso lhe trazer a verdadeira felicidade. E, quando estiver procurando a causa de alguma infelicidade ou sofrimento, assegure-se de não estar apontando para algo que foi meramente um catalisador e não a fonte de tudo. Considere um agricultor que ano após ano tem uma colheita pobre. Ele pensa: "Mais fertilizante ou menos fertilizante? Mais água ou menos água?" Contudo, se a qualidade de sua semente é pobre, não importa o quanto de fertilizantes ou de água ele use. Quais são as verdadeiras fontes de felicidade e quais são as verdadeiras fontes de sofrimento? Esse segundo tema indica que muitas das coisas que esperamos revelarem-se fontes genuínas de felicidade, satisfação e bem-estar, por fim, não se revelam dessa forma. Elas podem vir a ser mais uma fonte de insatisfação ou, na melhor das hipóteses, um objeto desejado que pode ou não contribuir para a felicidade.

A terceira marca da existência é a "ausência de eu". Dentro do mundo da nossa experiência – conforme observamos o corpo, os sentimentos, os estados mentais e objetos mentais – há alguma coisa que se apresente para nós como um "eu" autônomo, unitário e imutável – um "eu real"? Existe uma entidade duradoura, a mesma pessoa que era ontem ou há quatro anos? Existe qualquer coisa que surja, por sua própria natureza, como sendo verdadeiramente seu, pertencente à sua identidade pessoal? Ou você simplesmente sobrepôs conceitualmente um senso de "eu" e "meu" em vários eventos em seu mundo? Você alguma vez observou um "eu real"?

Prática

Comece estabelecendo uma postura relaxada, ainda que vigilante, e um grau de quiescência meditativa, da maneira como fizemos na prática anterior. Depois de contar 21 respirações, deixe a sua consciência permear todo o campo de sensações táteis, por todo o seu corpo. Agora, você aplicará a atenção plena discriminativa a cinco elementos específicos do corpo. No campo da experiência do seu corpo, você pode identificar cinco elementos que são considerados os constituintes do mundo físico. O primeiro deles é chamado de "elemento terra", e consiste em tudo que é firme e sólido. O segundo é o elemento água, que tem as qualidades de fluidez e umidade. O elemento fogo é quente e ardente – assim, o calor e o frio das coisas correlacionam-se com a intensidade do elemento fogo. O elemento ar tem as qualidades de leveza e mobilidade, ou movimento. O quinto elemento é o espaço, que tem a qualidade de não ser obstruído. Esses cinco elementos são tudo o que há na "tabela periódica" dos contemplativos preocupados em obter insight experiencial na natureza do mundo da experiência, este em oposição ao mundo físico puramente objetivo, que existe independentemente da experiência. Portanto, considere esses cinco elementos não simplesmente como sensações subjetivas, mas como elementos fundamentais do seu corpo, que vivencia as experiências, e do ambiente físico circundante.

Com os olhos fechados, aplique atenção pura a todos os fenômenos táteis, identificando-os como exibições das qualidades de um ou mais dos cinco elementos. Primeiramente, veja se pode detectar o elemento terra. Para fazer isso, é mais fácil focar os pontos de contato das pernas com o colchão ou com a cadeira, das mãos com os joelhos e do contato com a própria roupa.

Passe agora para o elemento água. O local mais óbvio é a boca, onde você pode sentir a umidade da saliva. Como você experimenta o elemento água com atenção pura, em oposição às ideias que você tem a respeito de fluidez e umidade?

Enfoque o espectro de quente e frio. Você é capaz de dizer se o interior do seu corpo é mais quente ou mais frio que o exterior, se a parte superior é mais quente do que a inferior ou se a parte da frente é mais fria do que as costas? Dessa forma, aplique a atenção plena ao elemento fogo.

Observe o elemento ar, qualquer fenômeno tátil que manifeste as qualidades de leveza e movimento. Enquanto examina com cuidado, veja se há algo nesse campo de experiência tátil que não seja saturado pelo elemento ar. Tudo está em movimento em algum grau? Por um ou dois minutos, concentre-se em sua mão direita e então no seu dedo indicador direito. Lentamente, coloque o dedo em movimento, levantando e abaixando progressivamente. Mova-o um pouco e então pare. Mova-o e pare. Observe a natureza do movimento em oposição à imobilidade relativa.

Você é capaz de detectar o elemento espaço por meio da faculdade sensorial ou somática tátil, ou você apenas pode apreendê-lo por meio da percepção mental? Você pode apenas imaginá-lo? Veja se o espaço é algo que você pode perceber diretamente ou se é apenas uma superposição conceitual ao campo de percepção da experiência tátil. Ao concluir essa sessão, veja se há algo que se apresente à percepção tátil que não seja terra, água, ar, fogo ou espaço. Resta ainda alguma coisa?

Depois de concluir essa prática, dedique os méritos. Isso significa trazer à mente o que quer que seja benéfico e dedicar os seus esforços à realização de suas aspirações para si mesmo, para os outros e para este mundo perturbado.

Para contemplação adicional

O propósito desse tipo de investigação é, mais uma vez, fornecer-lhe um senso claro do que de fato surge aos sentidos, em contraste com o que você está involuntariamente e talvez inconscientemente projetando sobre esses campos de experiências perceptivas. Pensar em algo sólido – nas noções de solidez, firmeza e peso – não é radicalmente diferente de experimentá-lo com atenção pura? O mesmo se dá com os demais elementos. O que você encontra quando experimenta todo o campo de sensações táteis é provavelmente bem diferente da sua experiência usual de corpo. Esse é um tema sempre presente: observe mais atentamente aquilo que está sendo apresentado em oposição ao que está sendo sobreposto.

Essa prática começa com a aplicação cuidadosa da atenção plena a todo o seu corpo, mas não se encerra aí. O Buda ampliou esse método de investigação com as seguintes palavras:

> *Repousa-se observando o corpo como o corpo internamente, ou se repousa observando o corpo como o corpo externamente, ou se repousa observando*

o corpo como o corpo internamente e externamente.[16]

Observar o corpo "como o corpo" significa examiná-lo com discernimento, não em um estado de consciência desorientada ou como se "desse um branco". Observá-lo internamente significa inspecionar o seu próprio corpo a partir de dentro. Ao estender essa prática para a vida cotidiana, você pode observar atentamente o corpo de outras pessoas, notando os seus gestos, expressões faciais, tons de voz e outros maneirismos físicos. Estar completamente presente no contato com outros prepara a base para a empatia, que por sua vez é o alicerce para o cultivo da bondade amorosa e da compaixão.

Eis uma forma de experimentar essa prática: primeiramente, busque uma clara percepção do seu próprio corpo, vendo aquilo que está presente e não o que está sobreposto. Então – e isso pode ser divertido –, observe os corpos de outras pessoas. Sente-se em um banco de uma calçada movimentada. Aquiete a tagarelice interna. Olhe os corpos das pessoas, observando cuidadosamente a linguagem corporal, expressões e tons de voz. Depois de observar internamente e em seguida externamente, dedique-se a observar o corpo tanto internamente quanto externamente. Comece com o seu próprio corpo, observe o corpo de outra pessoa e, a seguir, novamente o seu corpo. Como se estivesse em um carrossel, gire seu eixo de perspectiva e imagine que esteja observando a partir da perspectiva da outra pessoa, interna e externamente. A seguir, retorne à sua própria perspectiva. Desloque-se usando a imaginação, não apenas a percepção. Ser capaz de experimentar algo desse tipo faz parte da maravilha da mente humana. Imagine-se presente no corpo de outra pessoa.

A atenção plena ao corpo pode trazer benefícios ao ser estendida à vida diária, observando-se atentamente as posturas de caminhar, ficar em pé, sentar e deitar, bem como durante atividades como olhar, inclinar, alongar, comer, beber, excretar, falar, manter silêncio, permanecer acordado e adormecer. Em outras palavras, aplicar a atenção plena, vez após vez, a todas as atividades das nossas vidas. Observe quais fatores dão origem ao surgimento dessas experiências, como eles existem, persistem e se dissolvem. Observe com atenção.

Alguns capítulos adiante, depois de trabalharmos com as quatro aplicações da atenção plena e com as quatro incomensuráveis, introduzirei a ioga dos sonhos, uma prática de insight realizada inicialmente durante o dia e, a seguir, à noite. Se você deseja explorar essa prática, sugiro uma preparação, pois a ioga

---

16 Satipaṭṭhānasutta, 5.

dos sonhos pode ser bastante desafiadora. Para estabelecer o terreno, comece a prestar atenção aos seus sonhos. Apenas tome consciência deles, sem tentar analisá-los. Adormeça com a seguinte resolução: "Nesta noite, prestarei bastante atenção aos meus sonhos." Então, ao acordar, lembre-se de anotá-los. Ao longo das próximas semanas e dos próximos meses, observe se há quaisquer sinais oníricos recorrentes: emoções ou situações que se repetem, ou pessoas que aparecem nos seus sonhos. Então, quando chegar ao capítulo sobre ioga dos sonhos, você já saberá quais são os seus sinais oníricos. Dessa forma, a sua prática contemplativa começará a saturar todas as horas do dia e da noite. Como aconselhou Drom Tönpa, discípulo de Atisha: "Deixe que a sua mente se torne Darma!"

5 Atenção plena aos sentimentos

ENTRE OS ESTADOS MENTAIS, O BUDA identificou os sentimentos como um domínio especial, que merece cuidadosa inspeção por meio da aplicação da atenção plena. Uma vez que os sentimentos poderiam ser incluídos na prática de atenção plena à mente, por que essa ênfase especial? Os sentimentos são importantes porque prazer, dor e indiferença são essenciais aos seres sencientes. Os nossos movimentos físicos, as nossas decisões, como casar ou ter filhos, que tipo de emprego ter, onde viver, que tipo de bens adquirir e assim por diante – todas as escolhas que fazemos na vida são movidas por sentimentos.

De um ponto de vista científico, os sentimentos são necessários porque nos alertam sobre perigos e, assim, por exemplo, não nos aproximamos demais do fogo nem nos expomos demasiadamente ao frio. Quando sentimos fome, buscamos alimento para não morrermos de inanição. Os sentimentos nos permitem sobreviver. Eles nos impulsionam, nos direcionam e nos estimulam de muitas formas. Contudo, uma vez que tenhamos sobrevivido e procriado, como evoluímos biologicamente para fazê-lo, quando a nossa barriga está cheia, temos um emprego e criamos a nossa família, ainda resta um anseio não satisfeito. Há um sentimento de que está faltando alguma coisa. Por exemplo, quantas pessoas não se sentem nem satisfeitas e nem felizes embora sejam bem-sucedidas? As pessoas ficam deprimidas, passam o tempo vendo TV ou se perdem em busca de emoção. Quando as coisas estão indo bem, para que servem a inquietação, a insatisfação e a depressão? Buscar a resposta a essas questões nos leva a territórios de contemplação bastante profundos.

Quando estamos sentindo alguma insatisfação ou depressão sem nenhuma causa externa clara – problema de saúde, casamento se desfazendo ou outra crise pessoal –, isso pode ser um sintoma ou uma mensagem para nós, vindo de um nível mais profundo do que a sobrevivência biológica. Como devemos responder? Os antidepressivos essencialmente dizem a esses sentimentos: "Calem-se. Eu quero fingir que vocês não existem." Mas os sentimentos estão emergindo por uma razão. O objetivo da prática de atenção plena aos sentimentos é compreender as origens, a natureza e os efeitos dos sentimentos em nossas vidas e na vida daqueles que nos cercam. Uma das afirmações mais comuns do Buda é: "Todos os seres sencientes estão buscando a felicidade e desejando se livrar do sofrimento." O que temos em comum com todos os seres sencientes? Os sentimentos. E não apenas os sentimentos, mas também querer algumas coisas e outras não. Empatia é um "sentir junto", sentir como a outra pessoa está: feliz, triste, com medo e assim por diante. As bases do altruísmo, da compaixão e da bondade amorosa também se referem aos sentimentos. Por outro lado, a base comum da obsessão, inveja, raiva, ódio, conflito e rivalidade também são sentimentos. Por eles exercerem tanta influência sobre as nossas vidas, é prudente conhecê-los melhor. É um pouco parecido com conhecer quem é o seu mestre, porque frequentemente somos escravos dos nossos sentimentos. Essa aplicação da atenção plena é explicitamente projetada para obtermos um insight mais profundo sobre a natureza desses fenômenos tão importantes para nós.

Prática

Estabeleça o corpo em seu estado natural, para que possa permanecer confortável por um ghatika, e estabilize a mente contando 21 respirações. Agora, foque o campo de sensações táteis ao longo do corpo, da cabeça aos dedos dos pés e especialmente no tronco. Apenas esteja presente, consciente desse campo de sensações que você experimenta como o seu corpo. Note como isso é simples. Dê um descanso à sua mente conceitual, deixe-a descansar de seus esforços habituais. Repouse a sua consciência na percepção pura, na atenção quieta.

Até agora, você observou as sensações táteis, incluindo aquelas associadas à respiração. Essa é a atenção plena ao corpo. Você também observou os outros objetos dos sentidos físicos. Passe agora para a atenção plena aos sentimentos, especificamente aos que experimenta em seu corpo. Se ouvir sons ou tiver qualquer experiência sensorial, concentre-se não no conteúdo da experiência, mas nos sentimentos associados a ela. Veja se você é capaz de observar exclusivamente três tipos de sentimentos no corpo: agradável, desagradável e neutro. Fenômenos táteis como firmeza, umidade, calor e movimento são objetos da percepção tátil, mas, de acordo com o budismo, sentimentos são elementos da consciência subjetiva, sendo uma forma de experimentar. Experimentamos dolorosamente uma sensação de calor ou experimentamos prazerosamente uma sensação de suavidade. Agora, iremos observar um evento ou uma experiência – seja de prazer, de dor ou neutro – e distinguir entre o conteúdo objetivo da experiência e a forma subjetiva com a qual a sentimos. São coisas diferentes.

No campo das sensações táteis, preste atenção ao que sente como sendo bom ou ruim. Se sentir urgência em se mover, em se coçar ou qualquer outro incômodo, identifique o sentimento que está despertando esse desejo. Nos momentos em que não surge nenhum sentimento de prazer ou de dor, você consegue identificar um sentimento neutro, de indiferença? Não é uma ausência de sentimento, é apenas neutralidade. Se imaginássemos os sentimentos em um gráfico, os positivos à direita do eixo vertical seriam os bons, os negativos à esquerda do eixo vertical seriam os ruins e os sentimentos exatamente no meio seriam os neutros. Da mesma forma como os matemáticos indianos estiveram entre os primeiros a identificar o número zero, os budistas contemplativos reconheceram sentimentos de magnitude zero.

Mantenha a atenção plena ao corpo como linha de base, observando a respiração, e a partir dessa plataforma examine os sentimentos conforme eles surgem a cada momento. Os sentimentos se modificam quando são observados ou permanecem os mesmos? Quando você observa os sentimentos da forma mais passiva possível, em que medida a sua atenção os influencia? Ao sentir que está começando a pensar sobre os sentimentos ou se identificando com eles, como eles são afetados? Quando surge um sentimento de qualquer natureza, ele permanece inalterado por algum espaço de tempo? Ou, quando você os observa bem de perto, descobre que estão em um estado de fluxo? Quando você se concentra intensamente no sentimento, o que acontece com ele?

Agora, retorne à respiração, com atenção plena a todo o corpo. Ao expirar, solte. Na inspiração, deixe o ar fluir para dentro, relaxando profundamente mas ainda mantendo uma postura de vigilância, sem puxar o ar intencionalmente. Deixe o seu corpo ser respirado, como se a atmosfera ao seu redor e seu corpo estivessem se abraçando, o ambiente respira você e você respira o ambiente. Relaxe profundamente na expiração. Relaxe na inspiração. Solte o ar e continue soltando até sentir que o curso da respiração está se invertendo e que o ar está começando a entrar, como uma onda chegando à praia.

Dedique os méritos e encerre a sessão.

Para contemplação adicional

Algumas meditações são inerentemente difíceis ou porque, às vezes, não temos fé ou confiança suficiente. Essa prática não. Você não precisa nem mesmo focar as sensações táteis sutis na região das narinas. Você pode sentir o seu corpo – ele está bem aqui. É claro que as distrações podem vir e carregar você para longe, mas o seu corpo ainda estará presente e essa é uma plataforma para a qual você sempre poderá retornar. Quando praticar a atenção plena aos sentimentos, não se conscientize deles apenas de uma maneira geral, mas investigue-os com inteligência discriminativa. Todos nós nos importamos com os sentimentos, não apenas com os nossos, mas também com os dos nossos amigos e pessoas queridas. O nosso escopo de preocupação pode ser bem amplo. O que nos importa é o bem-estar das pessoas, que está relacionado a como as pessoas se sentem: felizes, tristes, preocupadas, indiferentes ou tranquilas. Se quisermos ter sucesso na busca pela felicidade e pela liberação do sofrimento, temos que observar de que maneiras os sentimentos surgem. Em relação aos sentimentos, aja como um cientista, investigando as causas dos sentimentos que você deseja e daqueles que você não gosta.

Por exemplo, suponha que você realmente goste de música, mas, nas ocasiões em que está cansado ou tenso, a música não lhe traga nenhum prazer ou satisfação. Em vez disso, ela é subjugada pelo seu humor. Podemos chegar a algo potencialmente profundo aqui: quais são as verdadeiras causas da felicidade, sentido e satisfação que buscamos, e quais são as causas do sofrimento? Uma vez que tenhamos examinado os sentimentos facilmente identificáveis, podemos passar para a nossa sensação mais profunda de desassossego ou insatisfação, o desejo de algo mais ou de algo menos. Quais são as causas dessa insatisfação?

Quando analisamos os sentimentos de uma forma direta e simples, descobrimos algo que não é imediatamente óbvio: os sentimentos apresentam dois aspectos. Se você está meditando e ouve um som alto, você experimenta não apenas o som detectado pela sua consciência auditiva, mas também experimenta o som de uma forma desagradável. Você sente: "Esse barulho é irritante. Eu não gosto disso." Na realidade, você não gosta do sentimento, não do som. Se, por exemplo, os seus vizinhos estão dando uma festa e fazendo barulho, pode ser que você ache isso irritante até que eles o convidem para a festa e você passe a fazer barulho junto com eles.

Você tem sentimentos físicos e sentimentos mentais, que não são a mesma coisa. Embora sinta que o seu corpo está bem, você pode sentir que sua mente está infeliz, preocupada com algum problema, como um ente querido que esteja doente ou qualquer outro problema que possa nos perturbar. Por outro lado, o seu corpo pode estar terrivelmente mal, enquanto a sua mente está cheia de coragem, alegre e otimista. Isso pode ocorrer em meio a uma doença. Pode acontecer em esportes de contato em que o corpo é ferido, mas, ainda assim, o atleta se levanta e retorna com toda a vontade. A mente pode estar eufórica enquanto o corpo está terrivelmente mal. Às vezes, o corpo e a mente estão bem simultaneamente ou mal simultaneamente, mas eles não são a mesma coisa. Entre esses dois modos de sentimento, corpo e mente, temos três categorias formando um espectro: prazerosas, neutras ou indiferentes e dolorosas.

Ao observar os sentimentos no corpo, você achou que eles se alteraram apenas porque os estava observando com atenção? Ou eles permaneceram exatamente como eram quando você os notou inicialmente? Distinga cuidadosamente os sentimentos no corpo das respostas mentais a esses sentimentos, pois fazemos muitas superposições conceituais sobre as nossas experiências. Essas superposições conceituais não são necessariamente falsas, mas não são idênticas à experiência perceptiva. Nessa meditação, buscamos diferenciar a experiência perceptiva das projeções conceituais.

Vamos revisar como os sentimentos se originam. Primeiramente, ocorre um contato direto com o estímulo sensorial e isso serve de base para o sentimento seguinte. Por exemplo, primeiro você vê uma pessoa passando pela porta e então a reconhece como um velho amigo ou talvez como uma ameaça – isso traz um sentimento como resposta. Uma vez que esse sentimento surge, ele pode, por sua vez, dar origem a um desejo ou aversão quanto ao objeto, o que não é igual ao sentimento original. Então, a resposta de desejo ou aversão pode levar à intenção, por exemplo. Muitos desejos não resultam em intenções. Quando sentar em meditação, você poderá notar sensações sutis e efêmeras experimentadas com um certo grau de sentimento. Isso pode levar à atração, à aversão ou à indiferença, e esses sentimentos podem ou não dar origem a uma intenção e uma ação subsequente. Em geral, essa sequência completa de eventos está unida porque nós inconscientemente nos identificamos com ela, em vez de observá-la com cuidado. Por meio da aplicação da atenção plena discriminativa e cuidadosa, você pode distinguir esses eventos na sequência em que surgem.

Como explicou a psicoterapeuta Tara Bennett-Goleman, a aplicação cuidadosa da atenção plena aos sentimentos nos oferece uma alternativa à repressão, à supressão e à expressão compulsivas de nossas emoções. Citando a pesquisa do neurocirurgião Benjamin Libet, Bennett-Goleman salienta que, do momento em que surge uma intenção, a ação pretendida tem início um quarto de segundo depois. Tara Bennett-Goleman comenta: "Essa janela é crucial: é o momento em que temos a capacidade de seguir o impulso ou rejeitá-lo. Pode-se dizer que o arbítrio reside aqui, neste quarto de segundo."[17]

Enquanto praticava, você percebeu que um sentimento surgia repentinamente como uma experiência singular ou em um continuum crescente de experiência? Os sentimentos eram estáticos e duradouros ou momentâneos e intermitentes? Como os sentimentos desapareciam – de uma vez só ou se desvaneciam de modo gradual? Um dos eventos mais comuns na meditação é a experiência de calor físico, que pode ser devido aos capilares se abrirem e o sangue fluir para as extremidades, conforme se relaxa mais e mais profundamente durante a meditação. Quando surgir o calor, examine como ele é

---

[17] Tara Bennett-Goleman, *Emotional Alchemy: How the Mind Can Heal the Heart*, Nova Iorque, Harmony Books, 2001, p.144. Há uma edição brasileira para o livro: *Alquimia emocional: a mente pode curar o coração*, Rio de Janeiro, Editora Objetiva, 2001.

experimentado. É agradável ou desagradável? Passe para essa segunda forma de atenção aos sentimentos.

Durante a meditação, se, por exemplo, o seu joelho começa a doer, você não precisa fazer nenhum exercício especial para prestar atenção nele. O desafio é estar consciente do corpo e da mente e observá-los atentamente, em vez de apenas identificar-se com eles. Em lugar de se entregar aos pensamentos habituais de "o meu joelho está doendo" ou "estou machucado", observe os sentimentos conforme surgem em relação às sensações físicas. É possível haver um sentimento mental de prazer, felicidade, tristeza, desconforto ou irritação com o qual você não se identifique, que você possa observar e pelo qual possa se interessar?

Se você se interessou pelos sentimentos que surgiram em seu corpo, verá que a mente também é um campo de experiências fascinante. Se em um futuro próximo você experimentar algum momento de depressão ou tristeza, ou algum outro evento mental desagradável, tome interesse por ele. Preste atenção, de fato, a esse sentimento desagradável, não ao estímulo que o fez se sentir mal, mas apenas ao sentimento resultante. Quando você observa com atenção, a mente com a qual experimenta essa sensação ruim se sente mal? Você é capaz de experimentar essa sensação calmamente, de forma neutra? Você é capaz de experimentar a depressão de forma não depressiva? Ao fazer isso, poderá ver o desequilíbrio emocional desaparecer diante dos seus olhos.

Outro ponto muito importante é estar atento ao momento em que os sentimentos – prazerosos, não prazerosos e neutros – surgem e reconhecer a cadeia de sentimentos criada por eles. No budismo, há um princípio universal: tudo aquilo que é um efeito é também uma causa. Tudo aquilo que é uma causa é também um efeito. Isso significa que todo evento está interagindo com outros eventos anteriores e com eventos posteriores. Formam uma cadeia de originação interdependente. Não há becos sem saída na causalidade – não há nada que seja um efeito e não seja uma causa. Sentimentos não são uma exceção. Surgem a partir de condições prévias. Preste atenção ao que os sentimentos conduzem. Eles dão origem a aversão ou desejo? O que acontece então? Não há nada de errado com o desejo em si, como desejar tomar água. O desejo leva a uma intenção de encontrar um pouco de água, e então tomamos um gole. Não há nenhuma confusão na mente. Nenhuma aflição mental entrou em jogo. Mas, frequentemente, os nossos desejos não param por aí e terminam por perturbar o equilíbrio mental.

No budismo, falamos sobre aflições mentais primárias, processos mentais que resultam em sofrimento interior e conflitos nas relações com os outros.

Esses processos incluem variações do anseio – obsessão, desejo e apego – e variações da aversão – ódio, agressividade, raiva e hostilidade. Esses processos mentais nos lançam seguidamente ao desequilíbrio. A medicina tradicional tibetana faz a mesma afirmação. Essas aflições rompem o equilíbrio não apenas da mente, mas também do que constitui o corpo, trazendo a doenças. Isso tem sido cada vez mais reconhecido na medicina moderna. As emoções negativas prejudicam a nossa saúde física e mental. O problema não é apenas esses sentimentos, mas o que flui a partir deles.

Anseio e aversão são duas das três aflições mentais primárias. A terceira é a ignorância e delusão. A ignorância se manifesta como desatenção e letargia, e comumente leva à delusão, que implica uma compreensão errônea da realidade. A nossa resposta a sentimentos indiferentes leva, em geral, a essas aflições mentais. Não sucumbimos à letargia se a mente é estimulada de forma prazerosa ou dolorosa. Caímos nesse estado quando não está acontecendo muita coisa. É aí que uma espécie de ausência mental ou "ignorância" pode assumir o controle, fazendo com que nos comportemos como se estivéssemos no piloto automático. Em tal estado, é muito fácil interpretar de maneira equivocada o que está acontecendo conosco e dentro de nós. É aqui que a delusão começa e nos prepara para cair em todos os outros tipos de aflições mentais. Fundamentalmente, a delusão suprime o sistema imune psicológico, nos tornando vulneráveis a desequilíbrios mentais e à infelicidade.

Agora, consideremos os estados mentais saudáveis (pois os sentimentos não nos conduzem apenas a estados mentais aflitivos). Todos nós compartilhamos algo fundamental: estamos nos esforçando na busca pela felicidade. Temos diferentes motivações e diferentes anseios e aspirações, mas o sentido de desejar a satisfação e mais felicidade, mais contentamento, é comum a todos nós. A aspiração de que os outros possam encontrar a felicidade e as causas da felicidade é chamada de "bondade amorosa". Ao tomar conhecimento do sofrimento das pessoas, pode ser que você sinta empatia de forma espontânea e anseie que elas se livrem desse sofrimento. Esse anseio se chama "compaixão". Há ainda a "alegria empática" – regozijar-se com a alegria e as causas de felicidade de outras pessoas – e, finalmente, a "equanimidade", um estado mental equilibrado, calmo e claro, livre do apego e da hostilidade quanto aos que estão próximos ou distantes de nós. Essas quatro qualidades do coração são conhecidas no budismo como as quatro incomensuráveis e são sustentadas pela sabedoria obtida por meio das quatro aplicações da atenção plena.

Prática

Estabeleça o corpo em seu estado natural e conte 21 respirações. Agora, traga a sua atenção ao domínio de experiências da mente – pensamentos, imagens, fantasias, memórias e sonhos. Como você se sente mentalmente? As sensações mentais podem ser estimuladas pela experiência sensorial: você pode se sentir mentalmente bem quanto às sensações e à aparência do seu corpo, mas os sentimentos também podem ser catalisados por pensamentos.

Vá ao laboratório da sua mente e realize alguns experimentos. Traga à mente uma lembrança muito agradável de seu passado. Observe a natureza do sentimento que surge enquanto experimenta essa lembrança. Esse sentimento tem alguma localização?

Agora, pense em uma experiência triste. Pode ser pessoal ou algo que viu nos jornais. Observe o sentimento que surge com essa experiência. Quando o observa, ele se modifica?

Solte agora a sua mente em livre associação. Permita o surgimento de qualquer coisa, seja um som do tráfego ou sua imaginação sobre eventos futuros. Aplique cuidadosamente a atenção plena discriminativa aos seus sentimentos, conforme a sua mente encontra casualmente um objeto ou um evento, uma experiência após a outra. Observe com atenção os próprios sentimentos subjetivos, em vez de fixar-se nos fenômenos objetivos que os catalisam.

Você deve se lembrar de que, em uma prática anterior, ao estabelecer a mente em seu estado natural, simplesmente observava os eventos com o mínimo possível de sobreposição de "eu" e "meu", assistindo-os como meros eventos no espaço da mente. Veja agora se você é capaz de observar os sentimentos da mesma maneira, sem a identificação de "meu" sentimento. Você é capaz de ficar tão tranquilo e em repouso interior tão profundo a ponto de recolher os tentáculos da fixação e apenas observar os sentimentos surgindo e desaparecendo?

Nos últimos minutos, retorne à respiração. Fique totalmente presente em seu corpo, no campo das sensações táteis. A cada inspiração, leve sua atenção às regiões tensas, compactadas ou densas. A cada expiração, solte qualquer tensão no corpo ou na mente que ainda não tenha se desfeito.

Para contemplação adicional

Essa é uma prática simples que você pode aplicar em meio às suas atividades diárias. Quando não houver nada que você precise fazer com a sua mente, durante um intervalo no trabalho, quando estiver apenas caminhando ou parado em uma fila, traga a sua consciência para o corpo, observando suavemente a sua respiração. Em vez de cair no hábito da tagarelice interna, em que um pensamento errante leva a outro, repouse tranquilamente com atenção plena. A chave para o sucesso na prática meditativa é a continuidade. Permita que o fio da atenção plena perpasse todo o seu dia. Não será a única coisa que você fará, mas pode ser algo que sempre retorna, como um amigo, um ponto de descanso, de orientação, presença e sanidade. Pode ser feita em qualquer posição e em qualquer lugar. Você também pode tentar ao adormecer. Algumas meditações estimulam a mente e você não consegue dormir. Essa traz tanta calma que você poderá adormecer com atenção plena. Você verá que essa prática será muito útil quando chegarmos à ioga dos sonhos, aos sonhos lúcidos.

Tendo prestado atenção aos sentimentos em nós mesmos, podemos agora focar os sentimentos dos outros, da mesma forma que fizemos em relação ao corpo de outras pessoas no capítulo anterior. O Buda retorna a esse esquema em três fases da prática: "Dessa forma, repousa-se contemplando sentimentos como sentimentos internamente ou repousa-se contemplando sentimentos como sentimentos externamente, repousa-se contemplando sentimentos como sentimentos de ambas as formas, interna e externamente."[18] Os livros do psicólogo Paul Ekman sobre observar e compreender as expressões faciais dos outros podem ser bastante úteis a esse respeito. É uma questão de observação discriminativa e imaginação. Podemos ser mais sensíveis aos sentimentos dos outros se nós mesmos estivermos nos sentindo calmos e centrados. Se quisermos observar atentamente os nossos sentimentos, precisaremos parar de nos fixar a pensamentos compulsivos para que possamos observar mais claramente o que quer que surja em nossas mentes. Todos nós sabemos que, quando estamos muito ansiosos para dizer algo a alguém, simplesmente interrompemos o outro, sem realmente ouvi-lo nesse momento. Essa é uma das formas de se engajar com outras pessoas. Outra forma é estar presente e deixar que a sua mente permaneça calma e em silêncio, para que você possa ficar atento ao que o outro está dizendo, bem como à qualidade da sua voz, à

---

18   Satipaṭṭhānasutta, 10, 33

sua linguagem corporal e ao ambiente. Você poderá captar isso apenas se sua mente estiver razoavelmente quieta. Dessa forma, poderá observar os sentimentos dentro de você e no outro.

Estamos fazendo algo além de supor como os outros podem estar se sentindo? Podemos conhecer os sentimentos dos outros apenas por meio de inferência lógica, como inferir que onde há fumaça há fogo? Ou há algo mais instantâneo, mais intuitivo acontecendo – algo não tão cerebral como deduzir por inferência? Observe os sentimentos dentro de você, observe os sentimentos no outro e então observe os sentimentos em ambos. Troque de perspectiva de vez em quando, para que a sua mente se torne maleável e possa atentar aos sentimentos a partir de várias perspectivas. Em poucas palavras, essa é a atenção plena aos sentimentos.

6 Atenção plena à mente

NOS PRIMEIROS TRÊS CAPÍTULOS, examinamos três técnicas diferentes para acalmar a mente e trazer maior estabilidade e vivacidade à consciência. Agora, começaremos a aplicar a atenção plena para penetrar a natureza da nossa existência em relação ao mundo à nossa volta. Os métodos introdutórios de shamatha, ou quiescência meditativa, são um bálsamo para a nossa mente, sendo especialmente úteis para as pessoas do mundo moderno. Isso se deve ao nosso estilo de vida. Vivi com tibetanos durante muitos anos, incluindo ex-nômades e fazendeiros cujos estilos de vida eram relativamente calmos e sem confusão. Muitos deles chegavam à prática do Darma com muito mais equilíbrio e estabilidade do que nós. Nós, ocidentais, chegamos com um ritmo de vida acelerado, uma série de preocupações e atividades, e muitas coisas para lembrar.

Quando praticamos shamatha, pode acontecer de nos lembrarmos de todas as coisas que temos para fazer, de toda a nossa agenda do dia. A mente se abre e essas coisas pipocam. Para um estilo de vida repleto de atividades, a quiescência é como desfazer os nós: ela acalma a mente e nos leva de volta à simplicidade. No entanto, não é uma panaceia. Isoladamente, a quiescência não produzirá uma transformação irreversível, uma imunidade a nos envolvermos com os obstáculos de costume. Se fosse esse o caso, poderíamos apenas fazer shamatha o tempo todo. Todavia, como o próprio Buda descobriu há 25 séculos, as técnicas que têm o propósito de acalmar, centrar e aquietar a mente irão inibir mas não eliminar as aflições mentais, o tumulto e a turbulência da mente. Esses problemas ficarão apenas escondidos por algum tempo, prontos para brotar assim que retornarmos à vida ativa e ao bombardeio de estímulos que recebemos em nossa sociedade hiperativa. Se estamos interessados em transformações reais e não apenas em uma manutenção, precisamos de algo mais do que shamatha.

Para a transformação, o Buda ensinou as quatro aplicações da atenção plena. Entre elas, talvez a mais fascinante e profunda seja a atenção plena à própria mente. No budismo Theravada, diz-se que há uma dimensão de consciência chamada de "base do vir a ser" (bhavanga), que se manifesta no sono profundo, no coma e no último instante de consciência anterior à morte. Essa é a dimensão de consciência à qual o Buda se referiu quando declarou: "Monges, esta mente é excepcionalmente brilhante, mas é maculada por impurezas adventícias. Monges, esta mente é excepcionalmente brilhante, mas é livre de impurezas adventícias."[19] Todas as atividades mentais surgem desse domínio vazio e luminoso de consciência, e é muito fácil confundi-lo com a própria iluminação.

Os contemplativos da tradição Dzogchen do budismo tibetano acessam esse mesmo estado fundamental de consciência individual e o chamam de "consciência substrato" (alayavijñana). Embora as interpretações desse estado de vazio no Theravada e no Dzogchen variem em alguns aspectos, estou convencido de que estão se referindo à mesma experiência, que resulta do cultivo de shamatha. Düdjom Lingpa descreveu da seguinte forma:

> *Quando você adormece, todas as aparências objetivas da realidade do estado de vigília, incluindo o mundo inanimado, os seres que habitam*

---

19   Anguttara Nikāya, A, I, 9-10.

> *o mundo e os objetos que surgem aos cinco sentidos, dissolvem-se na vacuidade do substrato, que é da natureza do espaço, e emergem desse domínio.*[20]

De acordo com o budismo, os fenômenos mentais são condicionados pelo corpo em sua interação com o ambiente, mas esses processos físicos não são suficientes para produzir nenhum estado de consciência. Todas as atividades mentais surgem da consciência substrato que precede as interações mente--cérebro, e, na morte, todas essas atividades recolhem-se de volta ao substrato.

Podemos demarcar dois reinos de experiência sob a designação de chitta, palavra em sânscrito em geral traduzida como "mente". Dentro do reino de chitta está a mente operante, engajada em emoções, pensamentos, memórias, imaginação, imagens mentais e sonhos – todos os eventos e atividades da nossa mente. Isso é como a energia cinética da mente. Ainda dentro do reino de chitta está a consciência substrato, o estado fundamental relativo e luminoso da mente, do qual emergem todas as atividades mentais.

Isso não é metafísico, não requer nenhuma fé em abstrações da cosmologia budista. Em vez disso, baseia-se nas experiências meditativas de gerações de contemplativos budistas. Na prática da atenção plena à mente, você examinará os conteúdos da mente e o espaço do qual esses conteúdos emergem, o substrato. Quando está praticando shamatha, ao contrário de vipashyana, você apenas coloca a sua atenção sobre a respiração ou estabelece a mente em seu estado natural. Mas, com vipashyana, você investiga ativamente a natureza do objeto de consciência, examinando as causas que o produziram e as condições nas quais desaparece.

Uma hipótese budista fundamental é a de que sofremos desnecessariamente como resultado da ignorância e da delusão, que podem ser eliminadas do nosso fluxo mental. Se percebemos que estamos sofrendo, em especial mentalmente, há razões para isso, o que o Buda chamou de "segunda nobre verdade": o sofrimento tem uma causa. A causa pode ser identificada experiencialmente. E a hipótese budista extraordinária é de que ela pode ser extirpada. A premissa subjacente é realmente surpreendente e bastante estranha à nossa civilização contemporânea, enraizada nas tradições judaico--cristãs e greco-romanas. As aflições da mente, as nossas tendências ao ódio, à beligerância, à ganância, ao egoísmo, à inveja, à vaidade, à arrogância e assim

---

20 Düdjom Lingpa, Op.cit., p.46-47

por diante, não são inatas, não são intrínsecas ao nosso próprio ser. Apesar de centenas de milhares ou até mesmo milhões de anos de evolução, não temos que sofrer essas aflições. Aqueles que acompanham os desenvolvimentos da neurociência sabem que, recentemente, foi descoberto que o cérebro é muito mais maleável do que se presumia. Em considerável medida – e depende de cada um de nós descobrir exatamente em que medida –, a nossa mente e cérebro têm uma qualidade de plasticidade.

Como você pode utilizar essa plasticidade psiconeural? Nesse ponto, a tradição budista de 25 séculos e a tradição neurocientífica de cem anos estão de acordo. Se você deseja produzir alguma transformação, é necessário um esforço contínuo e sustentado. É necessário acostumar-se com uma nova forma de se engajar na realidade. O esforço contínuo e sustentado pode realmente reconfigurar o seu cérebro de forma considerável. Psicologicamente, você pode desenvolver novos hábitos e novas formas de ver a realidade que, com o decorrer do tempo, deixam de demandar esforço. Isso é realmente promissor. A premissa budista, que vai além do que os cientistas cognitivos apresentaram até o momento, diz que não somos fundamental ou intrinsecamente propensos à delusão ou a qualquer outra aflição mental, apesar das influências da evolução biológica. Nós temos o potencial para sermos livres.

Vamos descobrir se isso é verdade. Teremos duas sessões de meditação conduzidas, cada uma com um ghatika de duração. Na primeira sessão enfocaremos eventos mentais e, na segunda, exploraremos a consciência substrato.

Prática

Deixe o seu corpo repousar em uma postura adequada, imbuído das qualidades de relaxamento, quietude e vigilância, e permita que a sua mente também repouse com esses mesmos três atributos. Conte 24 respirações como um exercício preliminar de shamatha. Repouse em modo não conceitual e não discursivo no decorrer de todas as inspirações e expirações.

Quando a mente se tornar mais funcional, com algum grau de estabilidade e vivacidade, passe então à prática de quiescência, ou calma simplesmente, em busca de insight, especificamente sobre a natureza desse extraordinário fenômeno que chamamos de mente, ou chitta. Observe em particular qualquer evento que surja no domínio da mente, em vez dos cinco sentidos físicos. Pode parecer um pouco estranho pensar em observar a mente. Mas, da mesma forma que você direciona a atenção aos cinco campos de experiências sensoriais, você pode também direcioná-la a esse reino experiencial no qual ocorrem pensamentos, sentimentos, memórias, fantasias e desejos – todo um conjunto de eventos mentais.

Primeiramente, dirija a sua atenção para o domínio de experiências mentais. Sente-se calma e conscientemente e gere pensamentos como: "O que é a mente?" Gere o pensamento, mas, em vez de se identificar com ele ou tentar respondê-lo, observe o evento em si, o fenômeno do pensamento "O que é a mente?". Gere outro pensamento conscientemente. Observe esse evento surgindo no campo de experiências mentais. Assista-o surgindo, exibindo-se e desaparecendo. Mantenha a sua atenção exatamente no local onde ela estava antes de o pensamento desaparecer. Coloque novamente a sua atenção no domínio da mente. Qual é o próximo evento que ocorre nesse domínio de experiência? Se você se identifica com os eventos mentais que surgem, é difícil observá-los. Você se funde com eles e, assim, passam a controlar você. Veja se é possível observar esses eventos sem intervenção e sem julgamento. Sem fixações e sem identificação, examine o que quer que surja e observe-o desaparecendo. Esse é um primeiro passo no caminho da liberdade.

Até aqui, esse exercício foi semelhante à prática de shamatha de estabelecer a mente em seu estado natural. Agora, passaremos à meditação de insight, que envolve uma investigação sobre a natureza da mente. Por alguns instantes, investigue o campo da mente. Examine qualquer impulso de desejo, quaisquer imagens, pensamentos, memórias e os graus de calma, agitação, clareza ou embotamento presentes na mente. A mente está perturbada ou serena? Se a mente fica silenciosa por alguns instantes, o que interrompe o silêncio?

Agora, vamos abordar uma questão profunda de maneira experiencial – não apenas de forma especulativa ou analítica. Quando você ouve a sua própria voz, pode ter a sensação de "a minha voz" ou "o meu som". Se ouve a voz de outra pessoa, você pode ter a sensação de que há um som ou de que "estou escutando uma voz", em que o senso de "meu" não está presente. Da mesma forma, quando olha no espelho e vê a imagem do seu rosto, você pode pensar "o meu rosto". Se vê o reflexo do rosto de outra pessoa, parece ser apenas uma imagem. Você pode tocar alguma coisa e sentir apenas, como se fosse a textura de um livro ou de um tecido. Se tem uma sensação tátil dentro de seu corpo, você pode senti-la como "a minha sensação", "a minha sensação de calor", "o meu formigamento".

Essas experiências pertencem aos três campos de percepção: visual, auditiva e tátil. Quando passamos para os fenômenos mentais, aplicamos um outro modo de percepção (não de imaginação e nem de memória) que os budistas chamam de "percepção mental". Tendo esse modo de percepção como base, você está pronto para propor questões à sua mente. Para começar, observe se todos os eventos que emergem no domínio da mente são experimentados como sendo "seus". Em relação a alguns de seus pensamentos, emoções e outros eventos, você é apenas uma testemunha? Você tem a sensação de que alguns eventos são seus e outros são eventos que meramente estão acontecendo nesse domínio privado de experiência? Observe atentamente.

Se você experimenta alguns processos mentais como sendo seus, o que faz com que eles sejam seus? Eles são objetivamente seus? Há alguma coisa na própria natureza dos eventos que os tornam de sua propriedade e os colocam sob seu controle? Ou é mais uma questão de como você se engaja neles? O que acontece quando você libera a fixação? Quando você solta os tentáculos da identificação e simplesmente observa esses eventos como um bando de pássaros voando no céu de sua mente, algum desses fenômenos é intrinsecamente ou objetivamente seu? Quais aspectos dessas atividades mentais estão de fato sob o seu controle? Como você sabe disso?

Veja se é possível abandonar voluntariamente o controle, o senso de posse. Imagine que a mente seja como a tela de uma televisão e que você esteja abandonando o controle remoto. Desista voluntariamente. Agora, observe o mais precisamente possível como os eventos mentais, pensamentos, imagens mentais e memórias passam a existir. Como eles emergem no domínio da experiência? Eles vêm todos de uma vez, da esquerda ou da direita, de cima ou de baixo? Eles vêm de alguma direção? Se achar que não há nada ali, observe mais atentamente. Talvez possa ver algo mais sutil que havia escapado do radar de sua atenção. Observe mais de perto, estimulando a vivacidade da sua atenção.

Quando uma atividade mental emerge no campo da experiência mental, como ela persiste? Quanto tempo dura, cinco ou dez segundos? É estática ou agitada? Qual é a sua natureza? E, finalmente, como ela desaparece, de uma vez ou gradualmente? Observe atentamente.

Agora, dedique os méritos e encerre a sessão.

Para contemplação adicional

Essa forma de investigar os fenômenos mentais oferece insights sobre mais do que meras imagens e sensações. Como uma analogia, se dirigimos esse tipo de inteligência questionadora e discriminativa, digamos, ao campo de experiência visual, aprendemos mais do que simplesmente sobre a natureza das cores e formas, mais do que algo a respeito da natureza da nossa própria percepção visual. Aprendemos sobre coisas do mundo que nos circunda e que de alguma forma se relacionam ou se conectam com as nossas impressões do mundo. Galileu fitou Júpiter por meio do telescópio e descobriu as suas luas. Um cético poderia dizer que tudo que ele realmente descobriu foram manchas brancas em seu campo visual. Mas ele fez importantes descobertas baseado naquelas manchas brancas. Se ouvimos com atenção, podemos fazer o mesmo com o campo auditivo. Biólogos da vida selvagem têm que aprender a ouvir com inteligência discriminativa. Só assim conseguirão entender a natureza e o significado do que ouvem nos ambientes que estudam. O mesmo se dá com os sentidos do paladar e do tato, que são altamente desenvolvidos por conhecedores de vinhos e massoterapeutas. Não estamos vivendo em um mundo fechado em si mesmo, em nosso aquário particular, com acesso apenas às nossas impressões individuais e subjetivas. Estamos aprendendo sobre o mundo intersubjetivo por meio dessas impressões. Da mesma forma que fazemos descobertas sobre a natureza da realidade física por meio dos cinco sentidos físicos, podemos também aprender sobre a realidade mental por meios das aparências que surgem no campo da experiência mental. Em outras palavras, não há razão para crer que os eventos no domínio da experiência mental sejam exclusivamente pessoais e isolados do resto do mundo, enquanto as experiências físicas estão conectadas com o mundo a nossa volta. A mente não está aprisionada dentro de um crânio, impenetrável por influências externas.

Quando passamos a explorar os extraordinários fenômenos da mente, não há tecnologia que nos permita acesso direto. Se quisermos refinar e ampliar a nossa exploração sobre a natureza dos fenômenos mentais, a única ferramenta disponível para nós é a percepção mental. Diferentemente dos sentidos físicos, a percepção mental pode ser extraordinariamente melhorada com treinamento. O Dalai Lama usa óculos desde criança. Não existe meditação de aperfeiçoamento ocular que possa resolver o seu problema de visão. E há outros grandes lamas que precisam de aparelhos auditivos. Eles não dizem: "Esqueça o aparelho auditivo. Vou apenas recitar o mantra da audição." Eu não conheço nenhuma meditação que torne os olhos ou os ouvidos melhores. Eles não são facilmente modificáveis por treinamentos. A percepção mental, o único modo de observação que não pode ser melhorado por meio da tecnologia, é um tipo de percepção que pode ser enormemente aperfeiçoado por meio de treinamento.

Quando investigamos o maravilhoso reino da mente, podemos perceber de imediato que alguns eventos surgem exclusivamente nesse campo de experiência. Podemos ver diretamente, não por análise ou memória, que um dado evento está acontecendo aqui e agora na mente. No reino das atividades e processos mentais, você já notou algumas experiências que parecem acontecer espontaneamente, sem serem convidadas, e que, quando chegam, não parecem ser suas? Ou você sente que é dono de tudo o que entra no seu espaço? Se for assim, eu hesitaria muito em entrar na sua casa ou em voar sobre o seu país.

Nós temos um forte hábito de nos apossarmos de qualquer coisa que entra em nosso espaço mental. Quantas emoções você teve, mas que sentiu não serem suas? O que faz com que uma emoção seja sua? Elas são realmente íntimas e pessoais. Em outras ocasiões, você também pode experimentar pensamentos como se fossem um bando de pássaros voando pela sua mente, como se estivesse ouvindo secretamente uma conversa da qual não está participando. Você pode ter percebido uma imagem que simplesmente surgiu, talvez uma memória, sem qualquer impressão de que seja sua. Você apenas a experimentou. No entanto, se aparecer um desejo do tipo "eu realmente preciso mexer a minha perna", o mais provável é que você se fixe a isso como "meu". Quando começa a se sentir desapontado ou perturbado, ou quando começa a se sentir feliz ou animado, você provavelmente tem a sensação de possuir esse sentimento. Há alguma coisa na própria natureza dessas atividades que diga "você precisa tomar posse de mim, sou sua", como uma criancinha dizendo "eu sou seu filho, me leve para casa"? Alguns desses eventos acenam a partir de sua própria natureza, demandando que se aproprie deles, enquanto outros são meramente visitantes casuais? Seria possível que os eventos mentais, por sua própria natureza anterior às projeções conceituais, fossem apenas fenômenos, sendo que habitualmente nos fixemos e nos identifiquemos com alguns deles, enquanto com outros não?

Para o início dessa prática, sugeri que você gerasse um pensamento de forma deliberada: "O que é a mente?" Por ter tido a intenção de fazer isso, pode ser que você tenha tido a forte sensação de "esse pensamento era meu, porque eu o produzi", um senso de identificação, fixação e propriedade. A maioria dos pensamentos não surge voluntariamente, caso contrário, atingiríamos shamatha na primeira tentativa. Poderíamos simplesmente decidir: "Eu agora vou permanecer perfeitamente em silêncio, focado, com a mente estável por 24 minutos", e assim seria. Se a sua mente é realmente sua, se o domínio das atividades mentais pertence a você, como o seu computador ou a sua mão, ela deve fazer o que você quer que ela faça. O que o faz pensar que a sua mente lhe pertence se não consegue controlá-la? Talvez ela seja apenas emprestada. Ou talvez não tenha nenhum dono. Essa é uma das grandes questões que o Buda levantou: o significado de "eu" e "meu".

 Quando estamos observando os eventos mentais, como eles surgem? Eles ocorrem apenas porque queremos que surjam emoções, pensamentos, imagens mentais e desejos, como se fôssemos o capitão ordenando "faça assim"? Se fosse esse o caso, estaríamos de fato no comando da nossa nave espacial mental. Mas sabemos que não funciona desse jeito. Muito do que acontece na formação dos fenômenos mentais ocorre por conta própria. Do ponto de vista budista, isso não acontece a partir do caos, absolutamente sem qualquer causalidade, e nem sob o domínio de um "senhor da mente", isto é, de um "eu" ou de um ego. Não é possível eu pedir para as emoções e memórias saltarem, e elas me perguntarem "até onde?". Em grande medida, elas parecem agir por conta própria, influenciadas por coisas sobre as quais eu tenho pouco ou nenhum controle. Mas essa não é a história completa. Quando você decide pensar "o que é a mente?", surge o pensamento. Cinco segundos depois, pode acontecer outra coisa que, novamente, esteja fora de seu controle. Portanto, é uma combinação estranha. A mente não está completamente fora de controle, caso contrário não conseguiríamos completar trabalho algum, não teríamos um emprego e nem funcionaríamos no mundo. Mas ela tampouco está totalmente sob controle. Os eventos que acontecem na mente não estão uniformemente sob controle e nem uniformemente fora de controle. Então, onde estão as demarcações? O que faz com que algo seja seu?

 Ao observar a mente e investigar a gama de experiências de eventos mentais, você descobrirá que não são nada mais que simples fenômenos surgindo em um encadeamento de causas: causas neurológicas, eventos mentais prévios e estímulos ambientais. O cérebro está em um estado de fluxo, o nosso engajamento com o ambiente está em fluxo, tudo em estado de surgimentos e desaparecimentos momentâneos, conforme causas e eventos aparecem e desaparecem, estimulando outros eventos mentais que nascem, florescem e desvanecem, retornando ao espaço da mente. Essa é a visão budista: nada disso está intrinsecamente sob o controle de um ego autônomo, um eu, um mestre, um homúnculo ou um "senhor da mente". Quando se inspeciona com cuidado, mesmo emoções, pensamentos e desejos que você realmente sente como se fossem seus, e sobre os quais você sente ter algum controle, acabam se mostrando como não o sendo. Quando se verifica atentamente, vê-se que a aparência de haver uma posse intrínseca é enganosa. Essa sensação de que emoções e pensamentos são seus, e até mesmo a sensação de "eu realmente estou no controle deste corpo", é falsa.

A possibilidade de alguém controlar sua própria mente quando de fato não existe um "eu" autônomo é um paradoxo intrigante no budismo e um de seus temas centrais. Há um provérbio budista que diz: "Para aquele que dominou a sua mente, existe felicidade; para aquele que não, não existe a felicidade." E o Dalai Lama frequentemente comenta: "Você é o seu próprio mestre." Seja o mestre de sua própria mente. Você tem uma mente que é maleável, e pode usá-la para o seu próprio benefício e de outros. Mas uma mente que está fora de controle, obsessiva, distorcida, embotada ou desequilibrada dá origem ao sofrimento.

Nessa aplicação cuidadosa da atenção plena às atividades mentais, estamos trazendo inteligência à nossa observação. Lembre-se de que, quando praticamos quiescência meditativa, apenas observamos calmamente tudo o que surgia e desaparecia sem intervenção, julgamento ou reação, sem identificação. Tudo era doce e simples. Mas, aqui, temos que dar um passo adiante e investigar a natureza da nossa existência, porque infelizmente a ignorância que repousa na raiz do sofrimento e das aflições mentais não é apenas uma ignorância por desconhecimento ou por não se ter ciência. Se fosse esse o caso, o antídoto seria o conhecimento e, tendo-se conhecimento, tudo estaria resolvido.

A ignorância que influencia a forma como nos comportamos e nos engajamos com o mundo é ativa. Nós ativamente damos um sentido falso e distorcemos a nossa experiência do mundo tanto interna quanto externamente. Isso é claramente verdadeiro quanto ao nosso engajamento com outras pessoas. Muitas vezes, percebemos que as nossas avaliações não correspondem à realidade e agimos com base no que acreditamos ser verdadeiro, o que leva a conflitos e sofrimentos desnecessários. Contudo, o antídoto não é apenas a simples atenção. O antídoto é a atenção plena discriminativa e inteligente. É reconhecer o ponto em que estamos nos desviando da realidade, sobrepondo algo falso. Um tema comum ao longo das quatro aplicações da atenção plena é observar as projeções conceituais que estão sobre o que de fato está sendo apresentado a nós pela percepção. Nós sobrepomos muitas premissas, desejos e expectativas não apenas sobre outras pessoas – sobre o que elas pensam ou sentem, ou sobre o que estão imaginando ou planejando –, mas também sendo muito vulneráveis a falsas sobreposições acerca de nós mesmos.

Por exemplo, que tipo de pessoa você pensa que é? Uma pessoa gentil? Rude? Paciente/impaciente? Esperta/estúpida? Calma/agitada? Hiperativa/relaxada? Que trabalha duro/letárgica? Amigável/indiferente? Onde você se encaixa? Se escrevesse um breve sumário sobre o tipo de pessoa que você é, essa seria uma representação daquilo em que você está prestando atenção, não necessariamente daquilo que é real. Mas ainda é mais que isso. A ignorância que repousa na raiz do sofrimento vai além do não prestar atenção. A ignorância é também sobrepor as nossas construções conceituais e, então, confundi-las com a realidade. Ao final, agimos sobre essa base e é aí que as coisas começam a dar realmente errado.

Portanto, com discriminação inteligente, ao observarmos os fenômenos mentais surgindo no decorrer do dia e não apenas em uma sessão de 24 minutos, podemos formular importantes questões. Em meio à ampla gama de eventos mentais que emergem a cada momento, podemos começar a reconhecer padrões. Primeiro reconheça os momentos em que a mente está sob controle, equilibrada. Veja por si mesmo como é esse estado. Nesses momentos, podemos dizer que a mente não está aflita. Conforme observa os eventos surgindo na mente, note as ocasiões em que esse equilíbrio é rompido e quando você perde o eixo. Em um momento, você tem acesso à inteligência, à imaginação, à criatividade e à memória com clareza, mas, de repente, o equilíbrio se perde e há uma ruptura. Em seu livro *Emotions Revealed*, Paul Ekman chama esses episódios de desequilíbrio interno de "período refratário", durante o qual "o nosso raciocínio não é capaz de incorporar informações que não combinam, não mantêm ou não justificam a emoção que estamos sentindo", o que "distorce a forma como vemos o mundo e a nós mesmos".[21]

Esses momentos que rompem o nosso equilíbrio são toxinas da mente, porque nos afligem perturbando o corpo e a mente. Quando contaminam a nossa fala, as nossas palavras se tornam instrumentos de dor, pois são usadas

---

[21] Paul Ekman, *Emotions Revealed: Recognizing Faces and Feelings to Improve Communication and Emotional Life*, Nova Iorque, Times Books, 2003, p.39–40. Há uma edição brasileira para o livro: *A linguagem das emoções*, São Paulo, Lua de Papel, 2011.

de forma abusiva, cruel, enganosa, desonesta ou manipuladora. Quando as aflições mentais, ou kleshas, poluem o nosso comportamento físico, podemos fazer coisas com o corpo que são destrutivas ou perigosas, a nós mesmos ou aos outros. Mas devemos estar sempre conscientes de que esse dano se origina na mente.

Você é capaz de reconhecer tendências mentais aflitivas e de observar por si mesmo que elas são prejudiciais à sua saúde? Por outro lado, você é capaz de encontrar qualidades que intensificam o bem-estar mental, que, quando influenciam suas palavras, você se expressa com clareza, gentileza e inteligência? Podemos tornar as pessoas bastante felizes com a nossa voz e também com ações físicas. Reconheça o que é saudável e o que não é saudável. Fundamentalmente, não há nada de moralista nisso. Trata-se de uma questão pragmática.

Prática

Estabeleça seu corpo e mente em um estado de tranquilidade, estabilidade e vigilância. Inspire profundamente pelas narinas, até o abdômen, expandindo lentamente, relaxando o diafragma e, finalmente, respirando no tórax. Então, relaxe, em uma expiração longa e suave. Faça isso três vezes, percebendo as sensações das inspirações e das expirações por todo o corpo. A seguir, conte 21 respirações, da forma como fizemos anteriormente.

Agora, aplique a atenção plena ao domínio da mente, gerando nova e conscientemente o pensamento "o que é a mente?" ou qualquer outro pensamento. De onde esse pensamento emerge? Aguarde até que chegue o próximo pensamento. Quando surgir um evento mental, emergindo novamente por conta própria, não o considere um obscurecimento. Em vez disso, examine: de onde vem essa atividade mental? Dizemos que os pensamentos provêm da mente. O que é essa mente de onde os pensamentos emergem? Quais são suas qualidades? Ela é estática ou está em fluxo? Há algo nela sugerindo que tem um dono? Continue observando, de forma atenta, inteligente e inquisitiva, essa base da mente que é anterior a qualquer tipo de ativação, construções, imagens ou impulsos mentais.

A seguir, uma vez que alguma atividade mental tenha ocorrido, observe onde ela está acontecendo. Ela tem uma localização? Observe não o plano frontal, a atividade ou os atores no palco, mas o plano de fundo, o palco em si. Os pensamentos agora surgem como um apoio à prática porque o ajudam a identificar, uma vez mais, o domínio no qual os eventos mentais se exibem. Observe atentamente. Dizemos que os pensamentos e os sentimentos ocorrem na mente. O que é a mente na qual os eventos mentais acontecem?

Se ocorrer alguma fixação, se perceber que se identificou com alguma atividade mental em particular, apenas observe a própria fixação. O espaço mental às vezes se contrai, gravitando em torno do objeto de fixação? A mente se torna estreita, como se estivesse preenchida pelo objeto? Quando a fixação se desfaz, o espaço da mente permanece amplo, sem contração, sem criar atrito com os pensamentos que surgem e o atravessam? Observe o espaço da mente. Ele é estático ou há uma espécie de tecer de fios no espaço da mente? Ela é o seu eu real ou ela é verdadeiramente sua? Ou ela é simplesmente um fenômeno natural, como o espaço físico?

Por fim, quando o evento mental desaparecer, não se interesse muito pelo evento em si, mas fique atento ao bhavanga no qual ele desaparece. Preste atenção não ao processo de dissolução do evento mental, mas àquilo no qual o evento mental desaparece.

Nessa prática, os pensamentos errantes não são obstáculos. Enquanto observa a mente, se não surgir nenhum pensamento ou outra atividade mental durante algum tempo, observe o próprio espaço da mente. Se alguma coisa começar a emergir na mente, ótimo. Observe aquilo a partir de que está emergindo e examine onde está localizado. Se algo está desaparecendo na mente, ótimo, observe aquilo em que está desaparecendo. A mente está sempre presente. A consciência substrato está sempre presente e apenas a nossa falta de atenção a obscurece.

Para contemplação adicional

O que abordamos nesse exercício é o que William James chama de "experiência pura". Em seu intrigante ensaio "Does consciousness exist?" ["A consciência existe?"], ele escreve: "O campo instantâneo do presente é o que eu chamo de experiência 'pura'. Ainda é apenas virtual ou potencialmente qualquer objeto ou sujeito. Até então, é simples realidade ou existência não qualificada, um mero 'aquilo'."[22] Muitos meditadores aspiram a tal experiên-

---

22 William James, *"Does consciousness exist?"*, *The Writings of William James*, Chicago, University of Chicago Press, 1977, p.177–178.

cia não dual, comumente experimentada como bem-aventurança e luminosidade, na qual a fixação a um "eu" ou "meu" desaparece, bem como qualquer senso dual de sujeito/objeto. Algumas pessoas chamam isso de "nirvana", outras chamam de "realidade última", "consciência pura" ou "consciência prístina". Contudo, é mais provável que estejam tendo um vislumbre da consciência substrato, na qual a fixação cessou temporariamente.

Meramente permanecer nesse estado não ajuda em nada a purificar ou liberar a mente de suas aflições. Se parece mais com um resort de férias contemplativas – um lugar agradável para se ficar, mas que não transforma de nenhuma maneira duradoura e nem profunda. Um texto budista Theravada chamado Milindapañha compara esse estado à radiância do Sol, por ser naturalmente puro e luminoso. É o estado fundamental de repouso da consciência que está recolhida dos sentidos, e é o estado para o qual a mente retorna quando não está fazendo mais nada. Esse é o estado natural e desimpedido da mente, e, enquanto o funcionamento normal da mente é como uma lâmpada que pode ser desligada, a consciência substrato, que se manifesta no sono sem sonho, possui uma radiância que independe de estar ou não obscurecida.

Quando consideramos que o mundo da experiência existe apenas em relação à mente que o percebe, fica fácil entender a asserção no conhecido texto páli Dhammapada: "Todos os fenômenos são precedidos pela mente, são provenientes da mente e consistem na mente."[23] O Ratnameghasutra Mahayana vai além ao afirmar: "Todos os fenômenos são precedidos pela mente. Quando a mente é compreendida, todos os fenômenos são compreendidos. Colocando a mente sob controle, todas as coisas ficam sob controle."[24] Finalmente, outro discurso Mahayana atribuído ao Buda, chamado Ratnachudasutra, declara:

> *A mente, Kashyapa, é como uma ilusão e, dando forma ao que não é, compreende todo o tipo de eventos ... A mente, Kashyapa, é como a correnteza de um rio, inquieta, rompendo-se e dissolvendo-se assim que é produzida. A mente, Kashyapa, é como a luz de uma lamparina, e se deve a causas e condições auxiliares. A mente, Kashyapa, é como um raio*

---

23 *Dhammapada*, capítulo 1, verso 1.

24 *Ratnameghasūtra*, citado em Shantideva, *Śikṣāsamuccaya*, Darbhanga, Mithila Institute, 1961, p.121.

que desaparece em um instante e que não permanece. A mente, Kashyapa, é como o espaço, perturbada por aflições adventícias.[25]

A mente descrita nessa passagem pode ser decifrada colocando-se a seguinte questão: esse estado fundamental relativo da consciência é imutável ou existe em um estado de fluxo? É uma fonte verdadeira de felicidade ou permite apenas que haja uma pausa para a insatisfação, a angústia e a dor? E, finalmente: há algo na natureza da mente que seja verdadeiramente "eu" e "meu" ou isso é apenas um fenômeno impessoal, como o espaço, o tempo e a matéria? Apenas quando nos aventuramos a investigar essas características cruciais da mente é que podemos encontrar a verdadeira libertação das aflições mentais.

---

25 *Ratnacūḍasutra*, citado em Shantideva, *Śikṣāsamuccaya*, Darbhanga, Mithila Institute, 1961, p.220.

7 Atenção plena aos fenômenos

A BUSCA BUDISTA PELA COMPREENSÃO não se limita apenas ao corpo e à mente. Tem o objetivo de investigar a natureza de todos os fenômenos. O objeto dessa quarta aplicação da atenção plena é conhecido em sânscrito como darma, que, nesse contexto, significa simplesmente "fenômenos". Ele não deve ser confundido com a mesma palavra iniciada por letra maiúscula, Darma, que se refere aos ensinamentos e práticas que levam à liberação e ao despertar espiritual. Agora, expandiremos o escopo da atenção plena para inspecionar todas as coisas e eventos – todos os darmas –, incluindo os fenômenos subjetivos e objetivos. O resultado dessa investigação é chamado de prajña, um tipo de insight e conhecimento que cura a mente de forma irreversível, tanto das aflições e dos obscurecimentos inatos quanto dos adquiridos.

Após viver no Sri Lanka e praticar como monge sob a orientação de Balangoda Ananda Maitreya de 1980 a 1981, cheguei à conclusão de que as tradições budistas Theravada e tibetana têm muito mais em comum quanto à natureza de shamatha e vipashyana do que sugerem as primeiras impressões. Isso fica claro quando você confia nos eruditos e mestres de meditação mais competentes de ambas as tradições. Durante os meses em que treinei a prática de shamatha com Ananda Maitreya, não encontrei nenhuma incompatibilidade entre suas instruções e os ensinamentos que havia recebido anteriormente de meus lamas tibetanos, incluindo a afirmação de que, quando se atinge o acesso à primeira estabilização meditativa (em páli, jhana), você é capaz de permanecer em samadhi unifocado, livre até mesmo das mais leves agitação e lassidão, por pelo menos quatro horas. Perguntei a Ananda Maitreya quantas pessoas existiam no Sri Lanka naquela época que haviam de fato alcançado o acesso à primeira estabilização meditativa. Ele respondeu que, entre os milhares de monges e leigos no Sri Lanka que se devotavam à meditação budista, podia se contar nos dedos os que haviam atingido tal nível de samadhi. Se isso for verdade, justifica-se um grau de ceticismo em relação às alegações de muitos meditadores ocidentais contemporâneos – com muito menos treinamento prático e teórico do que os monges do Sri Lanka – que acreditam ter alcançado a primeira estabilização meditativa e graus mais elevados de samadhi, e a realização pela prática de vipashyana.

Prática

Para iniciar essa sessão de um gathika, estabeleça o seu corpo e a sua mente tranquilamente, em quietude e em estado de vigilância. Faça três amplas respirações, lenta e profundamente, expandindo o abdômen, relaxando o diafragma, inspirando até o tórax e liberando o ar de maneira gentil e completa.

Retorne ao ritmo normal de respiração e, por alguns instantes, traga à mente a aspiração mais significativa possível para essa sessão. Quais são seus objetivos mais elevados como indivíduo e também para a sua vida em relação àqueles a sua volta? O que você gostaria de alcançar, de experimentar, de se tornar? O que você gostaria de oferecer? Onde reside a sua maior felicidade? Deixe que a realização de sua aspiração seja o motivo para que você continue.

Tendo cultivado uma motivação significativa, prepare a sua atenção e faça com que sua mente se torne funcional, acalmando as tendências à agitação e à lassidão. Traga a consciência para o campo de sensações táteis do seu corpo, desde as plantas dos pés, coxas, quadril, até o tronco, braços e cabeça. Mantendo esse campo de consciência dos fenômenos táteis, leve sua atenção à respiração como um exercício preparatório. Repouse em um modo de puramente testemunhar, sem ser carregado por memórias, fantasias ou especulação. Durante a inspiração, eleve a vivacidade de sua atenção, e durante a expiração, relaxe e libere qualquer pensamento ou outras distrações irrelevantes que possam surgir. Conte 21 respirações, como fez anteriormente.

Agora, passe para a atenção plena aos fenômenos. Lembre-se do conselho dado pelo Buda: "No que é visto, há apenas o que é visto; no que é ouvido, há apenas o que é ouvido; no que é sentido, há apenas o que é sentido; no que é percebido, há apenas o que é percebido." Com os olhos ao menos parcialmente abertos, comece direcionando a sua atenção aos fenômenos das formas e cores – tudo aquilo que surge de forma nua à sua percepção visual. Esteja simplesmente presente.

Com os olhos fechados, fique atento apenas aos sons.

Você é capaz de detectar algum odor? O desafio é apenas testemunhar em repouso, sem julgamentos, sem atração ou aversão, sem nenhum tipo de fixação mental. Permaneça em um modo de receptividade pura, fluida, sem rigidez.

Há algum gosto remanescente em sua boca?

Agora, aplique a atenção plena ao quinto domínio de experiência sensorial, aos fenômenos táteis. Tenha consciência de seu corpo quanto ao que é apresentado de forma direta à sua percepção tátil.

Note que você pode se identificar com ou se fixar a objetos de qualquer um desses campos de experiência. Se, na consciência visual, você vê a forma de suas pernas ou mãos, você se agarra e pensa "minhas". Você ouve a sua própria voz, apenas um som, mas a reconhece e pensa "minha". Você pode até mesmo se agarrar a "o meu cheiro", "o meu gosto" e, certamente, "as minhas sensações corporais". Mas, quando observa atentamente, você vê algo que é intrinsecamente "eu" ou "meu" em algum dos conteúdos dos cinco campos de experiência sensorial? Ou esses são meramente eventos que surgem na dependência de causas e condições?

Por fim, passe para o sexto domínio de experiência, o reino dos fenômenos mentais, onde você experimenta pensamentos, imagens, sentimentos, emoções e memórias. Observe esse domínio da mesma forma que você observou os anteriores.

Agora, tente algo novo. Libere o controle da sua mente. Deixe a sua mente e a sua atenção livres de qualquer controle. Repouse então em um estado de consciência não direcionada, sem preferência. Deixe a sua atenção flutuar no espaço da consciência, carregada pelos ventos dos estímulos, sobrevoando os sentidos – visual, tátil, auditivo e assim por diante – e o mental, como uma borboleta pousando de flor em flor. Deixe que a sua atenção vá para onde quiser, enquanto você permanece imóvel, sem preferências, no espaço da consciência, sem controlar a mente e sem ser controlado por ela.

Encerre a sessão.

Para contemplação adicional

Eu disse anteriormente que a atenção plena à mente poderia ser a mais fascinante das quatro aplicações da atenção plena porque vai fundo em direção à natureza da própria consciência. Mas o que poderia ser mais fascinante do que tudo? Isso é o que temos aqui – nada é excluído. Tudo o que surge aos modos de percepção da experiência, impressões imediatas, imagens mentais, visão e som, o que quer que surja à mente conceitual – pensamentos, imagens, memórias, fantasias, especulações sobre o futuro –, tudo isso são darmas. Tudo o que existe está incluído na categoria dos darmas. Tudo são aparências, objetos da mente.

Isso suscita questões importantes e fascinantes, especialmente para a nossa cultura. Uma delas é a intuição. Eu sempre penso a respeito das várias formas de medicina tradicional – as antigas medicinas grega, indiana, tibetana e chinesa: onde aprenderam quais tipos de ervas e outros compostos naturais aliviavam doenças específicas? Os chineses têm um sistema vasto e complexo que exige anos para ser aprendido e dominado. Na medicina tradicional tibetana, um comprimido pode conter de 35 a centenas de ingredientes em proporções específicas. Como descobriram isso? Certa vez ouvi uma americana nativa descrever as propriedades medicinais de uma planta após a outra, tudo de forma consideravelmente detalhada. Considerando-se que existem muitas plantas venenosas, perguntei a ela: "Como descobriram aquelas que são curativas?" A resposta foi a mesma que penso ser verdadeira no caso da medicina tibetana e que suspeito ser verdadeira na tradição ayurvédica da Índia, bem como na medicina chinesa: intuição. No caso dos americanos nativos, afirma-se que a planta diz ao praticante para que ela serve. Na tradição budista tibetana, o Buda da Medicina diz ao praticante avançado quais os compostos de ervas e minerais são eficazes para tratar uma ampla gama de doenças.

Como muitos desses medicamentos funcionam, não posso desconsiderar o que esses praticantes dizem sobre as suas fontes de conhecimento. É pouco provável que façam experimentos duplo-cegos em segredo com milhares de ratos ou com humanos. A conclusão a que chego é de que a intuição é um outro modo de conhecimento, diferente do pensamento analítico, de projetos experimentais e desenvolvimento tecnológico avançado. No inglês moderno, *intuition* ["intuição"] é um termo vago, depreciativo. Contudo, a intuição é importante não apenas na prática contemplativa, mas também na ciência, cuja história mostrou não ter sido puramente racional e analítica. Esse modo de conhecimento direto e inexplicável em termos de lógica pode ser cultivado. Em um capítulo anterior, coloquei a seguinte questão: como podemos sentir o que outras pessoas estão sentindo? É um processo racional de ler e interpretar a linguagem corporal, comparar com a nossa própria experiência e então fazer uma sobreposição? Não parece ser assim. Parece ser de maneira direta. A intuição pode ser errada, mas isso não exclui a possibilidade de que seja um outro modo de conhecimento.

Por exemplo, como um americano nativo ouve uma planta falar? Ou como um budista tibetano ouve o Buda da Medicina dizendo como tratar determinada doença durante a meditação? Esse é um tipo de percepção mental, quer venha por meio dos sentidos físicos, quer venha do domínio mental das experiências. Como mencionado anteriormente, a percepção mental é o único dos nossos seis modos de percepção que pode ser aperfeiçoado com a prática. Entre eles, é o único modo que podemos melhorar conforme envelhecemos, enquanto os outros sentidos enfraquecem. Para fazermos isso, precisamos cultivar uma quietude interior e uma receptividade clara ao que nos está sendo apresentado a cada momento. E, para alcançarmos isso, temos que reduzir o hábito de nos fixarmos.

"Fixação" é um termo frequentemente ouvido em todas as escolas do budismo. Por um lado, temos o modo como a realidade é apresentada aos nossos sentidos. Algumas coisas que a realidade nos oferece são dolorosas e perturbadoras. Outras são prazerosas ou neutras. Mas a maioria de nós não está simplesmente fluindo com as aparências que surgem. Em vez disso, estamos ativamente interpretando-as. Algumas coisas nos irritam. Quando queremos ficar em silêncio, a realidade se torna barulhenta. Essa interpretação e preferência são chamadas de "fixação". Quando isso acontece, um som não é apenas um som. Se a sua meditação é perturbada por um som, não é o som que está causando a perturbação, mas sim a fixação ao fluxo das aparências. A fixação frequentemente implica aversão ou atração. Queremos nos livrar de algo ou queremos que fique como está ou se torne mais forte. Tudo isso é fixação – ir além das aparências daquilo que se imagina ser a fonte dos fenômenos.

Um modo delusório e mais grosseiro de fixação objetifica as coisas, imbuindo-as de uma existência mais independente e tangível do que realmente têm. Nada existe de modo independente. Todos os fenômenos condicionados estão surgindo a cada momento como eventos dependentemente relacionados. Portanto, a fixação às coisas nos coloca em desacordo com a realidade. Ela também nos sujeita a inúmeras aflições mentais de anseio, hostilidade, inveja, orgulho e assim por diante. É aí que a fixação, sob a forma de delusão, nos mostra o quanto ela pode ser prejudicial. Quando estava aprendendo a andar de motocicleta, o meu instrutor disse na aula: em qualquer colisão entre você e qualquer outra pessoa ou outra coisa, você perde. Da mesma forma, em qualquer colisão entre nós e a realidade, nós perdemos. A realidade nunca perde. A realidade não sofre. Nós é que sofremos. Há três formas comuns pelas quais isso pode acontecer.

Uma das formas de colidir com a realidade é nos fixarmos ao que está por natureza em estado de constante fluxo – impermanente, movendo-se, transformando-se, passando, passado – como sendo estável e permanente. Tudo o que surge em nossos campos de percepção está em constante fluxo. Seja subjetivo ou objetivo, ou uma combinação dos dois, está tudo de pernas para o ar, fluindo, sempre em efervescência. Quando algo de ruim acontece, nos fixamos a isso como se fosse eternamente ruim, quando, na verdade, a situação em que nos encontramos está em constante fluxo e, cedo ou tarde, desaparecerá completamente. Achamos que vizinhos ruins irão viver para sempre e nos irritarão todos os dias, pelo resto de nossas vidas. Não é que não possamos suportá-los no momento presente: o que não podemos suportar é que pareçam permanentes.

O mesmo acontece com eventos positivos, em que algo bom acontece. Um exemplo clássico são os casos amorosos. Parece que a paixão irá durar para sempre, embora a atração sexual seja notoriamente fugaz. Podemos projetar a mesma qualidade de permanência a uma nova aquisição, desejando, até mesmo esperando que se pareça e funcione indefinidamente como no dia em que fizemos a compra. Mas as coisas não se tornam defeituosas ou quebram porque foram mal feitas: as coisas se tornam defeituosas ou quebram porque foram feitas. Pode contar com isso. Todos os darmas que se originam da mente e se apresentam a ela persistirão por um momento e acabarão. Se pudéssemos de alguma maneira envolver as nossas vidas em torno dessa realidade, seria de muita utilidade, porque isso é o que é verdadeiro.

O ponto crucial é que, sob a influência da fixação, nossa percepção da realidade é distorcida, e quando agimos de acordo com essa distorção nós sofremos. Essa é a essência da segunda nobre verdade, a origem do sofrimento. Podemos evitar uma tremenda quantidade de sofrimento desnecessário reconhecendo a impermanência sutil e grosseira de todos os fenômenos condicionados e levando isso em conta ao vivermos as nossas vidas.

Uma segunda maneira de colidir com a realidade é nos fixarmos ao que não é fonte verdadeira de felicidade com sendo a causa real da alegria e da satisfação que buscamos. Considere o seguinte: existe algo que surja como uma aparência ou um objeto à sua mente – qualquer coisa – que seja, em si mesmo, uma fonte verdadeira de felicidade? Ou uma fonte verdadeira de sofrimento? Existem incontáveis coisas que podem despertar prazer e muitas outras que podem provocar sofrimento. Freud comentou: "Somos feitos de tal forma que podemos extrair prazer intenso apenas a partir do contraste e muito pouco a partir do estado das coisas ... A infelicidade é muito menos difícil de se experimentar." Considere essa afirmação ao refletir sobre a faixa de temperatura em que se sente confortável, a gama de alimentos que pode digerir e a gama de situações em que pode se sentir relaxado e feliz.

No entanto, aqui estamos, aprisionados na busca pela felicidade. Esta busca faz parte até mesmo da Constituição dos Estados Unidos como um direito. Mas, nesta busca, o que exatamente deveríamos buscar? Ótimos empregos, bons salários e casas bonitas são fontes de felicidade? O que o Buda deduziu de suas explorações é que nos fixamos a coisas e a outras pessoas que não são por natureza fontes de felicidade como se fossem. Investimos nossa vida nelas e então demandamos o retorno em felicidade. Fixar-se a algo que não é por natureza uma fonte real de felicidade, e ainda assim considerar como tal, é um imenso problema. Algumas pessoas são solteiras e estão convencidas de que ter um parceiro lhes traria a verdadeira e duradoura felicidade. Ter um cônjuge é uma fonte verdadeira de felicidade? Muitas pessoas casadas pensam que seus cônjuges são a verdadeira fonte de sofrimento. Portanto, ser solteiro não é uma fonte de felicidade e ter um cônjuge também não é uma fonte de felicidade. Com que frequência investimos os nossos esforços em um emprego ou em conseguir um certo tipo de casa? Investimos profundamente na esperança e na visão de que "é aí que reside a minha felicidade". Mas a felicidade não está nos objetos à nossa volta. Lembre-se, um objeto pode catalisar felicidade, mas esse mesmo objeto pode levar ao sofrimento.

De acordo com o budismo, esta vida humana da qual somos dotados é preciosa além de qualquer avaliação possível. Devido à nossa habilidade de buscar a virtude, a felicidade e a verdade, nossa vida não tem preço. Mas é assim que você encara sua vida? Quanto vale um dia da sua vida? Quanto você quer de troco por morrer um dia mais cedo? Cem dólares? Que tal mil dólares? Mais? E ainda assim muitos de nós pensamos que podemos desperdiçar tempo. O capital das nossas vidas é limitado. Isso é especialmente verdade para as fases boas, em que saudáveis e bem alimentados, sem termos que passar a maior parte do tempo apenas tentando sobreviver. Reflita sobre como você está investindo o seu precioso tempo. O que você está fazendo na busca pela felicidade?

A terceira e talvez a mais profunda forma de colidir com a realidade é fixar-se ao que não é "eu" ou "meu" como sendo "eu" ou "meu". Conforme aplicamos a atenção plena a toda a gama de fenômenos, não detectamos nada além de aparências surgindo à mente – emoções, memórias, sentimentos, sensações físicas e pensamentos –, meras aparências. Estamos habituados a nos fixarmos a muitas delas como sendo "minhas": os meus amigos, a minha família, a minha esposa, as minhas posses materiais, a minha reputação, o meu corpo, as minhas emoções, os meus desejos, os meus pensamentos, as minhas memórias e assim por diante. E nos fixamos ao nosso senso de identidade pessoal como um "eu" autônomo e real, que possui e frequentemente tenta controlar tudo o que considera "meu". Em sua busca por autoestima, muitas pessoas tentam controlar tantas coisas e pessoas quanto possível, demonstrando a si mesmas e ao mundo que elas realmente existem, que de fato estão no controle. Mas, quando você aplica a atenção plena com discernimento a fenômenos internos e externos, observando-os com o mínimo possível de sobreposições, nenhum desses objetos da mente se apresenta como "eu" nem como "meu". De acordo com a exploração experimental de contemplativos budistas, essa tendência profundamente arraigada de fixar-se a absolutamente qualquer coisa como inerentemente "eu" ou "meu" é deludida: coloca-nos em rota de colisão com a realidade e, como resultado, mais uma vez sofremos.

Por exemplo, imagine que você estabeleça negócios com alguém que, sem você saber, é desonesto, manipulador e interesseiro e essa pessoa arruína seus negócios. Você perde dinheiro não apenas porque a pessoa é trapaceira e mentirosa, mas porque você pensou que ela não fosse assim. Compare isso a confundir aquilo que não é "eu" ou "meu" com o que é "eu" ou "meu". Se você confundir um sócio trapaceiro com uma pessoa honesta e fizer negócios com ele, poderá se prejudicar durante uma fase da sua vida. Mas isso passará e você poderá se recuperar. Porém, se você compreender de forma errônea a natureza da sua própria existência, isso contaminará tudo o que fizer. Toda a sua vida estará baseada nesse erro fundamental.

Um sutra Mahayana, ou discurso atribuído ao Buda, aborda eloquentemente esse ponto:

> *Os agregados (abrangendo o corpo e a mente) são impermanentes, instáveis, naturalmente frágeis como um vaso não queimado, como um objeto emprestado, como uma cidade construída no pó, durando apenas algum tempo. Por natureza, essas condições estão sujeitas à destruição, são como o reboco lavado pela estação das chuvas, como a areia à margem de um rio, dependentes das condições auxiliares, naturalmente fracas. São como a chama de uma lamparina, a sua natureza é ser destruída tão logo surjam, instáveis como o vento, sem seiva e frágeis como um grumo de espuma.*[26]

A importância de nomear coisas não se limita à própria identidade. Em um discurso registrado no idioma páli, o Buda comenta: "São meramente nomes, expressões, maneiras de falar, designações comumente usadas no mundo. Delas aquele que alcançou a verdade de fato faz uso, mas não se deixa enganar."

Em outro discurso páli, ele declara:

> *Do mesmo modo que apenas quando as partes são reunidas*
> *Surge a palavra "carruagem",*
> *Assim é a noção de um ser*
> *Quando os agregados estão presentes.*[27]

---

26 *Lalitavistarasūtra*, citado em Shantideva, *Śikṣāsamuccaya*, Darbhanga, Mithila Institute, 1961, p.222.

27 Samyutta-Nikāya; I, 135.

Sobre o mesmo tema, foi registrada essa fala do Buda em um sutra Mahayana: "Todas as condições são sem nome, mas iluminadas pelo nome."[28] Conforme você pôde observar quietamente na meditação anterior, passando de um domínio de experiências sensoriais a outro ou repousando em atenção plena sem preferência, algum desses eventos surgiu e nomeou a si próprio? Nós nomeamos alguma coisa, nós a designamos conceitualmente e então ela surge do suave tecido de aparências para nos encontrar. Nós nos nomeamos. Os nossos nomes iluminam a demarcação entre nós e os outros, e essa é uma convenção importante. Um nome surge, cristaliza algo e o ilumina. Isso é muito útil, mas em que medida levamos esses nomes a sério? Assim que nomeamos algo, ocorre a fixação. A fixação não é delusória por natureza, mas abre as portas para a objetificação. É como uma caixa de Pandora para uma miríade de delusões.

Prática

Estabeleça seu corpo e mente em uma postura confortável, quieta e vigilante. Relaxando os músculos dos ombros e da face, mantenha os olhos e a testa relaxados. Tome três inspirações lentas e profundas pelas narinas. A seguir, conte 21 respirações, cercando esse cavalo selvagem da mente para poder cavalgá-lo confortavelmente.

Vamos em busca de um tipo de verdade válida para qualquer um em todos os momentos. Essas são verdades em todas as estruturas de referências cognitivas. O que é constante e invariável? Primeiro repouse na consciência sem preferências, na qual você abre mão do controle completamente, dá um descanso ao seu senso de ego, de "eu" controlador, deixando-o dormente por uns momentos. Deixe a mente seguir livre, porém não se permita ser controlado por ela. Não permita que seja carregado para longe ou oprimido pela mente. Deixe-a ir para onde quiser, deixe que as aparências surjam à vontade.

Essa é uma magnífica preparação para morrer de maneira consciente, quando formos obrigados a abandonar o controle e as faces enganosas do controle, porém mantendo a opção de não sermos controlados pelas emoções de medo, ansiedade ou pesar. Como diz o ditado: "Esse é um homem livre, senhor de ninguém, mas comandado por ninguém." Seja livre aqui e agora,

---

28 *Lokanāthavyākarana*, citado em Shantideva, *Śikṣāsamuccaya*, Darbhanga, Mithila Institute, 1961, p.224.

enquanto repousa na natureza da consciência, que é luminosa e transparente. Repouse sem preferências, sem fixações.

Em termos de atenção plena à mente, você se lembrará de que existem os conteúdos, os eventos e os processos da mente. Há então a consciência substrato, a base a partir da qual as aparências surgem. Você pode repousar no substrato, observando sem intervenções qualquer atividade que surja nesse espaço da mente, o domínio da experiência mental. Agora amplie isso para a realidade como um todo, não apenas o domínio da mente. Explore o domínio de todas as experiências, todas as aparências. Uma vez mais, você tem as aparências, os conteúdos, os eventos – os objetos que surgem para a consciência. E então há aquilo a partir do qual essas aparências se manifestam, aquilo no qual essas aparências permanecem, e aquilo no qual essas aparências desaparecem. Esse é o espaço da consciência. Qual é a base a partir da qual todas as aparências surgem, esse espaço onde as aparências permanecem e no qual as aparências se dissolvem? O que é essa base luminosa, esse espaço luminoso? Cuidadosamente, aplique a atenção plena a toda a gama de fenômenos e ao espaço a partir do qual eles emergem, no qual permanecem e no qual se dissolvem.

Encerre essa sessão. Iniciamos cultivando uma motivação significativa. Qualquer que seja o benefício dessa prática – o que os budistas chamam mérito –, dedique-o à realização de suas aspirações e motivações mais significativas. Possa o mérito dessa prática conduzir à realização de suas aspirações mais profundas.

Para contemplação adicional

Nessa prática, levanto a possibilidade de que existem verdades invariáveis ao longo do espaço e do tempo. Para elaborá-la, proponho que haja um espectro de verdades, variando de verdades bastante pessoais a verdades bem gerais. O meu improviso ao piano é a melhor música do mundo? A resposta pode ser "sim", para alguém em particular. Essa afirmação pode ser tão verdadeira quanto "$E=mc^2$", em um contexto bem estreito do universo de uma pessoa. Você poderia dizer que essa pessoa é ridiculamente autocentrada, operando a partir de uma única perspectiva da verdade. Na medida em que as nossas mentes são dominadas pelo autocentramento, sentimos: "O meu bem-estar é a coisa mais importante do mundo. A segunda coisa mais importante é o bem-estar das pessoas com as quais eu mais me importo." Você poderia empilhar os demais seres scientes como uma pirâmide cuja base é formada pelas "pessoas que poderiam ser atropeladas por um caminhão e que não merecem nenhuma felicidade porque me tocam do jeito errado". Essa é uma perspectiva perfeitamente autocentrada, em que a verdade é válida para apenas uma pessoa.

Vamos avançar nessa ideia em um contexto mais amplo. Imagine uma cultura nômade na qual as famílias sejam separadas porque os seus rebanhos precisam de muito espaço para pastar. Ali, o núcleo familiar é o centro do universo. Com exceção das ocasionais trocas com outras unidades familiares, tudo o que você quer deles é que não invadam seu território. Você pode ter uma visão de mundo centrada na família que é verdadeira apenas para a sua família e não para as outras famílias. Podemos avançar agora para uma mentalidade centrada na cidade, na qual as verdades proclamadas se aplicam aos habitantes de uma cidade, como Atenas ou Esparta, onde algumas reivindicações são justas para os espartanos, mas não necessariamente válidas para os atenienses. Essa análise pode também ser aplicada de forma mais ampla ao etnocentrismo ou ao nacionalismo. Pode haver verdades válidas apenas para um único grupo étnico. Pode haver também estruturas de referências centradas no idioma. As verdades podem ser válidas para o inglês, mas podem não sê-lo para o alemão ou para o sânscrito.

O que quero dizer é: há dimensões da nossa existência, aqui e agora, individualmente, que não estão restritas a uma personalidade específica, o que inclui gênero, idade, etnia, nacionalidade e espécie. E essas dimensões podem ser experienciadas. É disso que se trata a prática. Independentemente de nossa estrutura de referência cognitiva, existem verdades universais – não aquelas puramente objetivas, mas as que são verdadeiras independentemente de sua perspectiva. As três marcas de existência dessas verdades são:

1. todos os fenômenos condicionados, todos aqueles que surgem na dependência de causas e condições, estão sujeitos à impermanência, pois surgem e desaparecem a cada momento;

2. enquanto nossa mente estiver sujeita a aflições mentais, todas as nossas experiências serão insatisfatórias. Nenhum objeto da percepção ou pensamento são fontes verdadeiras de felicidade;

3. nada do que experimentamos é verdadeiramente "eu" ou "meu" por sua própria natureza. Esses conceitos são meramente sobrepostos aos fenômenos mentais e físicos, e nenhum deles é um "eu" inerentemente existente.

Reconhecer essas características cruciais da existência – por meio da experiência pessoal – leva à realização do nirvana, a liberdade insuperável de todas as aflições mentais e suas consequências. O caminho para essa liberdade consiste em prática de ética, samadhi e cultivo da sabedoria. Dessa forma, as buscas pela virtude, pela felicidade genuína e pela verdade estão inteiramente integradas. Esse é o caminho para a liberação.

Parte 3

Cultivando um
bom coração

# 8 Bondade amorosa

QUANDO COMEÇAMOS A EXPERIMENTAR os benefícios da meditação shamatha, com a serenidade e a clareza que ela traz à mente, ficamos tentados a focar exclusivamente essa prática. Mas a tradição budista nos encoraja a estender a prática espiritual para além dos limites da calma interior. Há alguns anos, quando era intérprete em uma das conferências do instituto Mind and Life com Sua Santidade o Dalai Lama e um grupo de cientistas da cognição, Tsoknyi Rinpoche, um mestre de meditação tibetano altamente respeitado, era um dos convidados. Certa noite, ele e eu nos sentamos e discutimos a difusão do budismo no Ocidente, e ele comentou sobre algumas das desvantagens de se fixar à prática de shamatha. Alguns alunos, disse ele, ficavam tão imersos nessa prática que acabavam por se desconectar de tudo a sua volta, pensando, me sinto completamente desapegado dos problemas das outras pessoas! Eu mesmo estou muito bem. O resultado de sua prática era um tipo de indiferença desinteressada à condição dos outros, enquanto desfrutavam de uma relativa calma no santuário interno de sua própria mente. Ele via isso como um real impedimento ao crescimento espiritual.

Apenas o insight sobre a natureza da realidade pode realmente curar a mente de suas aflições. Assim, progredimos de shamatha para as quatro aplicações da atenção plena, os fundamentos da prática budista de insight como um todo. Essas práticas foram apresentadas nos capítulos anteriores. Muitas pessoas acham que o cultivo da atenção plena é muito efetivo em produzir clareza e insight na vida cotidiana, e tenho encontrado muitas pessoas que dizem ser budistas simplesmente porque praticam atenção plena. Algumas até mesmo igualam essa prática à meditação budista como um todo, e afirmam que práticas meditativas diferentes do cultivo da atenção pura são um equívoco. Há uma espécie de dogmatismo nessa atitude que, infelizmente, é comum entre os praticantes religiosos de todas as crenças: nós temos o único caminho, e qualquer outra coisa diferente do que acreditamos e praticamos é errada e perigosa. Mas há um tema nos ensinamentos do Buda que toca esse ponto diretamente: sabedoria sem compaixão é aprisionamento, e compaixão sem sabedoria é aprisionamento. Essa é uma profunda verdade. O caminho do despertar é marcado por diversos buracos e sulcos e é fácil ficar preso a visões estreitas e exclusivistas, até mesmo com relação a práticas excelentes. Ouvi o Dalai Lama comentar sobre alguns mestres que ele conheceu, cuja prática de anos era centrada nas quatro aplicações da atenção plena. Embora demonstrassem profunda calma e equanimidade, ele também percebia neles uma qualidade de austeridade e falta de alegria, sem calor e empatia aparentes pelos outros. Sabedoria sem compaixão é aprisionamento.

O caminho budista do despertar espiritual não é apenas aquele que revela a bem-aventurança, a luminosidade e a pureza inatas da consciência. É também o cultivo de qualidades saudáveis do coração e da mente e sua expressão na nossa conduta cotidiana. Portanto, para complementar a profunda sabedoria que pode ser realizada por meio da prática das quatro aplicações da atenção plena, passamos agora para o cultivo das quatro qualidades incomensuráveis: bondade amorosa, compaixão, alegria empática e equanimidade. Cada uma delas é um elemento vital na busca pela felicidade genuína. Na nossa vida no dia a dia, tendemos a oscilar entre expectativas e temores, alegrias e tristezas, que surgem na dependência de causas e condições prévias. Muitas, se não todas essas circunstâncias causais estão fora do nosso controle. A felicidade genuína, a busca por aquilo que é o próprio sentido da vida, não é simplesmente um sentimento prazeroso produzido pelo contato com estímulos objetivos e agradáveis. Em vez disso, emerge de causas e condições internas, surgindo a partir do centro, daquele ponto médio entre as vicissitudes. Cultive um coração aberto, preenchido por bondade amorosa e compaixão incomensuráveis, e a felicidade emergirá naturalmente de dentro de você.

PRÁTICA

Primeiramente, vamos tornar a nossa mente funcional. Temos pouco controle sobre o ambiente que nos cerca – um aparente controle, que com frequência desaba sobre as nossas cabeças. E quando nos voltamos para dentro, podemos verificar que a nossa mente também está frequentemente fora de controle. Mas talvez possamos aprender a ter maior controle, maior domínio sobre a nossa mente – podemos tornar nossa mente mais funcional e transformá-la em nossa aliada.

Assuma uma postura que contribua com a prática, com o corpo à vontade, imóvel e vigilante. Relaxe os músculos dos ombros e da face, incluindo a mandíbula. Relaxe os olhos e os músculos ao redor dos olhos. E agora tome três inspirações lentas, profundas, completas, respirando no abdômen, e, em seguida, solte completamente o ar pelas narinas.

Busque, primeiramente, a sensação sutil de serenidade, de calma interior. Libere as preocupações do dia, as antecipações do futuro e acomode-se na única realidade que existe agora: o presente. Relaxe a sua atenção em um modo de simplesmente testemunhar, trazendo-a para o campo de sensações táteis ao longo de todo o corpo. Deixe a respiração seguir sem intervenções. Não tente respirar profundamente. Apenas deixe o seu abdômen solto, de modo que, ao você inspirar, ele se expanda com facilidade. Se a respiração estiver profunda, deixe-a ser profunda; se estiver superficial, tudo bem.

Agora simplifique radicalmente a sua mente. Deixe seu corpo ser preenchido pela atenção plena e mantenha sua mente presente no campo dessas sensações táteis da entrada e da saída do ar em todo o corpo. Se achar útil, experimente contar apenas 21 respirações – contando no início de cada inspiração. Além dessa tarefa, dê um descanso a essa mente incomodada por todas as preocupações, planos, memórias, esperanças e medos. Deixe-a simplesmente repousar na consciência do ritmo suave da sua respiração.

Passamos agora para um tipo de meditação na qual usamos todo o poder da nossa imaginação, inteligência e intuição. Esse tipo de prática é chamado de "meditação discursiva", e é um importante complemento das práticas não discursivas de shamatha e atenção pura.

Você anseia pela felicidade? Provavelmente, você está buscando algo além do mero desejo de sobreviver ou de alcançar fama e prosperidade material. Caso contrário, não estaria fazendo essa prática. Então, qual é a fonte desse anseio e o que poderia satisfazê-lo? O que você de fato quer? Você consegue visualizar? Pode ser mais fácil começar pelo que você não está buscando, aquilo que não será suficiente, aquilo que não trará a felicidade que você busca. Vasculhe a sua memória para encontrar exemplos de coisas que você achou que lhe trariam a genuína satisfação, mas que, ao final, lhe desapontaram. Não deve ser difícil encontrá-los.

Por milênios, com suas vidas e suas palavras, os grandes mestres da tradição budista têm nos encorajado a reconhecer que a busca pela felicidade genuína não é em vão. Você consegue imaginar um modo de vida que seja realizável, que contribua com a busca por tal felicidade? Você vive assim? Se não, o que seria necessário? Que mudanças seriam necessárias para que você pudesse se empenhar com afinco na busca pela felicidade genuína, rastreando-a até sua origem?

Agora considere sua vida como ela é. Você está sobrevivendo e encontrou o Darma. Talvez tenha amigos espirituais e mestres. A porta está aberta para seguir esse caminho para a iluminação. Tais circunstâncias raramente ocorrem. Uma vida assim é chamada de "vida humana preciosa, com liberdades e oportunidades". Oportunidades para fazer o quê? Para buscar a felicidade genuína em sua origem. É possível dirigir todos os nossos esforços para encontrar tal felicidade para nós mesmos e para os outros à nossa volta? Essa seria uma vida de bondade amorosa.

Então, traga a bondade amorosa para si mesmo, desejando a realização das suas aspirações mais profundas. Imagine um modo de vida que ofereça a máxima liberdade para você buscar aquilo que tem mais valor. Observando como o mundo está, assistindo às notícias, vendo o que acontece a cada dia, não é tão óbvio que a felicidade genuína seja, no mínimo, uma possibilidade. Há tantas causas de sofrimento, conflito, tristeza e dor. Mas a crença na nossa bondade inata e na possibilidade de felicidade é uma opção. E escolher essa opção abre as portas para essa busca, nos traz de volta ao tema central. A tradição cristã nos diz: "O reino dos céus está dentro de nós." O budismo diz: "A natureza de buda é a essência do seu ser." Aqui está a fonte da alegria, a fonte da compaixão, a fonte da sabedoria – a fonte de todo o bem. Aqui está a esperança e a plataforma para cultivarmos a bondade amorosa por nós mesmos e pelos outros. Como podemos nos nutrir e nos guiar de forma a levarmos as nossas vidas favorecendo a manifestação, o florescimento, a realização dessa natureza de buda, para que ela se torne mais do que uma questão de fé?

Imagine a sua natureza de buda – a pureza essencial de sua própria consciência – simbolicamente como uma pérola de luz branca radiante em seu coração. E toda essa luz branca radiante e incandescente tem a natureza da alegria e da bondade amorosa que sempre estiveram dentro de você. Então, a cada inspiração, imagine-se extraindo luz dessa fonte inesgotável do seu coração, como se estivesse retirando água de um poço. A cada inspiração, imagine que você extraia luz dessa fonte, uma fonte que pode ser facilmente obscurecida quando se presta atenção a outras coisas, quando as nossas prioridades se perdem nas distrações. A cada inspiração, imagine-se extraindo essa luz, como se estivesse explorando um poço bem profundo. Então, a cada expiração, imagine essa luz de bem-estar, essa luz de bondade amorosa, permeando cada parte do seu corpo, da sua mente, do seu espírito. Então, pense: que eu possa experimentar a felicidade genuína e a própria fonte da felicidade. Que eu possa ficar bem e ser feliz.

Conforme essa luz se expande, imagine que ela elimine todos os tipos de conflitos, aflições, desequilíbrios em seu corpo e na sua mente, tudo aquilo que causa sofrimento. Visualize nitidamente essas aflições sendo eliminadas por essa luz radiante e imagine-a saturando e preenchendo todo o seu ser. Comece essa prática de bondade amorosa desejando o seu próprio bem-estar, tendo em mente o que o Buda comentou: "Aquele que ama a si próprio nunca causará mal ao outro."[29]

À medida que preenche o seu corpo até transbordar, imagine esse campo de luz em volta do seu corpo preenchendo o seu quarto e, então, estendendo-se para fora, permeando todos à sua volta, próximos ou distantes. Conforme a luz se expande para o mundo, sem excluir ninguém, pense: possam todos os seres, assim como eu, acima e abaixo, em todas as direções, possam todos encontrar a felicidade e as causas da felicidade.

Então, por alguns instantes, abandone a imaginação, libere todas as suas aspirações. Descanse completamente, deixando que a sua consciência repouse em sua própria natureza. Esteja simplesmente consciente de estar consciente.

Encerre a sessão.

---

29 Udāna, capítulo 5, primeiro discurso.

Para contemplação adicional

A bondade amorosa, chamada de maitri em sânscrito, é a primeira das quatro qualidades incomensuráveis e significa uma aspiração sincera de que outros possam experienciar a felicidade e as fontes da felicidade. Em resposta à pergunta "qual é o sentido da vida?", muitos dos grandes contemplativos, santos e líderes religiosos do passado – do Ocidente e do Oriente – disseram que o sentido da vida é simplesmente esse: a busca pela felicidade. Essa é uma boa notícia! De qualquer forma, isso é o que gostaríamos de fazer e, se esse é o sentido da vida, ótimo! Mas, investigando um pouco mais, a busca pela felicidade levanta algumas questões provocativas e também perturbadoras. Quando pensamos na busca pela felicidade, o que temos em mente? Como encaramos passar todos os dias da nossa vida lutando por ela? Claro que a simples sobrevivência é uma questão importante. É difícil ser feliz se não conseguimos nem ao menos sobreviver, se sentimos que a nossa vida está em perigo. Então, uma vez que tenhamos conseguido cuidar da sobrevivência, queremos segurança, e aqui também está incluída a saúde. Certamente, esses são pontos básicos para a nossa busca pela felicidade.

Mas além desses pontos essenciais, nos envolvemos frequentemente na busca por prazeres mundanos em vez da felicidade genuína. Na tradição budista, há muitas referências às oito preocupações mundanas. Revisando essa lista de preocupações, as duas primeiras são a aspiração por conseguir novas aquisições materiais e evitar perder aquilo que já foi obtido. Algumas pessoas avaliam seu próprio valor e seu grau de sucesso na vida em uma base puramente quantitativa: quanto dinheiro e bens materiais foram capazes de adquirir. Essas pessoas igualam a busca pela felicidade à busca por riqueza. O segundo par de preocupações mundanas é a busca por prazeres controlados por estímulos de todos os tipos – sensuais, intelectuais e estéticos – e o desejo de evitar qualquer tipo de sofrimento ou dor. O terceiro par é a preocupação em receber elogios dos outros e evitar o menosprezo, o abuso e o ridículo. As últimas duas preocupações relacionam-se a obter estima, afeto, aceitação e respeito de outros, e evitar o desprezo, antipatia, rejeição e indiferença. Essas oito preocupações podem ocupar cada momento de nossas vidas em vigília e, portanto, vale a pena avaliá-las com cuidado para ver se justificam uma dedicação tão determinada.

O neurocientista Richard Davidson, meu amigo e colega que iniciou a condução rigorosa de estudos científicos sobre os efeitos da meditação no bem-estar emocional, usa o termo "esteira hedônica" para caracterizar uma vida centrada nas oito preocupações mundanas. A busca pela felicidade e pela saúde mental está recebendo mais e mais atenção dos cientistas cognitivos que estão perguntando: o que de fato leva à felicidade? Um dos livros mais notáveis recentemente publicados sobre esse assunto é *The High Price of Materialism*, do psicólogo Tim Kasser. Com respeito à primeira das oito preocupações mundanas, a sua pesquisa concluiu que aqueles que valorizam fortemente a busca por posses e riqueza relatam um menor bem-estar psicológico do que aqueles que se preocupam menos com esses objetivos. Essa fixação em aquisições materiais não apenas prejudica a nossa própria felicidade, como também distorce a maneira pela qual nos envolvemos com os outros. Kasser comenta a esse respeito: "Quando as pessoas colocam forte ênfase em consumir e comprar, ganhar e gastar, pensar sobre o valor monetário das coisas e pensar em coisas durante grande parte do tempo, também se tornam mais propensas a tratar pessoas como coisas."[30] A evidência científica que ele reuniu sugere que, além de ter dinheiro suficiente para atender às necessidades básicas de alimentação, moradia e coisas desse tipo, conseguir riquezas, posses e status não resulta no aumento de sua felicidade ou bem-estar a longo prazo. Até mesmo a busca bem-sucedida por ideais materialistas tipicamente acaba se tornando vazia e insatisfatória. Ele resume esse ponto: "Pessoas muito focadas em valores materialistas têm menos bem-estar pessoal e saúde psicológica do que aquelas que acreditam que a busca materialista é relativamente sem importância. Essas relações foram documentadas a partir de amostras de pessoas que variavam de ricas a pobres, de adolescentes a idosas, de australianas a sul-coreanas."

No budismo, é traçada uma clara distinção entre uma vida devotada às verdadeiras causas da felicidade e uma vida devotada aos símbolos externos da felicidade, ou seja, às oito preocupações mundanas. Uma vida plena de significado é aquela orientada em torno da felicidade genuína, e isso necessariamente implica a busca pela virtude e pelo entendimento. Navegar em nosso caminho pela vida focando a constelação das oito preocupações mundanas é uma estratégia sem sentido e, se for analisada minuciosamente, mostra-se também ineficaz para encontrarmos o que há tanto tempo temos buscado: a felicidade. Recordo-me do comovente comentário de Shantideva: "Aqueles que desejam escapar do sofrimento se lançam rumo ao sofrimento. Mesmo com o desejo de felicidade, movidos pela delusão, eles destroem a sua própria

---

30 Tim Kasser, *The High Price of Materialism*, Cambridge, MIT Press, 2000, p.67.

felicidade como se fosse uma inimiga."[31]

Nossa sociedade moderna, orientada pelo consumo, é constantemente bombardeada pelo mercado da propaganda, da mídia e de outras instituições com a mensagem de que, se nos esforçarmos um pouco mais, ganharmos mais e gastarmos mais, encontraremos a satisfação que buscamos. Precisamos apenas ser mais eficazes em alcançar as nossas metas materialistas, e então esse indescritível prêmio da felicidade será nosso. Naturalmente, essas mesmas pessoas que promovem esse ideal estão fascinadas por ele, caso contrário nunca tentariam deludir outros a abraçá-lo. De acordo com os achados de Kasser, essas tentativas de hipnose global em massa demonstram-se eficazes:

> *A porcentagem de estudantes que acreditam ser muito importante ou essencial desenvolver uma "filosofia de vida significativa" diminuiu de mais de 80% no final dos anos 1960 para cerca de 40% no final dos anos 1990. Ao mesmo tempo, a porcentagem que acredita ser muito importante ou essencial "estar muito bem financeiramente" subiu de pouco mais de 40% para mais de 70%. A máquina de fabricar valores da sociedade é eficaz.*[32]

Se ponderarmos sobre os fins que temos buscado atingir, as formas como temos gastado a nossa energia ao longo de toda a nossa vida, perceberemos que temos direcionado um esforço enorme à busca destas oito preocupações mundanas. Mas essas buscas não estariam apenas patinando na superfície da felicidade? Não existiria um tipo de felicidade que tem a ver com a nossa própria forma de estarmos presentes no mundo? Se nossa autoestima é muito baixa, mesmo que estejamos cercados por coisas bonitas e pessoas boas, será muito difícil sermos felizes. Ah, mas perceba também que há pessoas com autoestima extraordinariamente alta que não são felizes. E que, quanto a todas as outras fontes de felicidade mundana que mencionei, há pessoas que possuem algumas ou todas elas e ainda assim não alcançam a felicidade genuína. Se inspecionarmos cuidadosamente esses meios de buscar a felicidade, veremos

---

[31] Shantideva, *A Guide to the Bodhisattva's Way of Life*, Ithaca, Snow Lion Publications, 1997, capítulo 1, verso 28. Há uma edição brasileira para o livro, baseada em outra tradução: *O caminho do bodisatva*, Três Coroas, Makara, 2013.

[32] Tim Kasser, *The High Price of Materialism*, Cambridge, MIT Press, 2000, p.104.

que nenhum deles é necessário nem suficiente. Ao longo dos anos, conheci muitas pessoas que não têm segurança financeira, que têm pouca saúde e não possuem nenhuma dessas outras armadilhas da "boa vida", e que ainda assim encontraram felicidade e significado em suas vidas.

Se todas essas coisas mundanas não são necessárias nem suficientes para alcançar a felicidade, o que resta então? O que seria necessário e suficiente? A resposta budista é o Darma, que pode ser definido como uma forma de ver a realidade e de levar a vida que resulta em felicidade genuína. Isso significa que nenhuma preocupação mundana vale a pena e que tudo o que não seja cultivar a sabedoria e a compaixão é irrelevante? Se estivermos buscando a felicidade de formas que não estejam relacionadas à virtude, à felicidade genuína e à compreensão, eu responderia que sim. Mesmo quando nos voltamos à prática espiritual, isso também pode ser usado na busca por preocupações mundanas. Podemos meditar, por exemplo, simplesmente pela sensação imediata de relaxamento, paz interior e felicidade que a meditação pode trazer. Dessa forma, a meditação serve como pouco mais do que um substituto para a coleção de drogas que a indústria farmacêutica criou para alterar quimicamente o cérebro. Também podemos nos colocar a serviço dos outros para receber elogios, amor e respeito, o que significa que estamos buscando satisfazer preocupações mundanas com um fino verniz de Darma. Durante a primavera e o verão de 1980, eu morava sozinho nas montanhas acima de Dharamsala, Índia, próximo a uma pequena comunidade de iogues tibetanos. Foi quando conheci Gen Lamrimpa, que havia meditado em solidão por cerca de 20 anos na época. Ele me disse que mesmo reclusos experientes podem cair na armadilha de tentar impressionar seus benfeitores mostrando o quanto são austeros e puros como meditadores. Esse desejo de conquistar a admiração dos outros, ele disse, é uma das preocupações mundanas mais persistentes.

Alguns lamas tibetanos chegam ao ponto de declarar que, se algum aspecto de sua prática espiritual for maculado por preocupações mundanas, você está perdendo seu tempo. Mas é importante não se sentir oprimido por esse ideal. Um amigo meu, ao ouvir recentemente essa declaração, me telefonou e disse que estava se sentindo arrasado: "Sinto que toda a minha prática espiritual não vale nada, porque eu ainda gosto de cinema, eu ainda gosto de sair com mulheres e eu ainda gosto de muitos prazeres mundanos." Mas, então, ele levou essas questões ao seu lama e a gentil resposta foi: "Mais devagar, mais devagar."

Para que servem essas coisas mundanas? Elas servem para apoiar a prática espiritual, atendendo às nossas necessidades e nos oferecendo os prazeres simples da vida. Nós nos desviamos apenas quando as tomamos como fins em si mesmas. Precisamos ter cuidado, porque quando a vida está indo muito bem, quando estamos prosperando e "a vida está tranquila", a prática espiritual pode facilmente parecer um luxo e não uma necessidade. Como observou o filósofo Alfred North Whitehead: "A religião tende a degenerar-se em uma fórmula respeitável para embelezar uma vida confortável."[33] Dedicar-se à prática espiritual, ao próprio sentido da vida, pode parecer um luxo que tentamos inserir em meio a uma vida muito ocupada e, em geral, agradável.

Os budistas têm um antídoto para a obsessão com preocupações mundanas e com os slogans fascinantes da nossa sociedade materialista: esteja satisfeito com aquilo que é adequado. Mas como determinamos isso? O que é adequado em termos de posses materiais? Quanta diversão é suficiente? Quanto luxo? A resposta surge da própria natureza da prática espiritual, da busca pela iluminação: ela é a diretriz para os nossos desejos. Meditando sobre o que desejamos acima de tudo, sobre o que é de suma importância, podemos descobrir o que é adequado e o que é apenas efêmero.

Cultivar a bondade amorosa tem tudo a ver com a busca pela iluminação. E na prática budista iniciamos com a bondade amorosa por nós mesmos. Essa é uma prática muito profunda que requer uma espécie de busca por uma visão: qual é a sua visão de felicidade? O que é a felicidade genuína, que produz uma "boa vida" e também a possibilidade de se morrer bem – de se ter "uma boa morte"? E, se há a continuidade de uma consciência individual além da nossa vida presente, o que isso implica? Qual é a sua visão de felicidade a longo prazo? A visão do Dalai Lama é de que a bondade amorosa e a compaixão são inatas e não algo que adquirimos por meio de um bom treinamento ou por uma boa educação. Elas são intrínsecas à nossa própria identidade, à natureza da própria consciência. No entanto, essas qualidades inatas podem ser e frequentemente são silenciadas ou obscurecidas. Aceitando essa premissa, você pode recorrer a elas em tempos de dificuldade, como se tomasse refúgio em amigos de confiança.

Prática

---

[33] Alfred North Whitehead, *Science and the Modern World*, Nova Iorque, Fontana Books, 1975, p.223.

A nossa primeira sessão de meditação foi uma busca por uma visão pessoal, colocando a questão: onde reside a minha felicidade? Agora iremos nos estender um pouco mais. Como preparação, estabeleça seu corpo e sua mente em um estado de relaxamento, quietude e clareza, e acompanhe contando 21 respirações, mantendo seus olhos parcialmente abertos.

Mais uma vez, simbolicamente imagine a pureza de sua própria consciência prístina, a sua própria natureza de buda, como uma esfera de luz purificadora e radiante com o diâmetro de cerca de meio centímetro no centro do seu peito. Imagine que essa seja uma luz de amor incondicional e ilimitado e de felicidade. A cada inspiração, imagine atrair essa luz ao seu coração como se estivesse bombeando água de um poço. E, a cada expiração, imagine essa luz permeando todos os aspectos do seu ser, cada célula do seu corpo.

Agora, no espaço à sua frente, traga à mente, o mais nitidamente que puder, uma pessoa de quem gosta muito, na qual é muito fácil encontrar qualidades adoráveis. Relembre-se das qualidades maravilhosas dessa pessoa, que são demonstradas dia após dia, repetidas vezes. Imagine vividamente a pessoa que exibe essa bondade.

Agora, traga os anseios dessa pessoa à mente e envolva-se com empatia. O que essa pessoa espera da vida? Qual é a visão de felicidade dessa pessoa? E, da mesma forma que deseja a sua própria felicidade, inclua essa pessoa na esfera de sua bondade amorosa com a aspiração: "Que você possa encontrar a satisfação que busca. Que você possa encontrar a felicidade e as fontes de felicidade." E, a cada expiração, imagine uma luz emanando e fluindo de seu coração – uma luz de generosidade, uma luz de bondade amorosa. A cada respiração, imagine os mais preciosos desejos dessa pessoa sendo realizados. Imagine essa pessoa ou uma comunidade de pessoas assim encontrando a felicidade que buscam.

Agora, traga à mente de forma nítida uma outra pessoa que você conheça bem, mas por quem não tenha nenhum apego ou aversão em especial, nenhuma sensação especial de proximidade ou distanciamento. Se essa pessoa se mudasse para longe, teria pouco impacto na sua vida ou nos seus pensamentos. Você poderia até aceitar a morte dessa pessoa com equanimidade. Seria apenas uma pequena agitação em sua vida, nada mais. Traga essa pessoa à mente com nitidez. Como é fácil ver outros, especialmente aqueles a quem somos indiferentes, como meras superfícies, cifras, coisas. Mas, agora, imagine-se sendo essa pessoa. Imagine os medos e as expectativas dessa pessoa, a vida dessa pessoa, com toda a textura, com todas as camadas, toda a riqueza e diversidade – os anseios tão apaixonados e os medos tão pungentes –, imagine esses medos e expectativas como os da sua própria vida e da vida de seus amigos mais próximos. Reconheça a profunda semelhança entre si mesmo e essa pessoa. A cada expiração, envie a luz de bondade amorosa e o sincero desejo: "Que você possa, da mesma forma que eu e os meus amigos mais próximos e amados, encontrar a felicidade que busca. Que você possa acessar as próprias fontes da felicidade." E, a cada expiração, conforme a luz do seu coração envolve e preenche essa pessoa, imagine-a encontrando a felicidade e a satisfação que busca.

A seguir, traga à mente uma pessoa que o prejudicou ou que até mesmo sentiu satisfação com o seu infortúnio. Ao mesmo tempo, compreenda que todas essas atitudes e comportamentos nocivos, motivados por aflições mentais como a maldade, originam-se fundamentalmente da ignorância e da delusão. Veja se é capaz de incluir também essa pessoa no campo de sua bondade amorosa, desejando a cada expiração: "Que você possa se livrar dessas fontes de dor e sofrimento. Que você também possa, assim como eu, ficar bem e ser feliz. Que você possa descobrir por si mesmo as fontes da felicidade genuína."

Agora, expanda esse campo de luz do seu corpo e do seu coração, expanda-o igualmente em todas as direções, incluindo tudo e todos. A cada expiração, envie luz de bondade amorosa, com a seguinte aspiração: "Que todos os seres possam, assim como eu, encontrar a felicidade e as fontes da felicidade." E com sua visão do Darma imagine que seja assim. Por fim, libere a imaginação, solte todos os objetos da mente, com a sensação de completa despreocupação, de profundo relaxamento. Deixe sua consciência repousar, estabelecida em sua própria natureza.

Para contemplação adicional

A nossa cultura é bastante orientada à ação: "Vá e faça alguma coisa!" Essa é uma sociedade que valoriza a eficiência, a velocidade e a produtividade, com referências constantes ao "valor em dinheiro" das coisas e até mesmo ao "valor financeiro" das pessoas. Embora muito possa ser dito sobre o pragmatismo e a eficiência, uma outra tradição que persiste até hoje – o budismo – sugere que o melhor que você tem a ofertar ao mundo é você mesmo, como uma pessoa que corporifica a bondade amorosa e expressa um coração aberto na vida cotidiana.

Milarepa, um dos maiores contemplativos e santos do Tibete, passou a maior parte de sua vida como um iogue vivendo nos Himalaias em uma simplicidade radical, sem possuir nenhuma das armadilhas mundanas da felicidade: ele simplesmente encontrou a felicidade em si mesma. Certo dia, Milarepa estava em sua caverna, cultivando a bondade amorosa em meditação. Buscando-a nas profundezas de seu ser, ele criou um campo de bondade amorosa ao seu redor. Enquanto meditava silenciosamente, próximo dali, um caçador rastreava um cervo e seu cão o perseguia. O cervo, fugindo para salvar a sua vida, já quase sem forças, avistou Milarepa, correu até ele e tomou refúgio em sua presença bondosa, desmaiando aos pés do iogue.

O cão, provavelmente um daqueles mastins tibetanos selvagens, correu até a caverna atrás do cervo. Mas, ao se aproximar de Milarepa, diminuiu a velocidade e se deitou calmamente, próximo ao cervo. Então, chegou o caçador. Quando ele entrou e viu o que esse homem santo, Milarepa, havia feito – arruinado uma caça perfeita – ficou enfurecido. Puxando uma flecha de sua aljava, atirou no homem que havia estragado a sua caçada, mas a flecha misteriosamente se desviou. Aproximando-se para mirar melhor, lançou uma segunda flecha, mas ela também errou o alvo. O caçador ficou atônito. Por que as suas flechas não atingiam aquele homem? Por fim, ele também se aproximou e o seu furor cedeu. Ele experienciou a bondade amorosa do outro e, assim, iniciou a sua prática no Darma. Como declarou o Buda: "A animosidade nunca é debelada com animosidade. A animosidade é debelada apenas pela ausência de animosidade. Essa é uma verdade antiga."[34] Isso pode parecer uma fábula, mas eu conheci pessoas que eram capazes de transformar a vida dos outros com o seu amor. Talvez você também conheça pessoas assim. É uma qualidade que nós também podemos cultivar e não há dádiva maior que possamos oferecer ao mundo.

Mas como determinar o que é a genuína bondade amorosa em oposição a meros fac-símiles ou falsificações? Quer você chame de "bondade amorosa" ou de "amor", aquele que for verdadeiro sempre surgirá na relação entre seres, sujeito-sujeito. Envolve o engajamento com a realidade subjetiva da outra pessoa – com suas alegrias e tristezas, esperanças e medos, semelhantes aos seus – e então a aspiração: "Que você possa, assim como eu, ser feliz." Contrariamente, a aflição mental do apego, conforme definido no budismo, implica uma relação sujeito-objeto que o existencialista judeu Martin Buber chamou

---

34 *Dhammapada*, capítulo 1, verso 5.

de relação "eu-isso". No budismo, apego também implica ver o outro ser senciente como um meio de obter a sua própria gratificação. Permita-me definir mais precisamente: apego é uma atração por um objeto em que as qualidades desejáveis são conceitualmente sobrepostas ou exageradas, enquanto as qualidades indesejáveis são removidas. O apego pode ter várias manifestações, incluindo o anseio, a obsessão, o vício ou o desejo autocentrado.

É importante reconhecer que a noção budista de "apego" difere da forma como o termo é usado na psicologia moderna, onde frequentemente tem atributos positivos, como no sentido da conexão exemplificada pela relação próxima e carinhosa entre pais e filhos. No contexto budista, o apego é uma imitação da bondade amorosa. Muitas vezes, assume a aparência da bondade amorosa e irá imitar o amor, ou se apresentar como se fosse real. Muitas vezes, autodenomina-se "amor" e irá imitá-lo. E podemos deludir a nós mesmos e aos outros pensando que é amor, quando na verdade está contaminado por uma aflição mental: o nosso apego. Contrariamente, o amor genuíno ou a bondade amorosa explora a fonte da própria felicidade.

Por dominar a mente, o apego é um enfraquecimento radical do indivíduo que o experimenta. Se estamos sentindo apego por outra pessoa como um objeto, estamos sobrepondo ou exagerando qualidades atraentes, e então a desejando e ansiando por ela, enquanto removemos as suas outras qualidades. Esse é um processo de desumanização. Transformamos a pessoa em um objeto desejável, como muitas vezes acontece em relacionamentos românticos. Quando fazemos isso, colocamos nossa felicidade, nosso bem-estar, a realização das nossas esperanças na dependência de algo sobre o qual temos pouco ou nenhum controle. Isso nos leva à ansiedade e ao medo, e nos prepara para a hostilidade, a agressão, o ciúme e possivelmente a violência – mais sofrimento para todos os envolvidos.

A distinção crucial a ser feita entre a bondade amorosa – uma qualidade inata e profundamente benéfica da nossa própria consciência – e o apego, aflição mental que obscurece a natureza mais profunda do nosso ser, é de que a primeira se baseia na realidade e o último tem origem na delusão. É comum observarmos como o apego se transforma facilmente em raiva e agressão. Com a bondade amorosa isso não acontece. O amor não se transforma facilmente em ódio.

O oposto da bondade amorosa é o ódio. Enquanto a bondade amorosa é definida como uma aspiração sincera de que o outro experimente a felicidade e as causas da felicidade, o ódio não está engajado com a felicidade de ninguém, nem mesmo com a nossa. É perturbador até mesmo pensar que às vezes temos essa experiência. É ainda mais triste ver o ódio dominando a mente e perceber que teríamos prazer em ver o outro passando por humilhação, perda, sofrimento e desgraça. O ódio é diametralmente oposto à bondade amorosa, é seu exato oposto e é de fato um obstáculo à felicidade genuína que buscamos.

À medida que cultiva a bondade amorosa, há algum sinal indicativo do seu sucesso a encorajá-lo? O sinal mais confiável é observar se as suas tendências à hostilidade e ao ódio estão diminuindo, mesmo quando é maltratado. É fácil estar livre do ódio quando as pessoas o tratam bem. Mas, quando for tratado com descaso, fingimento, ou mesmo maldade – quando você for alvo de injustiça, mesquinhez, egoísmo, malevolência, ciúme e assim por diante –, se puder responder sem ódio, esse é um sinal de que seu coração está florescendo com bondade amorosa.

Quando cultivar qualquer uma das quatro qualidades incomensuráveis, incluindo a bondade amorosa, o desafio é fazê-lo de maneira equânime, deixando-a fluir aos outros como água sobre uma superfície lisa. A nossa bondade amorosa não flui apenas na direção de pessoas agradáveis, pulando aquelas cujo comportamento é desagradável. É fácil sentir bondade amorosa por amigos e parentes próximos. Mas o que fazer quando nos deparamos com pessoas que demonstram um comportamento profundamente indigno de amor? Por que não começarmos por nós mesmos? Podemos sentir amor por nós mesmos quando nos comportamos mal? Nesses momentos, não é hora para um otimismo pouco realista ou para mero realismo, mas para a visão do Darma. Você é capaz de amar a si mesmo quando está agindo de forma indigna de ser amado, agindo a partir da dor, da confusão e, ao mesmo tempo, buscando ser feliz, desejando se livrar do sofrimento? Você é capaz de amar a si mesmo nessas situações? Por que não aceitar essa possibilidade como hipótese de trabalho e ver o que acontece? As nossas vidas se tornam terrivelmente limitadas quando assumimos o contrário.

O cultivo da bondade amorosa tem êxito quando faz a animosidade ceder e falha quando produz apego aflitivo. Começamos aprendendo a amar a nós mesmos, com a clara consciência de nossas limitações e imperfeições, e ao fazê-lo liberamos a aversão e a baixa autoestima. Essa animosidade contra nós mesmos, com a qual nunca somos capazes de nos perdoar por nossas falhas, é abandonada. No entanto, não é substituída pelo apego, por um senso inflado de autoestima e autoimportância. Passamos a nos relacionar com nós mesmos em uma aceitação gentil e sem julgamento, e expandimos esse coração amoroso a todos à nossa volta, que, como nós, desejam encontrar a felicidade.

9 Compaixão

A COMPAIXÃO É A RAIZ DO BUDADARMA. Foi a força motivadora que fez com que o Buda se levantasse de sua meditação solitária sob a árvore bodhi e que o inspirou a conduzir outros a um estado duradouro de felicidade genuína. A compaixão incomensurável é a aspiração: "Que todos os seres possam ser livres do sofrimento e de suas causas." Com esse cultivo da compaixão – que é chamada de karuna em sânscrito –, abordamos a segunda das quatro qualidades incomensuráveis. No mudra budista, ou gesto manual, que representa a compaixão e simboliza o equilíbrio meditativo, a mão esquerda com a palma virada para cima, simbolizando a sabedoria, apoia a mão direita, também com a palma virada para cima, representando a compaixão. As pontas dos polegares das duas mãos se unem, produzindo a união entre sabedoria e compaixão. Nesse mudra do equilíbrio meditativo, a compaixão não é apenas um sentimento, uma sensação amigável: ela é a expressão natural da sabedoria.

Eu experienciei esse tipo de compaixão de meus mestres budistas muitas vezes ao longo dos anos. Quando, aos 24 anos de idade, senti vontade de me retirar do treinamento filosófico que estava recebendo em um monastério budista tibetano tradicional em Dharamsala, o Dalai Lama gentilmente me encorajou a seguir o meu desejo de me dedicar inteiramente à meditação. Alguns anos mais tarde, quando senti que a minha vida como monge budista no Ocidente seria insustentável, ele gentilmente me permitiu devolver os votos monásticos, com a opção de me tornar um monge em outro momento da minha vida, caso fizesse essa escolha. Nessas décadas de prática espiritual, constatei repetidas vezes que os meus professores eram consistentemente compreensivos, imparciais e compassivos ao me guiarem no caminho da felicidade genuína. A bondade inabalável, bem como a sabedoria dos ensinamentos dos meus mestres, foi para mim uma fonte constante de inspiração e confiança nesse caminho.

Prática

Antes de meditar, traga à mente a sua mais elevada motivação, suas metas e aspirações mais significativas. Estabeleça o seu corpo em uma postura de conforto, quietude e vigilância. Lembre-se da sequência. Para essa sessão, com duração de um ghatika, deixe o seu corpo imóvel. Você trará imagens à mente, como reflexos em uma poça de água. Os reflexos são claros somente quando a água está calma. Faça três respirações exuberantes, profundas e completas, respirando pelas narinas, primeiro no abdômen, em seguida expandindo o diafragma e, finalmente, no tórax. Expire pelo nariz, de forma lenta, profunda e completa, por três vezes.

Então, permita que essa mente que foi acionada de forma tão dura durante o dia descanse e se estabeleça novamente em um modo de simples consciência. Perceba as sensações táteis em todo o seu corpo. Se os pensamentos vierem, deixe apenas que flutuem sem aderir, sem fixar-se a eles. Libere-os como se estivesse aliviado, pensando: "Eu não preciso embarcar nesse trem." Esteja consciente de sua respiração. No início da próxima inspiração, conte mentalmente de forma breve: "Um." Então, em um estado de consciência simples, continue a prestar atenção na respiração, contando até 21.

Agora, vamos colocar em cena novamente o poder da imaginação. Passe desse modo de simples consciência, para longe da mente quieta, e acione os poderes do pensamento criativo. Começaremos pelo corpo. Se preferir, afirme a si mesmo – como hipótese de trabalho, se não for algo que você tenha experimentado de forma direta – a pureza essencial da sua consciência. Essa dimensão da consciência é livre de estruturas conceituais, primordialmente pura e tem uma natureza de pura luminosidade. Imagine-a agora, em uma forma simbólica, como uma esfera de luz branca radiante e inesgotável em seu coração, no centro do peito. No pensamento indiano, essa área – não no órgão do coração, mas no centro de seu peito – é chamada de "chacra cardíaco".

Imagine que essa seja uma luz de compaixão, bondade e alegria – completa e primordialmente pura. Imagine raios de luz branca – uma luz branca pacificadora, relaxante e purificadora – emanando dessa esfera em seu coração e saturando todo o seu corpo, por todos os poros de sua pele, dissipando todas as aflições e todos os desequilíbrios físicos e mentais.

Agora amplie a imaginação e traga à mente, tão nitidamente quanto possível, um outro ser – pode ser uma ou mais pessoas, ou um animal ou algum outro ser senciente –, alguém com quem você se importa profundamente. Direcione a sua atenção para alguém que esteja passando por um momento muito difícil. Pode ser devido a aflições físicas ou doenças, a uma situação de conflito, depressão, ansiedade ou dor. Traga essa pessoa à mente.

Agora, imagine que você seja essa pessoa. Imagine-se passando pelos mesmos problemas. Imagine-se assumindo o fardo dessa pessoa. Retorne a si mesmo e, em seguida, direcione mais uma vez a sua atenção a essa pessoa amada. Como o Buda aconselhou, observe essa pessoa internamente, externamente e de ambas as perspectivas, interna e externamente. Então, de maneira sincera, natural e sem esforço, traga à mente a seguinte aspiração: "Que você se livre desse sofrimento e das verdadeiras fontes desse sofrimento." Permita que a compaixão se intensifique, partindo do seu coração. Então, quando você inspirar, imagine-se tomando para si os problemas, a doença, a turbulência mental, sejam quais forem os problemas dessa pessoa, sob a forma simbólica de uma nuvem escura. Imagine que a cada inspiração você recolha essa nuvem como um sifão. Aspire-a e conduza-a até uma esfera de luz incandescente em seu coração, e deixe que essa escuridão seja extinta, sem deixar nenhum vestígio. Imagine a nuvem negra se dissipando a cada inspiração e tudo se tornando mais claro. Imagine o fardo dessa pessoa se tornando mais leve – a tristeza, a doença, seja o que for. Imagine o alívio dessa pessoa.

A cada inspiração, permita que surja essa aspiração: "Assim como eu desejo me livrar do sofrimento e das fontes de sofrimento, que você possa também se livrar dessa dor, dessa aflição e de suas causas." Imagine essa pessoa experimentando essa transformação, sentindo que o fardo se torna mais leve e respirando com mais facilidade. E, se houver medo, imagine o medo sendo abrandado.

Imagine, então, que a nuvem desapareça totalmente e a escuridão se dissipe, não que ela mude de lugar, mas que seja absorvida e extinta. Da mesma forma que, quando você acende a luz em um quarto escuro, a escuridão não se transfere a lugar algum, ela simplesmente desaparece. Imagine que essa pessoa se livre da aflição e que experimente uma sensação de total conforto e profundo alívio.

Agora, amplie o campo da sua consciência, reconhecendo que, da mesma forma que essa pessoa é querida para você, o mundo inteiro está repleto de pessoas que são amadas por outras. Reconheça que todos os seres são dignos de amor. Com essa visão ampla e abrangente, traga à mente as incontáveis pessoas que, como você, estão cercadas de problemas e ansiedades, medos e sofrimentos físicos. A cada inspiração, expanda a sua consciência, sem limites, sem excluir ninguém, para todas as direções, para cima e para baixo. Deixe que surja a aspiração: "Que cada ser neste mundo, assim como eu, possa se livrar do sofrimento e das fontes de sofrimento." A cada inspiração, remova a angústia e o sofrimento, a dor e o medo de cada ser senciente. Traga toda a dor para essa luz infinita, essa fonte inesgotável de luz que pode sorver o sofrimento do mundo e não se enfraquecer. Permita que essa escuridão seja extinta na luz do seu próprio coração. A natureza da compaixão é simplesmente essa: o desejo sincero de que os outros possam se livrar do sofrimento e das fontes de sofrimento.

Agora, por alguns instantes, desprenda-se da sua imaginação, dos pensamentos e aspirações de liberação – solte todos os objetos da mente. Descanse na simples natureza da sua própria consciência. Fique à vontade, tranquilize o coração. Descanse sua mente em sua própria natureza prístina e luminosa. Esteja simplesmente consciente de estar consciente.

Para contemplação adicional

Em seu livro *The Art of Happiness*, o Dalai Lama define compaixão como "um estado de mente que é não violento, que não fere e não agride. É uma atitude mental baseada no desejo de que os outros se livrem de seu sofrimento, e está associada a uma sensação de compromisso, responsabilidade e respeito para com o outro".[35] Ela surge a partir de um sentimento chamado em tibetano de tsewa, para o qual a tradução mais aproximada seria "importar-se com sinceridade" e que o Dalai Lama considera a mais fundamental das emoções humanas. Quando a compaixão inunda os nossos corações, não podemos suportar o sofrimento dos outros porque sentimos como se fosse o nosso próprio sofrimento. Aquilo a que estamos atentos é a nossa realidade e, se realmente estamos atentos à realidade do sofrimento dos outros, a atitude compassiva de cuidar surge espontaneamente. Pense em qual seria a sua resposta imediata se visse alguém sendo carregado rio abaixo, sem conseguir se segurar, clamando por ajuda. O seu desejo sincero de ajudar essa pessoa não é adquirido por meio de aprendizagem. É inato. É o seu mais profundo impulso, o de cuidar.

A tradição budista reconhece três níveis de compaixão:

1. compaixão por aqueles que experimentam sofrimento e dor;

2. compaixão por aqueles presos em preocupações mundanas na busca pela felicidade;

3. compaixão por aqueles fixados a uma falsa sensação de "eu" e "meu".

Um ponto que todos nós temos em comum é a experiência de dor e sofrimento, e reconhecer isso pode nos aproximar, nos levar a preocuparmo-nos com as dificuldades dos outros como fazemos com as nossas próprias. O Dalai Lama comenta:

> *Da mesma forma que a dor física nos une em torno da noção de termos um corpo, podemos conceber que a experiência geral do sofrimento funciona como uma força unificadora que nos conecta uns com os outros. Talvez seja esse o sentido último por trás do nosso sofrimento. O nosso sofrimento é o elemento mais básico que compartilhamos com os outros, o fator que nos une a todas as criaturas vivas.*[36]

A noção de que há algo que unifica todos os seres é um tema presente em

---

35 Sua Santidade o Dalai Lama & Howard C. Cutler, *The Art of Happiness: A Handbook for Living*, Nova Iorque, Riverhead Books, 1998, p.114. Há uma edição brasileira para o livro: *A arte da felicidade*, São Paulo, Martins Fontes, 2003.

36 Ibidem, p.211.

todas as grandes tradições espirituais do mundo. Shantideva expressa isso por meio de uma metáfora de um corpo composto por todos os seres:

> *Embora tenha muitas divisões, como braços e assim por diante, o corpo é protegido como um todo. Da mesma forma, os diferentes seres, com as suas alegrias e tristezas, são todos iguais, como eu próprio, em seus anseios de felicidade.*[37]

No entanto, é muito difícil abrir o nosso coração para o sofrimento dos outros, pois podemos facilmente nos sentir oprimidos e desamparados, especialmente com a exposição ao sofrimento do mundo proporcionada pela mídia. Mas Shantideva lutou com esse mesmo problema há mais de um milênio e chegou a essa conclusão:

> *Devo eliminar o sofrimento dos outros, assim como o meu próprio, porque é sofrimento. Eu deveria cuidar dos outros porque são seres sencientes, assim como eu.*[38]

> *Como não existe um dono dos sofrimentos, não há distinções entre todos eles. Eles devem ser dissipados, porque estão causando dor. Nesse caso, para que servem as restrições?*[39]

Um segundo nível de compaixão surge com pessoas que podem não estar sofrendo neste momento, mas que, por delusão, estão levando suas vidas de uma forma que não poderá resultar em verdadeira felicidade, que só levará a mais insatisfação, tristeza e medo. Essas são as pessoas que ainda acreditam que a felicidade pode ser encontrada ao alcançarem seus objetivos materialistas de obter mais riqueza, poder, luxo, elogios e respeito dos outros. Com bastante frequência, essas pessoas não expressam nenhum escrúpulo, envolvendo-se em atos sem coração, egoístas e desonestos para alcançarem o sucesso que almejam. Em vez de responder a essas pessoas (incluindo, às vezes, nós mesmos) com

---

37 Shantideva, Op.cit., cap.8, verso 91.

38 Ibidem, cap.8, verso 94.

39 Ibidem, cap.8, verso 102.

desprezo, afastamento ou ódio, a resposta mais realista é a compaixão: que elas possam se livrar do sofrimento e das causas do sofrimento.

O terceiro e mais profundo nível de compaixão compreende a realidade de todos os seres não iluminados, falsamente fixados a uma noção deludida de "eu" e "meu". Assim, lutamos para adquirir todos os tipos de bens materiais, estéticos, intelectuais e até mesmo bens espirituais para nós mesmos, neste mundo do "salve-se quem puder" e do "cada um por si". Buscamos a nossa própria felicidade como algo independente do bem-estar de todos os outros. Mas, se não existimos independentemente dos outros, como poderia a nossa felicidade ser independente? Quando nos atentamos à realidade de outros seres como se eles fossem nós mesmos, estabelecemos uma relação "eu-você", muito diferente da relação manipuladora e exploradora "eu-isso" movida por aflições mentais. Além disso, na terminologia de Martin Buber, podemos evoluir para uma relação de "eu-tu", na qual a distinção entre o "eu" e o "outro" é transcendida. É nesse ponto que a compaixão está totalmente unida com a sabedoria e que a nossa falsa sensação de isolamento é superada.

A prática espiritual baseada exclusivamente na sabedoria ou na compaixão é como um pássaro que esvoaça em círculos com apenas uma asa. Com as quatro aplicações da atenção plena, cultivamos a sabedoria, e com as quatro qualidades incomensuráveis cultivamos a compaixão, as duas "asas que levam à iluminação". Conheci muitas pessoas que prestam serviços aos outros e muitas delas, incluindo profissionais de saúde, professores, ativistas ambientais e assistentes sociais, se sentem devastadas pelo sofrimento e pelo infortúnio que encontram. Nessa situação, como podemos nos importar profundamente e como podemos continuar a servir sem nos consumirmos? Quando fiz essa pergunta, o Dalai Lama respondeu com uma palavra: "sabedoria". A sabedoria é o que nos permite voltar à fonte, suportar o sofrimento e recuperar o poder do espírito, a força da mente e força do coração, chamado de semshuk em tibetano. Uma vida dedicada ao serviço compassivo necessita da força e do apoio da sabedoria, que nos permite acessar a profunda fonte de verdadeira felicidade dentro de cada um de nós. Os tipos de sabedoria e insight aos quais me refiro são aqueles explicados nas partes dois e quatro deste livro.

Às vezes, podemos achar difícil amar nossos semelhantes, homens e mulheres, porque eles nem sempre agem de maneira amável. Como fazemos brotar amor e compaixão genuínos pelas pessoas que se comportam mal? Temos a sensação de estarmos batendo contra um muro. Mas esse obstáculo não está localizado nas atitudes ou conduta das pessoas, mas em nosso coração e em nossa mente. Não somos capazes de ver os outros com compaixão porque nossa mente está sob a influência dos kleshas, as aflições mentais venenosas. Uma premissa fundamental do budismo é que o estado natural de nossa mente é de pura luminosidade. Porém, quando as aflições infectam a mente, ela se torna confusa ou distorcida. O gatilho pode ser a lembrança de ter sido maltratado por alguém. Ou pode ser a ganância ou o desejo. Muitas vezes, o medo desempenha algum papel. Esses são os kleshas. A mente que de forma maldosa inflige sofrimento aos outros está sempre sob o domínio dos kleshas. Sejamos ousados e vejamos se somos capazes de cultivar a compaixão por aqueles que estão plantando as sementes de sofrimento, e não apenas por aqueles que estão colhendo os frutos do sofrimento.

Prática

Comece estabelecendo o corpo e a mente em seus estados naturais, e dirija a sua atenção para a respiração, contando 21 respirações a fim de que a mente se torne funcional. Agora, simbolicamente, afirme a pureza essencial do seu próprio coração, de sua própria consciência: tranquila, não contaminada por aflições mentais, primordialmente pura, preenchida da alegria que se origina da verdade, uma alegria enraizada na realidade. Mais uma vez, imagine essa essência, de forma simbólica, como uma esfera de pura luz branca radiante e brilhante, uma luz de pureza e de purificação, a luz da compaixão, a luz do perdão. Imagine essa luz inundando o seu corpo e a sua mente. Imagine-a purificando, dissipando todas as impurezas do corpo e todas as aflições e as distorções da mente, da mesma forma que a luz dissipa a escuridão.

Pense em um indivíduo ou grupo de indivíduos que estão, neste momento, sujeitos a aflições mentais, seja delusão, raiva, egoísmo, ganância ou estupidez. Pense nas pessoas que possam estar empenhadas em agir a partir dessas aflições mentais, achando que estão fazendo a coisa certa, embora estejam completamente equivocadas. Em vez disso, estão ativamente prejudicando aqueles ao seu redor, talvez até tendo prazer em fazê-lo, pensando que, de alguma forma, isso se justifica.

Imagine que você mesmo seja essa pessoa ou grupo de pessoas. Coloque-se na pele dessa pessoa e, em seguida, retorne à sua. Imagine como é estar sujeito às mesmas aflições mentais que estão na origem desses fluxos de comportamento prejudicial. Imagine ser uma pessoa que está plantando as sementes da sua própria dor e sofrimento na busca pela felicidade.

Agora, volte para o seu próprio corpo e retome o contato com esse outro ser humano (ou grupo) que, como você, está à procura de felicidade e deseja se livrar do sofrimento e do medo. Imagine que, a cada inspiração, você absorva essa nuvem de delusão, essa nuvem composta de tudo que possa haver de mal, com todas as aflições que possam estar por trás. A cada inspiração e com o desejo de "que você possa ser livre", pense: quer você esteja se sentindo bem ou angustiado neste momento, que você possa se livrar da fonte do sofrimento. Como você, assim como eu, deseja ser livre, que você possa ser livre.

A cada inspiração, como fez anteriormente, imagine-se trazendo essa escuridão para o seu coração. A cada inspiração, absorva-a e, ao expirar, imagine que ela desapareça completamente, que se extinga, sendo consumida como uma pena em uma fogueira. Imagine as fontes do sofrimento desaparecendo. Imagine a nuvem sendo dissipada, a cada respiração. E imagine o alívio dessa pessoa, tendo a sua mente curada, voltando a um estado de equilíbrio sereno, a um estado de tranquilidade e bem-estar.

Agora, expanda o escopo de sua consciência para incluir cada ser deste mundo, todos como você mesmo, desejando a felicidade e liberação do sofrimento. Pense em como você muitas vezes errou na busca pela felicidade e em como é fácil se deludir na tentativa de se livrar do sofrimento e do medo. Imagine a escuridão, a ignorância, a delusão e todas as outras aflições mentais às quais todos sucumbem. A cada inspiração e com o desejo de "que todos possam ser livres, que todos os seres sencientes possam se livrar do sofrimento e das fontes de sofrimento", tome para si e elimine essa escuridão na insondável luz da pureza absoluta da consciência. Imagine o fardo de todo o mundo sendo aliviado e imagine todos os seres verdadeiramente livres, não só do sofrimento, mas de todas as suas causas.

Agora, por um instante, libere o anseio, desprenda-se da imaginação, libere sua mente e repouse no simples estado de estar consciente que é anterior ao surgimento da mente. Descanse profundamente na natureza de sua própria consciência.

Encerre a meditação. Como você a iniciou cultivando a motivação mais significativa possível, encerre a prática com essa dedicação. Que qualquer benefício que tenha surgido por meio dessa prática possa ser dedicado à realização de suas aspirações mais significativas, para si e para todos aqueles que o rodeiam.

Para contemplação adicional

Em 1992, estava trabalhando com um grupo de neurocientistas que colaboravam com iogues tibetanos nas montanhas acima de Dharamsala, no norte da Índia, estudando a natureza e os efeitos da compaixão. O contemplativo mais antigo que visitamos foi Geshe Yeshe Thubtop, de 69 anos, que havia cultivado a compaixão em meditação vivendo em retiro durante os 23 anos anteriores. Perguntamos a ele: "Quando experimenta a compaixão, você sente tristeza?" Caso sentisse, isso implicaria que, quanto mais profunda a compaixão, maior seria o sofrimento. E que, se você experimentasse uma compaixão sem limites, ela seria acompanhada por um sofrimento sem limites. O iogue respondeu: "Quando você testemunha uma criança sofrendo, a sua experiência imediata é de tristeza. Mas então essa emoção é substituída pelo anseio: 'Como posso ajudar? A criança precisa de comida? Abrigo? O que pode ser feito para aliviar o sofrimento dessa criança?' Ou seja, quando a verdadeira compaixão surge e está presente, a tristeza desaparece." A tristeza vem com a empatia, tristeza por sentir o sofrimento e as fontes de sofrimento de outra pessoa. Isso não é compaixão, mas pode ser o catalisador da compaixão. Esse é o combustível que pode dar origem à luz da compaixão.

Sem empatia, não há compaixão. Pode haver alguma aparência externa de compaixão, mas pode não ser nada mais do que piedade. A empatia é uma experiência compartilhada de alegrias e tristezas, de felicidade e dor de outras pessoas. Talvez até mesmo a dualidade do eu e do outro desapareça e você se funda com a outra pessoa, sentindo o sofrimento dela como se fosse seu. Esse sofrimento empático pode despertar a compaixão. Compaixão exige uma espécie de coragem, de força interior. O leão da compaixão é despertado em sua toca pelo sofrimento que vem com a empatia, e avança a passos largos, majestosamente, com essa aspiração: "Que você possa se livrar do sofrimento e das fontes de sofrimento."

Mas a compaixão não para por aí. Ela é mais do que uma emoção – ela traz consigo a questão: "E o que eu posso fazer?" Em alguns casos, há algo tangível que pode ser feito para aliviar o sofrimento de alguém. Contudo, nos casos em que há pouco ou nada que possa fazer a respeito, imediatamente e de forma prática, você pode retornar para a meditação e cultivar a compaixão. Dessa forma, pode avançar em direção à iluminação, o que permitirá que se torne cada vez mais eficaz em suas habilidades para aliviar o sofrimento do mundo, empregando plenamente os seus recursos internos de sabedoria, compaixão e energia criativa. Essa é a razão de se tornar iluminado. O ponto não é poder andar sobre a água ou alcançar a clarividência. Quando você é despertado para aliviar o sofrimento dos seres, o leão em seu coração sai de sua toca, transcende a tristeza da empatia e trabalha para aliviar o sofrimento dos outros.

Quais são os impedimentos para a compaixão? Em que ponto começamos a decidir que certas pessoas estão excluídas da nossa compaixão? Acho que muitos de nós atingem o limite da compaixão quando veem pessoas submetendo outros ao sofrimento por maldade, crueldade, egoísmo, ganância, estupidez e assim por diante. Olhamos para esses perpetradores do sofrimento, para as pessoas que prejudicam os outros seres de inúmeras formas, e sentimos: "Sinto muito, mas o meu limite é aqui. Essas pessoas não são dignas de compaixão." Nesse ponto, o insight é crucial. Não é preciso muito insight para cultivar a compaixão por crianças que sofrem, por vítimas ou sobreviventes de um desastre. Mas a sabedoria e o insight são indispensáveis para cultivar a compaixão por aqueles que estão infligindo sofrimento a outros. Se não cultivarmos a compaixão por esses seres, nossos corações permanecerão limitados pela nossa própria ignorância e delusão.

Isso dá um significado mais amplo à compaixão. Não é apenas um sentimento terno e caloroso. Não significa uma mera simpatia. Em nossa sociedade, geralmente igualamos a compaixão com o sentimento de piedade pelos outros. Nós lamentamos por vítimas da aids e por aqueles que sofrem por conta do genocídio, limpeza étnica, terrorismo, pobreza e tantas outras adversidades. Mas sentir pena de alguém não é compaixão. Sentir pena é apenas um sentimento triste, sem impulso de ação. A partir da piedade, não passamos para uma aspiração sincera: "Que você possa se livrar do sofrimento e das fontes de sofrimento." A simples piedade é um pobre fac-símile da compaixão, uma imitação da compaixão.

Ao cultivarmos a compaixão, um sinal de sucesso será observar que a nossa capacidade para a crueldade, que é o oposto de compaixão, desaparece. Quando qualquer inclinação para a crueldade, qualquer desejo de infligir dor, qualquer ideia de se alegrar com o sofrimento de outras pessoas (pessoas das quais não gostamos) diminuem, esse é um sinal claro de que a compaixão está expandindo.

O passo seguinte é sentir genuína compaixão por aqueles que são cruéis. E se formos capazes de aspirar a que os autores de crimes terroristas e de limpeza étnica se livrem das fontes internas do sofrimento, que os levam a infligir dor aos outros e a si mesmos? Se formos capazes disso, teremos atingido um nível mais profundo de compaixão. Para mim, o caminho mais rápido para cortar as aflições mentais que sufocam a compaixão é perguntar: "Por que essa pessoa se comporta dessa maneira?"

Quando compreendemos profundamente que as pessoas se envolvem com o mal devido à sua própria ignorância e delusão, abrimos as comportas do perdão. E então a compaixão por racistas, terroristas e outros que se dedicam apaixonadamente a atos de crueldade flui ainda mais poderosamente. Como afinal poderiam fazer isso se realmente soubessem o que estavam fazendo? Em várias ocasiões, tive o privilégio de ser intérprete de um monge tibetano chamado Palden Gyatso, que foi torturado na prisão pelos comunistas chineses durante 33 anos. Ele descreveu sua vida extraordinária no livro *The Autobiography of a Tibetan Monk*.[40] A partir de suas descrições, fica claro que as pessoas responsáveis por torturá-lo achavam que estavam a serviço de um bem maior. Não sentiam que estivessem fazendo algo essencialmente mau. Não, para eles havia justificativa: "Pode parecer ruim, mas você não enxerga o cenário mais amplo. É apenas um daqueles trabalhos duros que alguém precisa fazer – e este coube a mim." Aqueles que cometem esse tipo de crueldade não têm conhecimento das verdadeiras fontes de felicidade e das verdadeiras fontes de angústia, sofrimento e conflito. Desse desconhecimento, dessa falta de clareza, da falta de sabedoria, surge a delusão – a compreensão equivocada da realidade – e todos os males do mundo se originam a partir daí.

Embora não sejamos criminosos étnicos, há momentos em que ferimos aqueles que nos rodeiam por meio de nossos pensamentos, nossa fala e nosso comportamento físico. Muitas vezes fazemos essas coisas a partir da delusão, catalisada pelo medo – medo de perder o nosso sustento, medo de perder o nosso conforto, medo de perder as coisas que imaginamos nos dar segurança. Sentimos medo e, a partir da delusão, revidamos. Ninguém escolhe a delusão ou a ignorância. Ninguém escolhe deliberadamente a estupidez ao invés da inteligência, a delusão ao invés da sabedoria. Quando alguém pergunta "você gostaria de ser destemido, corajoso e ousado, ou gostaria de ser tímido, cheio de ansiedade e de medo?", ninguém responde "o medo me parece muito bom". Não escolhemos essas coisas – sucumbimos a elas. Por isso, é fundamental distinguir as aflições mentais daquele que está mentalmente aflito, em vez de vê-los como uma coisa só, identificando as pessoas com as suas aflições

---

40 Palden Gyatso, *The Autobiography of a Tibetan Monk,* Nova Iorque, Grove Press, 1998.

mentais. Com empatia e compaixão, podemos ver como um médico vê: aqui está o paciente, e aqui está a doença. Eles não são idênticos, caso contrário, os pacientes nunca poderiam ser curados, apenas poderiam ser colocados em quarentena. Faça essa distinção entre as aflições mentais e as pessoas mentalmente aflitas, começando por você mesmo. Ao abrir mão de nossa tendência de julgar e condenar os outros e a nós mesmos por nossas limitações e defeitos, acessamos a nossa capacidade inata para a compaixão, que não exclui ninguém. Só então o nosso coração se torna incomensurável.

10 Alegria empática e equanimidade

POUCO DEPOIS DE TER ME MUDADO PARA Amherst, Massachusetts, após um período de quatro anos dedicado na maior parte à meditação solitária, tive o privilégio de servir como intérprete para Tara Rinpoche, um lama tibetano sênior que estava dando ensinamentos no Instituto Americano de Estudos Budistas, fundado por Robert Thurman. Ele era um homem sábio e amoroso, e foi de grande ajuda para mim quando comecei a integrar os meus anos de estudo e prática do budismo com a vida no Ocidente moderno. Lembro-me em especial de seus comentários sobre duas maneiras de cultivar o amor incondicional e a compaixão, independentemente de as pessoas serem próximas ou afastadas. A primeira maneira, segundo ele, foi perfeitamente exemplificada no ideal monástico, em que o monge se desliga de sua família biológica e procura visualizar todos os seres da mesma forma, como se fossem seus pais e mães, irmãos e irmãs. Ele começa com a visão equânime de tentar cuidar de todos da mesma maneira, abandonando o apego ao pensamento de "essas pessoas são a minha família e esses são os meus amigos mais próximos, enquanto o restante está fora do meu círculo de entes queridos". Partindo desse ponto de imparcialidade, o desafio do monge é cuidar mais profundamente de todos, vendo-os como seus parentes.

A segunda maneira, ensinou Rinpoche, é começar pelo ideal de ser um esposo e um pai amoroso, com amor e compaixão incondicionais por sua própria família. Mesmo que seu cônjuge ou filhos ocasionalmente se comportem de forma negativa, em vez de distanciar-se você amorosamente se preocupa ainda mais com eles, buscando maneiras pelas quais pode ajudá-los a voltar ao caminho do Darma. Essa abordagem começa com uma preocupação especial – que pode muito bem se misturar ao apego – por sua própria família. Mas, à medida que se aprofunda em suas práticas espirituais, você estenderá essa qualidade de afeição sem julgamento para um círculo crescente de pessoas que encontrar. Você passará a sentir por colegas de trabalho, e até mesmo por pessoas estranhas, com o mesmo amor que sente pela sua própria família e pelos seus amigos. Eles também desejam felicidade e liberação do sofrimento e são, portanto, igualmente merecedores de que seus desejos mais profundos sejam atendidos. Desse modo, você começará por uma maior proximidade com sua família e amigos, mas com o tempo o alcance de seu amor e compaixão se tornará incomensurável, incluindo todos os seres da mesma forma, sem apego ou aversão a ninguém. Embora os pontos de partida para o monge e para o leigo sejam diferentes, o ponto final é o mesmo.

Prática

Vamos começar essa sessão seguindo a importante tradição de primeiro trazer à mente as nossas mais elevadas aspirações. O que buscamos alcançar na vida? O que buscamos por meio de nossa prática espiritual, para nós mesmos e para aqueles que nos rodeiam?

Em seguida, acomode o seu corpo e a sua mente como já fez várias vezes anteriormente, assumindo uma postura correta. Aprenda bem a rotina, encontre uma postura em que possa se sentar calmamente e à vontade. O seu peito deve estar ligeiramente elevado, os ombros relaxados, os músculos do seu rosto e dos seus olhos devem estar soltos. Para completar esse processo, tome três inspirações lentas e profundas, respirando pelas narinas até o abdômen. Durante a inspiração, expanda primeiramente o abdômen, em seguida o diafragma e finalmente deixe o ar chegar ao tórax. Quando atingir quase a capacidade total, solte o ar através das narinas, soltando-o completamente e, junto com o ar, liberando todas as tensões do corpo e da mente.

Nessa sessão, retomaremos os fundamentos, voltando ao cultivo da atenção equilibrada, do equilíbrio meditativo, da quietude. Desperte sua consciência e permita que sua atenção inunde todo o campo de sensações táteis por todo o corpo, desde o topo da cabeça até as plantas dos pés. Esteja fisicamente presente. Continue respirando, mas agora normalmente, sem forçar a respiração. Deixe o abdômen solto e relaxado para que, mesmo com uma inspiração curta, você possa sentir a respiração profundamente, expandindo um pouco o abdômen, que se esvazia durante a expiração. Deixe a respiração seguir em seu próprio ritmo, sem nenhuma intervenção consciente. Não é importante que a respiração seja profunda ou superficial, que a inspiração seja mais longa do que a expiração ou vice-versa, ou que de vez em quando haja uma pausa após a expiração. Permita que o sistema nervoso – ou, na terminologia budista, o sistema de energia vital dentro de seu corpo, intimamente associado com à respiração – busque o equilíbrio. E deixe que a consciência repouse nesse campo de sensações táteis, que se modifica a cada momento, conforme o ritmo da entrada e saída do ar.

Agora, para começar a cultivar a alegria empática, a terceira das quatro qualidades incomensuráveis, traga novamente a inteligência discursiva, a memória e a imaginação para a prática. Primeiramente, dirija a sua atenção para a sua própria vida, com foco especial nas circunstâncias que lhe trazem alegria e contentamento. Se você desfruta de boa saúde, relacionamentos amorosos com aqueles ao seu redor, um trabalho significativo e gratificante ou qualquer outra coisa que lhe traz felicidade, deleite-se com a sua própria boa sorte com gratidão.

Em seguida, observe as virtudes de coração e mente que tem cultivado, e os momentos em que o seu discurso e as suas ações trouxeram benefícios aos outros. Essas qualidades e ações de corpo, fala e mente são as sementes da felicidade genuína, e é importante regozijar-se com elas. Encoraje-se a levar uma vida significativa e a ter satisfação com aqueles momentos em que tem vivenciado os seus ideais.

Agora, traga à mente um amigo querido que exala um senso de bom humor e alegria de viver. Empaticamente, participe de sua alegria, tendo prazer com a felicidade dessa pessoa. Lembre-se de momentos específicos de prazer na vida dessa pessoa e compartilhe deles.

Lembre-se agora de alguém que você conhece pessoalmente, ou conhece apenas pela reputação, que corporifica as virtudes que também deseja ter. Pense em alguém que expresse carinho e afeto, cuja mente seja clara e brilhante, alguém que seja altruísta e dedicado a ajudar os outros mesmo nos menores detalhes. Observe várias pessoas, cada uma exemplificando uma prática de humildade, bondade, generosidade e sabedoria, e regozije-se com as virtudes que inspiram a todos nós.

Expanda o alcance de sua consciência e inclua estranhos e pessoas com quem você tem algum conflito e em sua mente busque localizar suas virtudes, que são facilmente esquecidas ou desconsideradas. Deleite-se em como as sementes de virtude geram o fruto do bem-estar. Uma vez que o campo de sua consciência tenha se expandido sem limites, solte todos os pensamentos e imagens e simplesmente repouse por alguns instantes no espaço luminoso e vazio da consciência. Então, encerre a sessão.

Para contemplação adicional

Depois de ter começado a desenvolver as duas primeiras das quatro qualidades incomensuráveis – bondade e compaixão –, você descobrirá que a alegria empática e a equanimidade surgirão naturalmente. A alegria empática, em particular, é pertinente à nossa sociedade e ao mundo moderno em que vivemos. Isso se deve ao acesso sem precedentes que temos, por meio da mídia, ao estado em que o mundo se encontra, especialmente aos aspectos que podem dar origem a tristeza, ansiedade, depressão, cinismo, fúria e desespero. Recentemente, vi um adesivo que dizia: "Se você não está se sentindo indignado, não está prestando atenção." Não é preciso muita imaginação para entender o que o motorista estava pensando. Entretanto, se vagamos pela vida em um estado contínuo de indignação, então provavelmente somos mais uma parte do problema do que parte da solução. Lembre-se das palavras de William James: "A cada momento, aquilo a que prestamos atenção é a realidade."[41] Isso vale para a visão de mundo que absorvemos através da mídia, para a nossa experiência do mundo imediato ao nosso redor e também para a nossa compreensão de nós mesmos. Assim, como poderíamos viver com um sentido realista de bem-estar em um mundo onde há tantas causas para desespero, medo e raiva?

Uma possibilidade seria por meio do cultivo da alegria empática, *mudita* em sânscrito. Nessa prática, buscamos pessoas e eventos específicos com os quais nos alegramos. Nenhum de nós é capaz de apreender a realidade como

---

41 William James, *The Principles of Psychology*, Nova Iorque, Dover Publications, 1950, volume 2, p.322.

um todo: estamos a todo momento selecionando a experiência de realidade que temos, por meio dos tipos de coisas que olhamos e pela forma como olhamos. Estamos sempre inserindo e deletando percepções, escolhendo o que será real para nós ou deixando que essas escolhas sejam feitas pela mídia e por outras instituições poderosas.

Tome o exemplo dos vieses das notícias veiculadas pela mídia. As notícias tendem a se concentrar nas grandes tragédias, nas crises, nas misérias e nos males do mundo. Isso é o que vende. Em um mundo onde há tanto conflito e sofrimento, os atos excepcionais de sabedoria e compaixão são a verdadeira notícia, mas recebem pouca cobertura. Assim, como resultado da miopia da mídia, perdemos de vista as muitas virtudes e alegrias do mundo. Elas parecem menos reais para nós. Nessa prática, buscamos equilibrar esse ponto.

Ao cultivar a alegria empática, optamos deliberadamente por tentar descobrir, com atenção vívida: "Onde há felicidade e virtude no mundo?" É claro que é relativamente fácil experimentar alegria empática em relação a alguém próximo a você. Se o seu filho consegue algo que desejava ou um amigo é promovido para um emprego fabuloso, a alegria empática surge naturalmente. Mas, nessa prática, tentamos ampliar o alcance do nosso deleite com a felicidade de outras pessoas, com as alegrias e sucessos de estranhos. Enquanto a empatia é limitada e nos alegramos com algumas pessoas e não com outras, enquanto sentimos compaixão e bondade apenas por um grupo seleto de seres, essas qualidades do coração estão contaminadas pelas aflições de apego e aversão. Então, o que estamos buscando nessa prática é a ausência de limites. Quando a bondade amorosa se torna incomensurável, sem excluir ninguém, isso é o que chamamos de "amor incondicional". E quando a compaixão torna-se incomensurável, incluindo todo o mundo – os malfeitores e as vítimas –, isso se chama "compaixão incondicional". Da mesma forma, quando a alegria empática se estende, como a água se espalhando uniformemente sobre uma planície, sem vieses, sem preconceitos, essa é a alegria empática incondicional e ilimitada.

Olhe ao seu redor. Não é difícil encontrar felicidade. Você pode se deliciar com algo tão simples quanto uma criança bem faceira, andando pela rua, desfrutando de uma casquinha de sorvete, ou devorando um biscoito. Alegre-se com a felicidade dessa criança e, então, regozije-se com a felicidade que se espalhou até você – não há nada de errado nisso. E não se exclua de qualquer uma das quatro qualidades incomensuráveis, porque assim deixaria de ser incomensurável. Aprofundando-nos um pouco mais, percebemos que, se o regozijo com os frutos da felicidade é significativo e benéfico, então é claro que vale a pena deliciar-se com as sementes da felicidade.

Assim como a bondade e a compaixão se aprofundam quando se integram à sabedoria, o mesmo ocorre com a alegria empática. Todos nós podemos nos lembrar de momentos em que experimentamos uma sensação de bem-estar que não foi causada por nenhum estímulo externo aparente. Nesses momentos, o coração está pleno e enternecido. Sorrimos facilmente. Há um sentimento de alegria. Podemos nos perguntar: "O que causou isso?" Com sabedoria, podemos reconhecer que, se a causa não está fora de nós, ela só pode estar em um lugar: na nossa própria mente.

A psicologia budista preocupa-se principalmente com a compreensão dos estados mentais que, por sua própria natureza, dão origem à felicidade, bem como daqueles que resultam em sofrimento e conflito. Os primeiros são considerados saudáveis e os últimos, aflitivos. Essa é uma questão de causalidade no contexto da experiência humana, não de moralidade imposta sobre a humanidade por uma autoridade moral externa. Quando a mente está saudável, ela nos conduz a uma sensação de felicidade que surge da sua própria natureza. Assim, quando estamos na presença de pessoas que demonstram estados mentais, fala e conduta física saudáveis, podemos sentir prazer. E, se assim desejamos, podemos expressar a nossa alegria.

Não é preciso um evento dramático para fazer brotar a alegria empática. Pode ser algo tão banal como uma simples cortesia. Isso aconteceu comigo uma vez em uma viagem ao México. Eu havia confundido a disposição dos assentos e tomei o lugar de outra pessoa. Claro que a pessoa que tinha reservado o assento acabou chegando. Quando a aeromoça explicou a confusão, a pessoa cujo assento eu havia tomado muito sinceramente pediu desculpas por qualquer problema que poderia estar causando a mim. E, naturalmente, eu estava arrependido de ter sido a causa da confusão. Não foi grande coisa, mas a simpatia e a gentileza que experimentei foram genuínas, e algo para alegrar. Esse tipo de coisa acontece o tempo todo. Então, quando topar com elas, faça a si mesmo um grande favor: não deixe de vê-las, preste atenção. Se você não está se alegrando com a bondade do mundo, você não está prestando atenção.

É também vital nos deliciarmos com as nossas próprias virtudes. Se seus atos de bondade e sabedoria são deliberados ou espontâneos, alegre-se com a bondade que está trazendo ao mundo. Muitas pessoas tendem a subestimar sua própria bondade, pensando que devem ser humildes em vez de serem, ou parecerem, satisfeitas consigo mesmas. Dessa forma, ignoram suas próprias qualidades e ações positivas. Mas o budismo diz que isso não é apropriado. Afinal de contas, se vale a pena regozijar-se com qualidades e ações virtuosas de outras pessoas, isso é igualmente valioso com relação a nós mesmos. No budismo se diz que a maneira mais fácil e rápida de fortalecer nossa prática espiritual é nos alegrarmos com as nossas próprias virtudes.

    Ao ter prazer com as ações virtuosas, intensificamos a potência dessas ações e, assim, elas geram mais frutos. O mesmo se aplica às ações negativas. Quando você conscientemente tem prazer em fazer algo prejudicial aos outros, o ato negativo ganha mais poder. Por exemplo, se gostamos de fazer comentários sarcásticos para diminuir os outros, reforçamos a tendência para o sarcasmo. Da mesma forma, sentir remorso em relação a algo, seja virtuoso ou não virtuoso, atenua o poder da ação. Assim, ter prazer com a felicidade e as causas da felicidade, em relação a nós mesmos e aos outros, é um elemento crucial da prática espiritual. A nossa prática irá florescer a longo prazo apenas quando estiver plena de entusiasmo, e o caminho para a prática alegre é ter prazer a cada momento.

    Podemos nos alegrar com aqueles que se dedicam à prática espiritual, incluindo os que se recolhem temporariamente, seja para um retiro de fim de semana, uma hora de meditação por dia, um retiro de seis meses ou um retiro de 25 anos. Por que nos alegrarmos com isso? Se as pessoas evitam as interações sociais apenas por aversão ou por exaustão, não há nenhum valor especial nisso. Mas e se uma pessoa ocasionalmente se retirar por qualquer período que pareça significativo e adequado a fim de cultivar virtudes como o equilíbrio da atenção, a atenção plena discriminativa, o amor e a compaixão? A curto prazo, pode parecer que essa pessoa não está fazendo nada pela sociedade. Mas essa prática leva ao equilíbrio psicológico e ao amadurecimento espiritual. É claro que vale a pena. Quando essas pessoas acessam os seus recursos internos de virtude mais profundos e depois retornam à ativa com maior bondade, clareza e discernimento, elas nos demonstram, por exemplo, que agora mesmo temos dentro de nós tudo de que precisamos para encontrar a felicidade que estamos buscando.

    Conheço vários iogues tibetanos que passaram décadas em retiro de meditação solitária. No entanto, muitas pessoas na sociedade de hoje desconfiariam desse estilo de vida recluso. Quando entrei no meu primeiro retiro longo de shamatha, em 1980, o Dalai Lama me falou sobre um monge que vivia em retiro no Butão e que havia realizado shamatha plenamente. A seguir, o monge passou à prática de vipashyana e um dos resultados de sua prática foi que, depois de algum tempo, descobriu que podia curar as pessoas de várias doenças por sua simples presença. Logo ele teve que interromper sua prática meditativa, porque as pessoas estavam fazendo fila do lado de fora de sua cabana para serem curadas. Presumo que sua motivação original para a prática era a de curar sua mente de todas as aflições, mas – vejam vocês – ele descobriu que sua presença poderia curar os outros de suas aflições físicas espontaneamente. Admiramos as pessoas que, a fim de curar os doentes, estudam medicina durante anos a fio e podemos também nos alegrar quando, a fim de curar a mente de todas as suas aflições, outros se dedicam a uma rigorosa prática contemplativa.

Ao praticar as quatro qualidades incomensuráveis, o foco não é nem o eu, nem os outros. Pelo contrário, o tema recorrente é "tanto para nós mesmos quanto para os outros". Há aqui uma completa igualdade, uma total uniformidade. O cultivo da alegria empática é uma prática significativa, virtuosa e que traz satisfação sem absolutamente nenhuma desvantagem. Quer consideremos nós mesmos ou os outros, o que nos traz prazer é a própria ação virtuosa. Portanto, a solução para o problema do egoísmo é muito simples: nenhuma das virtudes que ocasionalmente manifestamos e nem as atividades virtuosas das quais participamos surgem de um ego autônomo e autossuficiente. Em primeiro lugar, esse ego não existe. Todas essas virtudes surgem em dependência de causas e condições como eventos interdependentes.

Considere as suas próprias qualidades mais primorosas e se pergunte de onde vieram. Elas surgiram em relação às pessoas que cuidaram de você conforme você cultivava essas qualidades. O que estava apoiando você em tudo isso? O que estava impedindo essas qualidades de se perderem ou de serem suprimidas? Quando começamos a observar o que dá origem às nossas virtudes de corpo, fala e mente, descobrimos que todas surgem devido a causas e condições. Em resumo, todas as virtudes e alegrias dependem da bondade de outros.

Quando começamos a ponderar sobre isso, notamos duas coisas que andam sempre juntas. Em primeiro lugar, podemos nos alegrar com os aspectos de nosso próprio comportamento que trazem felicidade para nós mesmos: "Como é maravilhoso que o meu modo de vida traga felicidade para mim e para os que me rodeiam." Então, olhamos mais uma vez, questionando de onde tudo isso veio, começando por nossos pais, professores, amigos e por outras pessoas que nos ajudaram. Todos eles nos ajudaram a cultivar o que há de bom em nossas vidas neste momento. Assim, ao mesmo tempo nos alegramos com a virtuosidade de nossas vidas e, com gratidão, nos regozijamos com aqueles que nos apoiaram. Esse é o antídoto para qualquer arrogância que possa surgir de nos alegrarmos com as nossas próprias virtudes.

Escolha você mesmo o tipo de realidade em que deseja habitar. Se não fizer isso, o bombardeio de estímulos da mídia irá forçá-lo a internalizar uma perspectiva que alguém escolheu por você. E essa visão da realidade não é necessariamente a mais interessante. Quando encontrar as causas da felicidade em outros – um pouco de bondade aqui, um pouco de cordialidade ali –, pare por uns instantes e se alegre com isso.

O fac-símile empobrecido ou a falsa impostora da alegria empática é uma espécie de felicidade superficial, frívola, que se fixa em prazeres mundanos. Em vez de serem percebidos com empatia, os outros são vistos como objetos que nos fazem felizes, que nos "dão barato". O oposto da alegria empática é a inveja. Enquanto a alegria empática é ter prazer no sucesso, virtudes e talentos de outra pessoa, o oposto é o descontentamento, o cinismo e a inveja. Nesse caso, percebemos a virtude de outras pessoas e não a vemos como tal. Em vez disso, nos perguntamos: "Qual é a dessas pessoas?" Estamos de volta à ideia de uma relação "eu-isso" com os outros. Essa é uma atitude que começa e acaba em derrota. Como disse o Dalai Lama, se você perder a esperança – se você cair no desespero, que é outra palavra para a descrença –, não há nenhuma chance de sucesso, porque você irá falhar devido à sua própria atitude.

A causa imediata da alegria empática é simplesmente a consciência da virtude e da alegria de outras pessoas. Portanto, essa prática é principalmente aprender a prestar atenção. Se realmente estamos atentos ao sofrimento de outras pessoas, a compaixão surge naturalmente. E, se prestamos atenção à felicidade e ao sucesso, alegria empática é uma resposta natural. O cultivo da alegria empática é bem-sucedido quando o seu oposto diminui. Tornamo-nos menos descrentes, sentimos menos inveja. Ao invés de ficarmos descontentes, tornamo-nos, como brincou P. G. Wodehouse, "contentes".

Prática

Inicie essa sessão como anteriormente, estabelecendo primeiramente o corpo, a fala e a mente em seus estados naturais, e, em seguida, contando 21 respirações para ajudar a estabilizar a mente. Enquanto segue para o cultivo da equanimidade, ou imparcialidade, traga à mente o desejo natural de se livrar do sofrimento e da dor e encontrar a felicidade. Todos nós nos importamos e ansiamos pelo nosso próprio bem-estar, independentemente da forma como conduzimos as nossas vidas. E, quando buscamos nossa própria felicidade em detrimento dos outros, isso se dá, invariavelmente, devido às aflições mentais que dominam temporariamente as nossas mentes. Prejudicamos os outros e, por fim, prejudicamos a nós mesmos por ignorância e por delusão.

Agora leve sua atenção a alguém que conhece bem ou com quem se encontra com frequência, mas que tem pouca importância para você. Alguém cujo sucesso ou adversidade provavelmente não teriam muito efeito sobre você. Deixe esse sentimento de indiferença surgir. Experimente-o e reconheça-o. Então, preste bastante atenção a essa pessoa, não como um objeto, mas como um sujeito, um ser senciente como você. Imagine-se sendo essa pessoa e experimentando as suas esperanças e temores, alegrias e tristezas. Sabendo que, apesar de todas as diferenças superficiais, ele ou ela é fundamentalmente como você, aspire que os desejos mais íntimos dessa pessoa se cumpram, com empatia, como se fossem seus. Indo e vindo, veja essa pessoa como "o outro" a partir de sua própria perspectiva e, a partir da perspectiva dela, veja a si mesmo como "o outro", deseje que essa pessoa encontre a felicidade e se livre do sofrimento e de suas causas.

Agora, traga à mente uma pessoa por quem você sente um forte apego. Talvez alguém que tenha provado ser um grande amigo, que o tenha apoiado, ou ajudado a ter sucesso, ou trazido muita alegria e conforto. Talvez você simplesmente admire essa pessoa por suas próprias qualidades encantadoras, físicas ou mentais, e sinta alegria em estar com ela. Essa pessoa é um objeto que lhe traz felicidade, e você reage com apego. Deixe surgir esse sentimento de apego, esse desejo egocêntrico, notando o quanto essa pessoa significa para você como um suporte para o seu próprio bem-estar. Agora, troque a sua perspectiva pela perspectiva dessa pessoa: imagine-se sendo ela e experimentando as suas esperanças e medos, sucessos e fracassos. Imagine o seu desejo por felicidade e segurança, e empaticamente tome esse desejo como se fosse seu. Depois, volte para a sua própria perspectiva, vendo essa pessoa como um ser humano como você, e aspire que ela encontre bem-estar, independente de seus próprios desejos autocentrados.

Por fim, leve sua atenção a alguém que tenha prejudicado você, que tenha lhe desejado mal, ou que tenha qualidades que você considera repugnantes. Essa pessoa parece ser um impedimento para a sua própria felicidade, e é desagradável até mesmo estar em sua presença. Ela parece uma fonte da sua infelicidade, e pode ser que você sinta que o mundo como um todo seria melhor sem ela. Deixe que o medo, a aversão ou o ódio por essa pessoa se manifestem enquanto está silenciosamente sentado em meditação. Agora, troque a sua perspectiva pela perspectiva dessa pessoa, imaginando ser como ela, com as suas esperanças e medos e suas ideias sobre como encontrar felicidade e segurança. Algumas dessas ideias podem ser deludidas, mas, se assim for, a pessoa ainda não sabe e está convencida de que é a melhor maneira de encontrar o que procura, não importando quantas outras pessoas sejam prejudicadas nesse processo. Sem concordar com as suas atitudes, comportamento ou ideias, observe os seus anseios básicos por felicidade e por se libertar do sofrimento. Essencialmente, eles não são diferentes dos seus. Então, experimente-os como se fossem seus e deseje que ela possa ser feliz. Cultive o desejo de que ela alcance a clareza quanto às verdadeiras causas da felicidade e do sofrimento e tenha uma vida de acordo. Que ela fique bem e feliz, livre do medo e do sofrimento, assim como deseja a si mesmo. Novamente, observe essa pessoa a partir de sua própria perspectiva, vendo-a agora não como um ser tão desagradável, um objeto ameaçador, mas como um ser senciente assim como você, digno de felicidade.

Agora, expanda o alcance da sua consciência, incluindo todos os seres, humanos ou não, que anseiam pela felicidade e pela liberação da dor e do sofrimento. Como fez anteriormente, visualize a pureza essencial de sua própria consciência na forma de uma esfera radiante de luz branca em seu coração. Conforme inspira, imagine que ela remova todo o sofrimento do mundo, juntamente com as suas causas subjacentes, e dissolva essa nuvem escura de angústia em seu coração, onde ela se extingue sem deixar vestígios. E, conforme expira, deixe que essa luz flua igualmente de seu coração em direção a todos os seres, satisfazendo os seus desejos mais profundos, trazendo-lhes alegria e felicidade à medida que nutre as verdadeiras causas de seu próprio bem-estar. Que todos os seres, assim como nós, possam ser livres do sofrimento e de suas causas. Que cada ser encontre a felicidade e as causas da felicidade.

Ao encerrarmos essa sessão, dedicamos os benefícios da prática: que qualquer mérito que possa ter sido produzido por nos dedicarmos a essas práticas possa levar ao florescimento da bondade amorosa e da compaixão, da alegria empática e da equanimidade em nossas próprias vidas. Que nós possamos nos tornar um exemplo para os outros. Que nós possamos incorporar essas quatro qualidades incomensuráveis. Que nós possamos despertar essas mesmas qualidades em outros. Que nós possamos ensiná-las aos nossos filhos, e eles a seus próprios filhos. Que nós possamos viver bem e felizes juntos. Antes de concluir essa sessão, solte todas as imagens mentais, pensamentos e desejos, e repouse por alguns instantes na natureza não estruturada de sua própria consciência. Esteja simplesmente presente, consciente de estar consciente.

Para contemplação adicional

Cada vez que encontrar sofrimento no mundo, seja percebendo-o diretamente ou pela mídia, você pode fazer a prática de tonglen. Essa palavra tem a conotação de "tomar para si" o sofrimento e o mal do mundo, e "oferecer" alegria e virtude para todos os seres. Sempre que se deparar com o mal – a cobiça, a ilusão e o ódio, que geram tanto sofrimento –, em vez de pensar que você é superior e criticar os "malfeitores", pratique tonglen. Todos nós sabemos por experiência própria como é ser ganancioso, deludido e detestável. Inspire e purifique a negatividade com a aspiração: "Que você possa, assim como eu, ser livre." Em outras palavras, o mundo inteiro pode ser um catalisador para a sua prática do Darma. Em vez de reagir com a dor, tristeza ou depressão, responda compassivamente.

Um dos melhores momentos para praticar tonglen é quando está assistindo ou ouvindo o noticiário. Se sua situação de vida deixa pouco tempo para a meditação formal, pratique enquanto assiste ao noticiário. O tonglen pode abranger todo o drama do mundo – todas as suas misérias e os seus conflitos. Praticá-lo diariamente pode ser muito transformador. Mas você precisa ganhar agilidade: no decorrer do dia, se encontrar alguém tendo um comportamento desagradável, saque o seu tonglen. Quando encontrar alguém sofrendo, faça a mesma coisa. Quando notar uma pessoa procurando ativamente a felicidade, junte-se a ela com a sua prática de tonglen. Pratique um minuto aqui, 15 segundos ali. É uma prática maravilhosa, uma das joias que coroa as centenas de meditações que os tibetanos têm preservado e desenvolvido ao longo dos séculos.

No ano 2000, ajudei a organizar e servi como intérprete em uma conferência sobre emoções destrutivas organizada pelo Dalai Lama, que mais tarde foi descrita no livro *Destructive Emotions*,[42] de Daniel Goleman. Durante o

---

[42] Daniel Goleman, *Destructive Emotions: How Can We Overcome them?*, Nova Iorque, Bantam Books, 2003. Há uma edição brasileira para o livro: *Como lidar com emoções destrutivas*, Rio de Janeiro, Editora Campus, 2003.

encontro de cinco dias, o filósofo Owen Flanagan citou estudos que indicam que pessoas exageradamente otimistas são mais felizes do que os realistas, que geralmente tendem à depressão. Se isso for verdade, parece que ficamos com apenas duas opções: podemos ser exageradamente otimistas, esperando sempre que as coisas acabem bem, ou, como segunda opção, podemos ser realistas sóbrios, lidando apenas com os fatos, que são muitas vezes tristes e deprimentes. Mas há outra alternativa?

Eu acho que podemos encontrar essa alternativa no que poderia ser chamado de "visão do Darma", uma visão de bondade amorosa. Não discordo dos resultados desses estudos. A alternativa budista, a visão da bondade amorosa, é otimista, mas não no sentido de esperar por alguma coisa sobre a qual não temos controle, para transformá-la de uma determinada maneira, com apego ao resultado desejado. A bondade amorosa tampouco é pessimista, fixada às limitações do presente. É fácil nos sentirmos presos a essas limitações, dados o sofrimento e a frustração a que estamos expostos ao tomarmos contato com as misérias e com os traumas constantes de nossa aldeia global. Nesse ponto, o Darma sugere que não nos fixemos a isso, que possamos ir mais fundo. A visão do Darma implica uma visão de felicidade desprovida de apego, que não se baseia na expectativa de que as coisas saiam de uma forma e não de outra. Ela vai além do otimismo e do pessimismo, em direção a outro tipo de felicidade, aquela que, nas palavras do Dalai Lama, tem outra base: a "fé na verdade".

A lição é de que as pessoas que, de forma geral, são felizes, que mantêm um sentimento de bom humor, de ânimo e de bem-estar, são aquelas que encontram muitas pequenas coisas ao longo do dia com as quais se alegrar. Por outro lado, episódios ocasionais de experiências drasticamente positivas, como ganhar na loteria ou alcançar um objetivo muito importante, como ter sucesso em um grande investimento, têm muito pouco impacto sobre a sensação geral de bem-estar das pessoas. Assim, cultivar a alegria empática pode, de fato, pouco a pouco, inundar sua vida de felicidade.

A equanimidade, também conhecida como igualdade e imparcialidade, não deve ser confundida com indiferença, ou simplesmente com um sentimento desprovido de prazer ou de dor. A qualidade interior a ser cultivada aqui é mais do que um sentimento – é uma postura, uma atitude, uma maneira de perceber os outros, que não envolve nem apego aos que estão próximos, nem aversão a qualquer pessoa que possa impedir a nossa felicidade. Assim, a equanimidade – no contexto das quatro qualidades incomensuráveis – equilibra a nossa perspectiva em relação aos outros. Transcendemos o apego e a aversão, atingindo um senso de equilíbrio. Baseia-se simplesmente no reconhecimento de que todos os seres sencientes, humanos ou não, estão, assim como nós, em busca da felicidade e desejando estar livres do sofrimento.

No entanto, todos nós, exceto aqueles que estão muito, muito adiante no caminho, estamos sujeitos às aflições mentais. Quando vemos, por exemplo, alguém sob o efeito da raiva, do desejo e do ciúme, com toda a honestidade, temos que admitir: "Sei bem o que é sentir isso." A equanimidade acessa essa realidade e quebra as barreiras, equilibra as nossas noções de "próximo" e "distante". Aqui, o desejo que cultivamos é: "Possa eu viver em equanimidade, livre do apego e da aversão pelos que estão próximos e distantes." Desenvolva a preocupação, bondade amorosa, compaixão e carinho pelos outros de forma imparcial, independentemente de seu comportamento. Esse tipo de equanimidade é indispensável. Sem ela, o amor, a compaixão e a alegria empática serão sempre condicionais, maculados pelo apego autocentrado. Então, a equanimidade, essa imparcialidade, é um componente essencial das quatro qualidades incomensuráveis.

Quando comecei a aprender meditação com Geshe Rabten em Dharamsala, na Índia, em 1971, ele me aconselhou a meditar longamente sobre a equanimidade, vendo todos os seres como se fossem os meus próprios pais e mães, irmãos e irmãs. O nosso apego aos que são próximos e queridos, nossa aversão aos que impedem a realização dos nossos desejos e nossa indiferença ao restante, que parece irrelevante para o nosso bem-estar, tudo vem da ilusão do autocentramento. Como um médico compassivo que atende a todos os pacientes de forma igual, independentemente da gravidade da sua doença, o budismo considera todos os seres igualmente merecedores da felicidade. Essa imparcialidade é a base para todas as demais práticas espirituais.

Geshe Rabten explicou como a sabedoria sustenta essa preocupação amorosa e imparcial com o bem-estar dos outros:

> *Quando sentimos ódio por alguém que consideramos um inimigo, apreendemos a existência dessa pessoa muito intensamente, como se tivesse uma existência inerente, de uma maneira muito real e vívida ... Mas, se investigarmos a maneira verdadeira pela qual essa pessoa existe, descobriremos que, analisando as partes que constituem seu corpo, seremos incapazes de encontrar uma base verdadeiramente existente para o rótulo "inimigo". Da mesma forma, não há nada inerente nos sentimentos dessa pessoa ou em sua mente que vá resistir à nossa investigação e revelar--se como uma base real para um "inimigo"... Podemos também aplicar*

esse tipo de raciocínio a um objeto ao qual temos forte apego, alguém a quem nos sentimos fortemente apegados ... O nosso amor, preocupação e compaixão pelos outros devem se estender igualmente a todos, e isso só é possível quando a equanimidade é cultivada. Desenvolver esse tipo de equanimidade naturalmente dá origem a uma maior paz mental, conforme nos libertamos dos extremos de ódio ou apego. É essa paz mental que é necessária como base para um maior desenvolvimento.[43]

A indiferença que sentimos em relação a algumas pessoas realmente não tem nada a ver com suas qualidades pessoais ou comportamento. Da mesma forma, os atributos "amigo" e "inimigo" não são inatos a ninguém. Projetamos esses rótulos nas pessoas com base no relacionamento que temos com elas, especialmente em termos de como têm afetado ou podem afetar o nosso próprio bem-estar. Mas essas relações inevitavelmente mudam com o tempo. Alguém que consideramos nosso amigo mais querido pode se distanciar, ou até mesmo se voltar contra nós. Pessoas que nos eram estranhas podem se transformar em pessoas queridas, enquanto outros se tornam nossos inimigos mais temidos. E mesmo aqueles que temos temido e odiado podem tornar-se vagas lembranças, ou até mesmo amigos queridos. Os outros não são a verdadeira fonte de nossa alegria ou de nossa tristeza. Classificar e reificar pessoas como "amigo", "inimigo" e "estranho" é algo que se baseia em uma noção delusória de "eu" e "meu". Esses atributos equivocados surgem de uma atitude de autocentramento, da convicção de que o bem-estar dos outros é significativo apenas quando contribui para a nossa própria felicidade. Aquilo que a maioria das pessoas acredita é a prova da sua invalidade, já que cada um de nós é um "amigo", um "inimigo" ou um "ninguém" aos olhos dos outros.

Segundo o budismo, a causa imediata da equanimidade é assumir a responsabilidade por nossa própria conduta. Para entender o significado completo dessa afirmação, é preciso compreender ao menos os fundamentos da teoria budista sobre o carma. A essência dessa teoria aparece em muitas das grandes tradições espirituais do mundo: "Você colhe aquilo que semeia." No budismo, esse princípio é interpretado dentro do contexto da reencarnação, no qual nossa conduta em vidas anteriores influencia o que experimentamos nesta vida presente. Se semeamos a boa semente do comportamento virtuoso em

---

43 Geshe Rabten, *Treasury of Dharma: A Tibetan Buddhist Meditation Course*, Londres, Tharpa Publications, 1988, p.143–144.

vidas passadas, poderemos colher uma safra de boa sorte nesta vida. Quando os outros nos tratam com bondade, isso representa em parte o reflexo da bondade que demonstramos aos outros no passado; quando somos tratados de forma rude, isso pode ser visto como um amadurecimento da forma como tratamos os outros no passado.

A falsificação de equanimidade é a indiferença, simplesmente não se importar com ninguém. Diametralmente oposto, o "inimigo distante" da equanimidade é a dependência e o apego aos nossos entes queridos, e a aversão a qualquer um que esteja no caminho do que consideramos felicidade. Isso levanta um ponto importante para aqueles que não são monges ou monjas, aqueles que vivem no mundo, com famílias: como mantemos a imparcialidade no que diz respeito à nossa família, aos nossos entes queridos e assim por diante?

Do ponto de vista prático, se somos responsáveis por sustentar uma família, temos uma quantidade finita de dinheiro para cumprir essa responsabilidade. Não temos recursos infinitos para ajudar todas as outras famílias do mundo. Como então podemos ser realistas e ao mesmo tempo praticar a equanimidade? Como seria um pai bodisatva? Tome como exemplo a situação do Dalai Lama. De certa forma, ele é como um pai, mesmo que tendo sido um monge desde criança bem pequena. Poderíamos dizer que sua família é composta por todos os seres sencientes, mas sua família em particular são os seis milhões de tibetanos que o veem como seu líder e sua fonte de inspiração. Ele sabe que essas pessoas o veem de uma maneira especial. E assim, grande parte de sua agenda bastante ocupada é dedicada a trabalhar para o bem dos tibetanos e ensinar o Darma para os tibetanos, sua família. Na verdade, ele usa seu tempo para viajar por todo o mundo e encontrar-se com outras pessoas que querem sua ajuda. E ele reza por todos os seres sencientes. Mas, em grande parte, ele trabalha para os tibetanos. Será que faz isso porque acha que os tibetanos são mais dignos de sua preocupação do que os bolivianos, os australianos ou os etíopes? Não, ele se dedica mais conscienciosamente e está mais disponível para os tibetanos porque eles o veem de uma forma diferente dos outros. Simples assim.

Por ter observado o Dalai Lama em muitas situações, às vezes servindo como seu intérprete, eu não acredito que ele ame os tibetanos mais do que as outras pessoas. Eu também não acho que sinta mais compaixão pelos tibetanos que sofreram com as violações dos direitos humanos por comunistas chineses do que por outras pessoas que sofreram genocídio sob outros regimes totalitários. Nem mesmo acredito que ele sinta mais compaixão pelos tibetanos do que pelos chineses, que têm oprimido o seu povo. Me parece que a sua compaixão é verdadeiramente imparcial.

Por tê-lo visto em ação, sei que tal compaixão é possível. Da mesma forma, podemos ser bons pais e bons amigos, bons irmãos e bons filhos para nossos pais e ainda assim ter essa bondade amorosa imparcial e incondicional. O cultivo da equanimidade é possível. E a ausência de limites das quatro qualidades incomensuráveis depende inteiramente dela.

Antes de encerrarmos esta discussão, vamos revisar os falsos representantes de cada uma das quatro qualidades incomensuráveis e ver como cada prática equilibra a outra. Quando o cultivo da bondade não funciona, o resultado é o apego autocentrado, o que pode ser equilibrado pela meditação sobre a equanimidade. Quando a compaixão sucumbe ao seu falso pretendente, o pesar, podemos restaurar o equilíbrio dos nossos corações cultivando a alegria empática, observando as alegrias e as virtudes dos outros e de nós mesmos. Quando a prática da alegria empática se transforma em frivolidade, é possível superar isso cultivando a bondade amorosa, aspirando que todos os seres possam experimentar a verdadeira felicidade e cultivar suas causas. Finalmente, quando a equanimidade cede ao distanciamento indiferente, podemos reverter meditando sobre a compaixão, nos concentrando no sofrimento dos seres sencientes, em como sofrem e continuam a semear as causas de sua própria miséria. Assim, cada uma das quatro qualidades incomensuráveis ajuda a equilibrar os desvios de outra. Aqui realmente temos um caminho para a realização de nós mesmos e de nossos companheiros humanos.

Parte 4

Explorando a natureza da consciência

11 *Bodicita: o espírito do despertar*

APÓS O DESENVOLVIMENTO DAS QUATRO qualidades incomensuráveis e antes do cultivo da sabedoria está a joia da coroa de todo o budismo Mahayana. Em sânscrito, é chamada de bodicita, que traduzo como o "espírito do despertar". Se você pudesse ler e praticar apenas um capítulo deste livro, deveria ser este. Porque bodicita, o espírito do despertar, começa com shamatha, que torna a sua mente funcional, segue com o cultivo da bondade amorosa e da compaixão, e, em seguida, culmina no Dzogchen, a Grande Perfeição. Abrange todo o Budadarma – nada é deixado de fora.

Entre todos os professores espirituais com quem tenho treinado ao longo dos anos, nenhum incorpora de forma mais clara as qualidades de bodicita do que Sua Santidade o Dalai Lama. Isso ficou evidente para mim em 1979, quando tive o privilégio de servir como seu intérprete durante visitas à Suíça e à Grécia. Ele parecia irradiar um sentimento de bondade e humildade, e me senti inundado por sua ternura. Em Atenas, nos foi oferecida hospedagem em uma residência privada. A porta da frente se abria para uma sala de estar que levava a um corredor com todos os quartos da casa. Sua Santidade foi acomodado no quarto ao final do corredor. Quando ia para o banho, tinha que atravessar o corredor até o banheiro mais próximo. Em uma tarde quente, caminhando para seu banho, enrolado apenas em uma toalha, ele olhou para a sala de estar onde estávamos reunidos e nos cumprimentou com um aceno e um sorriso feliz.

Alguns dias mais tarde, visitamos um centro budista fundado por Kalu Rinpoche, um lama altamente respeitado da ordem Kagyupa do budismo tibetano. No passado, Kalu Rinpoche havia instruído seus alunos novatos a se dedicarem às tradicionais "práticas preliminares" em preparação para as meditações esotéricas do budismo Vajrayana. Mas, depois de sua breve visita à Grécia, Kalu Rinpoche voltou para a Índia, deixando os seus alunos sem ninguém para orientá-los na prática diária. As preliminares que ele ensinou incluem a recitação de mantras e muitas outras práticas devocionais, tais como a realização de 100.000 prostrações para os budas. Esses alunos iniciantes disseram ao Dalai Lama que tinham muita resistência para realizar essas práticas, apesar das instruções de seu lama, a quem reverenciavam. Sua Santidade respondeu que essas preliminares são destinadas especificamente a preparar o aluno para práticas Vajrayana avançadas, mas não são fundamentais para o budismo como um todo. Ele os encorajou a enfatizar sobretudo o cultivo da bodicita. "Executar até mesmo uma única prostração com a motivação de bodicita", ele lhes disse, "é mais valioso do que fazer 100.000 prostrações com uma motivação egoísta. Então, deixe que bodicita seja o coração da sua prática."

Prática

Sente-se confortavelmente, repousando o corpo de uma maneira que facilite a meditação. Para ajudar a manter a estabilidade da atenção, permaneça tão imóvel quanto possível. Quer esteja em uma cadeira com os pés no chão ou sentado de pernas cruzadas, assuma uma postura de vigilância, com o esterno ligeiramente elevado para que possa respirar no abdômen sem esforço. Assegure-se de estar com o abdômen relaxado, para que possa se expandir quando você inspira. Os músculos do seu rosto estão relaxados e soltos, especialmente os músculos ao redor dos olhos e os próprios olhos? Se perceber qualquer tensão em uma dessas áreas de seu rosto, relaxe. Agora, faça três respirações lentas e profundas, inspirando no abdômen de forma plena e profunda, e expirando de forma natural e livre.

Comece por acalmar sua mente com a prática da atenção plena à respiração. Recolha a sua consciência do mundo exterior e repouse sua atenção no campo das sensações táteis por todo o corpo. A cada inspiração e expiração, observe se a respiração é longa ou curta. Em vez de forçar a concentração, simplesmente deixe os pensamentos errantes passarem. Dê um descanso para a mente discursiva durante essa sessão de 24 minutos. A cada inspiração, respire nas áreas de tensão em seu corpo e, a cada expiração, sinta os nós de tensão do corpo e da mente se desfazendo, conforme relaxa mais profundamente.

Em especial ao final da expiração, não há necessidade de aplicar a vontade para que a inspiração aconteça. Em vez disso, deixe-a fluir como as ondas do mar. Relaxe profundamente na inspiração e continue relaxando na expiração. Busque uma sensação de calma interior, liberando a tensão da mente não por constrição, mas liberando sua atenção, de modo que a quietude surja dessa sensação de calma interior.

Essa prática levará você a uma sensação cada vez mais profunda de quietude, que se transformará aos poucos em uma sensação de bem-estar. Potencialmente, esse é um caminho para um profundo insight, tanto sobre a natureza da consciência quanto sobre a natureza do mundo que nos rodeia. Mas, por enquanto, em vez de aprofundarmos essa prática, expandiremos o alcance de nossa consciência usando outra maravilhosa faculdade da mente humana: a imaginação. Voltemos à prática de tonglen, a prática de dar e receber, que é o principal método para o cultivo de bodicita.

Comece imaginando uma pessoa próxima a você – um ente querido, um irmão, um parente, um amigo –, uma pessoa que você conheça bem e com quem se importe bastante. Traga à mente uma pessoa assim, que esteja enfrentando alguma adversidade, seja econômica, social, psicológica ou física. Imagine nitidamente essa pessoa e traga à mente, da melhor forma que puder, as causas de seu sofrimento, externas e internas. Em seguida, simbolicamente visualize a pureza fundamental da sua própria consciência, a sua natureza de buda. Essa é a sua capacidade para a iluminação, que se torna obscurecida por aflições mentais. Agora, imagine-a sob a forma simbólica de uma esfera de luz em seu coração – uma luz branca, inesgotável e radiante, uma luz de alegria e de purificação. Imagine-a como a base do seu ser, a sua verdadeira natureza.

Agora, seguindo com a prática de tonglen, imagine o sofrimento e as fontes de sofrimento desse ser amado na forma de uma nuvem escura que oculta a verdadeira natureza dessa pessoa. A cada inspiração, imagine que você inspire essa escuridão, trazendo-a até a esfera da luz em seu coração, onde essa nuvem desaparece sem deixar rastro. Faça isso não apenas como um exercício de visualização, mas gerando esse desejo a cada inspiração: "Que você se livre desse sofrimento e de suas causas subjacentes." A cada inspiração, imagine o sofrimento dessa pessoa e as suas causas se dissipando até desaparecerem completamente.

Mais uma vez, traga essa pessoa de forma vívida à sua mente, mas, dessa vez, foque os anseios dessa pessoa e o seu desejo de felicidade. E com a aspiração de "que você possa encontrar a verdadeira felicidade e acessar a sua fonte", a cada expiração, imagine essa luz fluindo de seu coração diretamente para fora, como um brilho suave e tranquilizador de bondade amorosa. Imagine essa luz se espalhando e preenchendo essa pessoa com a luz da alegria. Imagine que isso seja verdade aqui e agora.

Agora, traga à mente alguém que lhe trouxe sofrimento e que possa ainda lhe desejar mal. À medida que traz essa pessoa à mente, questione se as qualidades condenáveis que você percebe nela são reais ou imaginárias. Poderiam ser em parte reais e em parte projetadas por você? Por força da aversão, podemos reforçar a percepção das qualidades negativas do outro. De qualquer forma, aqui está uma pessoa problemática, e o problema parece vir de fora. A cada inspiração, traga para si as qualidades que o incomodam. Imagine-se inspirando essas causas de sofrimento, quer estejam na vida da pessoa, na sua vida, ou na relação entre as duas. Traga isso para o seu coração na forma de uma nuvem de escuridão e elimine-a. A cada inspiração, imagine todas essas qualidades ou tipos de comportamento que você acha tão difíceis se dissipando. Imagine todas as aflições e obscurecimentos da mente desaparecendo, sendo extintos na luz de seu próprio coração.

Agora, a cada expiração, visualize toda a bondade, toda a compaixão e toda a sabedoria fluindo a partir dessa fonte inesgotável em seu coração. A cada expiração traga esse pensamento de bondade amorosa: "Que você fique realmente bem e feliz, dotado das causas da felicidade genuína." Imagine essa pessoa sendo inundada por essa luz de bondade, experimentando a alegria da realização da bondade amorosa e da compaixão. Imagine essa luz a saturando essa pessoa com mais e mais brilho, e imagine a sua alegria aumentando.

Agora, amplie o alcance da sua consciência para envolver todos os seres que, como você mesmo, anseiam pela felicidade e por se livrar da dor e da ansiedade. A cada inspiração, traga para si o sofrimento dos seres, juntamente com as suas causas subjacentes, na forma de uma nuvem escura. A cada expiração, imagine-se abençoando o mundo com a luz da verdadeira felicidade.

Em seguida, desprenda-se de sua imaginação, libere os objetos de sua mente e, sem esforço, estabeleça a sua consciência em sua própria natureza, sem sujeito e sem objeto – apenas solte.

Dedique os méritos e encerre a sessão.

Para contemplação adicional

Todas as semanas durante o verão e outono de 1972, um ano depois de começar os meus estudos em Dharamsala, na Índia, subia a montanha acima da aldeia para me encontrar com o meu professor, Geshe Rabten. Ele estava em retiro meditativo naquela época, vivendo em um estábulo rústico com vista para a estação da montanha McLeod Ganj, para onde os membros do Raj britânico mudavam as suas famílias durante os sufocantes verões indianos. A meu pedido, ele contou a história de sua vida, começando pela infância como um garoto de fazenda na selvagem região Leste do Tibete. Ao descrever seu caminho de formação e desenvolvimento espiritual, enfatizou o cultivo de bodicita como a mais importante de todas as práticas, pois é a estrutura do modo de vida do bodisatva como um todo. A quietude meditativa, as quatro qualidades incomensuráveis e as quatro aplicações da atenção plena estabelecem uma base para o desenvolvimento do espírito do despertar. As práticas do Buda que são ensinadas, me disse Geshe Rabten, consistem em apenas três tipos: "a base para bodicita"; "o cultivo efetivo de bodicita"; "o resultado de bodicita", que se refere às qualidades da iluminação que emergem dessa prática. Assim, o espírito do despertar reflete a essência da prática budista em seu início, meio e fim.

Bodicita é a aspiração sincera de alcançar o despertar espiritual para benefício de todos os seres, uma aspiração que funde os dois objetivos mais nobres. O primeiro é buscar a iluminação. Mas perseguir essa aspiração apenas para si mesmo ignora algo fundamental sobre a natureza da nossa existência: nenhum de nós vive isolado, independente dos que nos rodeiam. A nossa existência é uma inter-relação. Nós sobrevivemos na dependência dos cuidados de nossos pais e de nossos relacionamentos com os nossos irmãos, amigos e professores. A sociedade nos proveu sustento, roupas e abrigo. Cada um de nós sempre viveu na dependência de uma rede de outras pessoas que se estende através do tempo e do espaço, sem fim.

Assim, as nossas aspirações devem incluir o bem-estar dos outros. Se estamos buscando a verdade, as nossas aspirações devem estar enraizadas na realidade de que existimos de maneira interdependente. Cada um de nós está se esforçando para alcançar a felicidade e se libertar do sofrimento e ansiedade. No entanto, muitas vezes os nossos esforços falham. Novamente, lembre-se do comentário de Shantideva em *A Guide to the Bodhisattva's Way of Life*: "Aqueles que desejam escapar do sofrimento se lançam rumo ao sofrimento. Mesmo com o desejo de felicidade, movidos pela delusão, eles destroem a sua própria felicidade como se fosse uma inimiga."[44] Como é precisa essa imagem de nossas próprias vidas e do mundo em geral! Isso nos leva ao nosso segundo nobre objetivo: "O que posso fazer para ajudar?"

Ao longo dos anos, desde que recebi esses ensinamentos sobre bodicita pela primeira vez, foi ficando cada vez mais claro para mim que o cultivo da compaixão é sobretudo uma questão de prestarmos atenção aos outros em vez de nos esforçarmos para nos preocupar com eles. Como já discutimos antes, a compaixão não é sentir pena: em vez disso, ela é ver o sofrimento e automaticamente aspirar que possa ser aliviado. Por exemplo, se você está passando pela cena de um acidente, espera espontaneamente que ninguém tenha ficado ferido com gravidade. Esse tipo de compaixão não requer uma grande prática espiritual. É o resultado natural de prestar atenção ao sofrimento dos outros.

Quando observamos a magnitude do sofrimento no mundo e a maneira pela qual tolamente perpetuamos as fontes do nosso sofrimento, a compaixão é uma resposta natural. Isso nos leva à questão: como podemos estar a serviço – não apenas para atenuar alguns dos sintomas, mas para eliminar as causas fundamentais do sofrimento para todos? Para abordar essa questão a partir de uma perspectiva prática, faz sentido o fato de que, quanto mais nos curarmos das aflições mentais e quanto mais desenvolvermos virtudes como a sabedoria e compaixão, mais eficazes poderemos ser ao nos colocarmos a serviço dos

---

44 Shantideva, Op.cit., cap.1, verso 28.

outros. Nas palavras de Shantideva: "Aqueles que anseiam superar as esmagadoras angústias da existência, aqueles que desejam dissipar as dificuldades do mundo e aqueles que anseiam por experimentar uma miríade de alegrias nunca devem se separar do espírito do despertar."[45]

Temos o desafio de descobrir a nossa natureza búdica e também o desafio de despertá-la. Esse não é um estado passivo de consciência. Pelo contrário, podemos dar alguns passos para despertar a nossa própria natureza búdica, de forma a torná-la ativa em nosso comportamento físico, verbal e mental. A chave é o cultivo da "grande compaixão", ou mahakaruna. Lembre-se do tópico da compaixão ilimitada como a segunda das quatro qualidades incomensuráveis. Esse é um tipo de compaixão que não se fixa nas demarcações de amigo, inimigo e pessoa neutra, mas abrange todos os seres, eu mesmo e os outros, incondicionalmente. Todavia, mahakaruna vai um passo além disso. Ela implica tomarmos para nós a responsabilidade de aliviar o sofrimento dos outros e de levar cada um deles, sem exceção, a um estado de alegria duradoura.

Quando Geshe Rabten explicou a diferença entre compaixão ilimitada e grande compaixão a um pequeno grupo de estudantes em nosso monastério na Suíça, ele fez uma analogia com as diferentes formas de reagir ao incidente de uma vaca que ficou atolada em um buraco de esgoto. Uma pessoa que tenha cultivado a compaixão ilimitada veria a vaca como um amigo querido, e tentaria libertá-la com cordas e com a ajuda de outras pessoas, puxando-a até a terra firme, para fora da fossa. Mas um bodisatva que desenvolveu a grande compaixão, assumindo a responsabilidade pessoal de resgatar a vaca, faria tudo que fosse possível para libertá-la, inclusive pular para dentro da fossa. Quando um de seus alunos perguntou se deveríamos nos considerar como o bodisatva, Geshe Rabten nos disse sem rodeios: "Vocês são a vaca!"

A grande compaixão é a força motivadora que inspira todo o modo de vida do bodisatva. Com a grande compaixão assumimos responsabilidade pessoal pelo bem-estar de todo o mundo. Ao cultivar essa dimensão da compaixão, experimentamos um sentimento de profunda inter-relação, que torna o bem-estar de cada pessoa tão importante quanto o nosso. Assim, a grande compaixão se expressa por meio dessa aspiração: "Que todos os seres sencientes se livrem do sofrimento e das fontes de sofrimento, e que eu seja capaz de ocasionar isso."

---

45 Idem

As três dimensões da consciência

Com a grande compaixão, aspiramos a libertar todos os seres do sofrimento e de suas causas, e com o espírito do despertar buscamos uma forma de realizar essa aspiração. A fim de dar a esse compromisso uma base firme na realidade, devemos compreender a natureza da consciência. Esse é um modelo da consciência em três dimensões e cada uma delas pode ser testada por meio da experiência. São elas:
1. a psique;
2. a consciência substrato;
3. a consciência primordial.

A psique é o reino da mente estudado pelos psicólogos. Inclui toda a gama de processos mentais, conscientes ou inconscientes, que são condicionados pelo corpo, especialmente pelo cérebro, em interação com o meio ambiente. Esses processos são específicos quanto a gênero, raça, idade e assim por diante. A razão mais importante para termos interesse pela psique é aprender a distinguir quais dos processos mentais são propícios para o nosso bem-estar e quais não são. A psicologia budista é experiencial e pragmática, incentivando-nos a responder a essas perguntas observando as nossas próprias mentes e a influência dos estados e atividades mentais específicos. Conforme nossa habilidade introspectiva se aprimora, jogamos mais e mais luz sobre um domínio antes obscuro.

Investigando as origens da psique, os contemplativos budistas descobriram que ela surge a partir de uma dimensão subjacente, chamada de "consciência substrato", um continuum de consciência individual que segue de uma vida para outra, armazenando memórias e outros traços de caráter pessoal ao longo do tempo. Comparando esse ponto de vista ao da neurociência atual, a psique é condicionada por sinapses cerebrais, neurotransmissores e outros processos neurais, mas não está localizada no cérebro, nem é uma propriedade emergente do cérebro e de sua interação com o ambiente, como acreditam os neurocientistas atualmente.

A existência da consciência substrato não é apenas uma especulação metafísica, mas uma hipótese que pode ser colocada à prova por meio da experiência contemplativa. Essa não é uma tarefa fácil, e não é uma hipótese que possa ser testada apenas pelo estudo do cérebro. É um desafio que pode ser assumido por contemplativos experientes que já alcançaram a quietude meditativa. Por meio dessa prática, você transforma a atenção em um poderoso feixe de consciência luminosa, focada e refinada, cortando as camadas superficiais e turbulentas da psique como um laser. À medida que a obscuridade e as perturbações dos pensamentos discursivos acalmam, o espaço da mente torna-se cada vez mais transparente. Muitos budistas contemplativos do passado e do presente afirmam que você pode então penetrar o substrato, acessando sistematicamente memórias de vidas anteriores que foram impressas nesse continuum de consciência. Essas memórias podem incluir lembranças de sua casa, pertences pessoais, amigos, meio de vida e a maneira como morreu.

A consciência substrato também pode ser indiretamente inferida com base em pesquisas feitas com crianças que relatam memórias de vidas passadas validadas e até exibem características físicas, como sinais de nascença, que remontam à vida anterior. O psiquiatra Ian Stevenson tem feito investigações científicas nessa área e resumiu 40 anos de pesquisa em seu livro *Where Reincarnation and Biology Intersect*.[46] Portanto, além dos relatos dos contemplativos, parece haver uma base científica indireta para afirmar a existência de uma consciência substrato individual que segue de uma vida para a seguinte.

A aspiração do espírito do despertar começa a parecer exequível quando se considera a possibilidade de o nosso amadurecimento espiritual continuar de uma vida para a próxima. Se a nossa existência estivesse confinada a apenas esta vida, bodicita seria uma mera fantasia, porque, nesta vida apenas, não teríamos nenhuma chance de aliviar o sofrimento de todos os seres. Porém, se cada um de nós participa de um fluxo de consciência que flui para um futuro sem fim, então temos muito tempo para curar os outros. O Dalai Lama cita frequentemente esse verso de *A Guide to the Bodhisattva's Way of Life*: "Enquanto o espaço perdurar, enquanto os seres scientistas permanecerem, que eu possa permanecer para aliviar o sofrimento do mundo."[47]

Além do domínio da consciência substrato, contemplativos de várias tradições ao redor do mundo e ao longo da história descobriram uma terceira dimensão de consciência, chamada no budismo de "consciência primordial". Ela transcende as construções conceituais de espaço e tempo, sujeito e objeto, mente e matéria, e até mesmo de existência e não existência. Essa dimensão da consciência é inefável e inconcebível, mas, como acontece com a psique

---

46   Ian Stevenson, *Where Reincarnation and Biology Intersect*, Westport, Praeger Publishers, 1997.

47   Shantideva, Op.cit., cap.10, verso 55.

e com a consciência substrato, pode ser experimentalmente explorada por meio da meditação. Nesse ponto, a quietude meditativa por si só não é suficiente. Isso exige um treinamento rigoroso no insight contemplativo, ou vipashyana, para romper todas as construções conceituais e a "concretude das nossas categorias" até o ponto em que possamos repousar na natureza vazia e luminosa da própria consciência.

Alguns anos atrás, perguntei ao meu falecido amigo e colega Francisco Varela, um eminente neurocientista, se esse ponto de vista budista seria compatível com o conhecimento científico moderno sobre o cérebro. Ele brincou respondendo que essa era uma "questão cruel", pois ela é de fato compatível, mas praticamente toda a pesquisa neurocientífica é realizada com base na premissa contrária, de que a mente não é nada mais do que uma função do cérebro. E, enquanto os cientistas cognitivos limitarem sua investigação à psique e suas correlações com o cérebro, seus pressupostos materialistas permanecerão incontestados e não testados.

Os budistas chamam esse nível mais profundo de consciência primordial de "natureza búdica" e são dadas três razões para afirmar que a natureza búdica está presente em todos os seres. A primeira razão é que o dharmakaya, a consciência de todos os budas, permeia todo o espaço-tempo. A segunda razão é que na natureza última da realidade não há distinção entre seres iluminados e não iluminados. Em última análise, somos da mesma natureza que os iluminados. A terceira razão é que todos nós temos a capacidade de atingir a iluminação de um buda. A tradição budista Mahayana afirma que essa natureza búdica é a fonte de nosso anseio para alcançar a felicidade genuína, ou nirvana. Por natureza, essa dimensão da consciência é "luminosamente brilhante" e "originalmente pura", mas surge impura quando é obscurecida pelo apego, ódio, delusão e ideação compulsiva. Repleta das qualidades de um buda, é primordialmente presente desde tempos sem princípio e também deve ser levada à perfeição por meio do cultivo apropriado. A natureza búdica é a verdadeira natureza imaculada da consciência, à qual nada precisa ser adicionado e da qual nada precisa ser removido, mas que precisa ser separada das impurezas que a acompanham, da mesma forma que o minério de ouro precisa ser refinado para produzir e manifestar a pureza intrínseca do ouro. No Lankavatara Sutra, o Buda declara que a natureza búdica "tem em si a causa para o bem e para o mal, e por isso produz todas as formas de existência.

Como um ator que assume uma variedade de aparências."[48]

Se nos esforçamos para perceber a nossa natureza búdica ao longo de várias vidas, primeiramente purificando a nossa mente, em seguida explorando a consciência substrato e, por fim, examinando as profundezas da consciência primordial, então, a grande aspiração da bodicita parece viável.

No caminho do bodisatva:
transformando a adversidade e a felicidade

Na tradição budista tibetana, são apresentadas duas abordagens para explorar e manifestar o poder da consciência primordial. A primeira delas poderia ser chamada de um "modelo de desenvolvimento", no qual a natureza búdica é caracterizada como algo que nós já temos, um potencial que existe dentro de cada um de nós para alcançar o perfeito despertar espiritual. Em outras palavras, os obscurecimentos e as aflições de nossa mente não são intrínsecos à nossa própria existência. Podem ser irreversivelmente dissipados, permitindo que a pureza inata de nossa mente se manifeste. A segunda abordagem pode ser vista como um modelo de descoberta, no qual a natureza búdica é apresentada não como algo que temos, mas sim como algo que já somos – ela não é, portanto, um potencial, mas sim uma realidade oculta. De acordo com esse ponto de vista, se investigarmos quem realmente somos, se pudermos sondar a dimensão mais profunda do nosso ser, reconheceremos que a natureza essencial de nossa própria mente é a consciência primordial que nunca foi contaminada por qualquer aflição ou obscurecimento mental.

À medida que nos aventurarmos no caminho da iluminação, certamente enfrentaremos bons e maus momentos. Para que possamos florescer em nossa prática espiritual e não vacilar cada vez que nos depararmos com a adversidade, devemos aprender a transformar momentos ruins em alimento para o nosso amadurecimento espiritual. No sexto capítulo de *A Guide to the Bodhisattva's Way of Life*, são explicados vários métodos úteis para transformar a adversidade em lenha para a fogueira, para aprofundar nossa compaixão e outras qualidades inatas à própria iluminação. Shantideva elimina uma grande dose de frustração desnecessária, depressão e desespero, ao colocar as seguin-

---

[48] Citado em Peter Harvey, *The Selfless Mind: Personality, Consciousness and Nirvana in Early Buddhism*, Surrey, Curzon Press, 1995, p.176.

tes questões: "Se há algo que você possa fazer em relação a um problema, por que se sentir frustrado? Se não há nada que você possa fazer, por que se perturbar?"[49]

Um método para transformar a adversidade em uma habilidade ao longo do caminho é usá-la como combustível para intensificar o espírito do emergir, o desejo de nos libertarmos do sofrimento e de suas causas internas. Queremos nos curar da delusão, da carência e da hostilidade. Muitas das dificuldades que encontramos se originam, em parte, de nossas próprias aflições mentais e de comportamentos prejudiciais nesta vida. Mas, em algumas ocasiões, sofremos mesmo sem termos cometido qualquer ação negativa. Nesses casos, se estivermos dispostos a aceitar como hipótese de trabalho a teoria da reencarnação, em que cada uma das nossas encarnações é condicionada por nosso comportamento no passado, podemos considerar nossos sofrimentos atuais como consequências de nossas aflições mentais e má conduta em vidas anteriores. Não que estejamos sendo punidos por nossos pecados. Em vez disso, estamos simplesmente experimentando as repercussões naturais de nossa conduta anterior. Ver nossa vida dessa maneira pode levar a um aprofundamento do desejo pela liberação das fontes internas de sofrimento e não apenas dos catalisadores externos da infelicidade.

Um dos principais obstáculos para atingir a iluminação é a arrogância – um sentimento de orgulho e autoimportância. A adversidade tende a esvaziar tal ostentação, trazendo um maior grau de humildade para a nossa prática. Os tibetanos muitas vezes comparam essa arrogância com o solo do topo de uma grande montanha, tão delgado que nada pode crescer. Todo o solo do topo acaba por se sedimentar no vale, proporcionando um campo fértil para o crescimento. Do mesmo modo, é no vale da humildade que as qualidades da iluminação crescem, e não nos picos estéreis da arrogância.

Por fim, a experiência da adversidade pode fornecer uma base para a empatia. Conhecendo nosso próprio sofrimento, podemos nos identificar com os problemas dos outros. Isso pode começar a despertar empatia e compaixão. Infelizmente, às vezes a experiência de conflito pode nos levar a revidar, infligindo sofrimento semelhante aos outros. Então, o nosso desafio é aprender a transmutar a dor em compaixão, em vez de ressentimento ou vingança. Dessa forma, nossa prática funciona como um elixir alquímico, transformando os eventos adversos de nossas vidas em crescimento espiritual.

---

49 Shantideva, Op.cit., cap.6, verso 10.

Estamos frente ao desafio de transformar não apenas os momentos ruins, mas também os bons momentos em prática espiritual, que pode ser facilmente negligenciada quando tudo parece estar indo bem. A esse respeito, Padampa Sangye, contemplativo budista indiano do século XI, comentou: "As pessoas são capazes de lidar com apenas um pouco de felicidade, mas podem lidar com muitas adversidades."[50] Como muitos de nós já presenciaram, grandes dificuldades podem trazer o que as pessoas têm de melhor: autossacrifício, compaixão, altruísmo, desejo de servir aos outros. Porém, quando as pessoas estão aninhadas no luxo e no conforto, isso pode facilmente produzir arrogância e complacência.

Bodicita é a essência do modo de vida do bodisatva e o elixir que transforma todas as nossas atividades em prática espiritual. As práticas de ioga dos sonhos e da Grande Perfeição que se seguem são fundamentais para o cultivo do insight necessário para levar a aspiração do bodisatva à fruição. Mas o prato principal de todo esse banquete de práticas do Darma é o próprio cultivo de bodicita.

---

50 B. Alan Wallace e Gyatrul Rinpoche, *Meditation, Transformation, and Dream Yoga*, Ithaca, Snow Lion Publications, 2002, p.23.

12 Prática diurna de ioga dos sonhos

COM A PRÁTICA DIURNA DA IOGA dos sonhos, iniciamos o treinamento de bodicita absoluta – o cultivo do insight contemplativo sobre a natureza da realidade, com ênfase especial na consciência primordial. Gyatrul Rinpoche, lama sênior da ordem Nyingma e um dos meus principais mentores, foi quem me deu os meus primeiros ensinamentos sobre ioga dos sonhos, em 1990.

Algumas pessoas nascem com um talento especial para reconhecer o estado de sonho enquanto sonham. Eu não sou uma dessas pessoas, mas descobri que essa capacidade pode ser melhorada através da prática. Um elemento chave é ficar atento em todos os momentos a situações que sejam excepcionalmente estranhas. Isso foi o catalisador do seguinte sonho lúcido: dirigia com um amigo e percebi que o Sol estava se pondo. Decidimos comer algo e, então, paramos em uma lanchonete com decoração estilo anos 1950. Sentados em uma mesa de fórmica próxima à janela, esperando para sermos atendidos, olhei pela janela e reparei que o Sol ainda estava alto no céu. Pensei: "Isso é impossível. Só posso estar sonhando!" Ao mesmo tempo, eu estava bem ciente de que todo o ambiente era um cenário de sonho. Uma das coisas mais estranhas quanto aos meus sonhos lúcidos é que eu sei que há um outro corpo deitado sobre a cama durante o sonho, mesmo sem ter nenhuma evidência experimental para isso. Toda a minha consciência perceptiva está limitada ao sonho. Nesse sonho em particular, eu me levantava entusiasticamente e caminhava em torno da lanchonete, dizendo às outras pessoas que estavam lá: "Você sabe que isso é um sonho?" Elas olhavam para mim com olhares vazios e então cheguei à conclusão de que eu, o Alan do sonho no restaurante, era o único que estava ciente do fato de que eu, o Alan que dormia na cama, estava sonhando.

A prática da ioga dos sonhos começa durante o dia, quando examinamos a natureza onírica da experiência de vigília. Vamos começar com uma meditação que pode abrir esse caminho de exploração.

Em preparação para a prática noturna da ioga dos sonhos, toda noite quando estiver adormecendo, estabeleça uma firme determinação, pensando: "Nesta noite, vou prestar atenção aos meus sonhos. Vou me recordar deles. Que eles sejam vívidos. Quando eu acordar, antes de me mover, retornarei para o sonho." Ao acordar, pode ser que você esteja emergindo diretamente de um sonho. Antes de mover o corpo, volte para o sonho e talvez, se você for realmente delicado, leve como o toque de uma asa de borboleta, poderá ser capaz de deslizar de volta para o sonho mantendo-se lúcido. Essa é a maneira mais fácil de atingir a lucidez. Tão logo desperte do sonho, escorregue de volta, com o reconhecimento de que está sonhando. Isso é muito sutil e pode ser difícil, mas, enquanto emerge do sonho, tente se tornar consciente de seu conteúdo. Você pode manter um diário de sonhos, um caderno contendo algumas das principais características para que você possa desenvolver algum reconhecimento de seus sinais de sonho.

Prática

Como fez anteriormente, comece estabelecendo o corpo em uma postura adequada. Sente-se ereto, em uma posição confortável, quieto e vigilante. Faça três respirações profundas e, apenas por alguns minutos, observe a respiração, acalmando a mente.

Agora, com a mente relativamente calma e clara, analise de maneira introspectiva que imagem tem de si mesmo. Quando você pensa "eu sou", que aparências vêm à mente? Conforme investiga isso, veja o conjunto de imagens e ideias que associa a si mesmo. Em seguida, questione se isso é realmente você, ou apenas conteúdos mentais com os quais se identifica. O verdadeiro "você" pode ser encontrado em algum lugar dentro dessa matriz de eventos em seu corpo e em sua mente, matriz que você investigou com cuidado na prática anterior das quatro aplicações da atenção plena? Ou há alguma evidência de que você existe fora dessa matriz de experiência, separado de todas as aparências que surgem à mente?

Abra os olhos e olhe ao redor, observando as formas e cores que surgem à sua consciência visual. Note que essas coisas que você percebe são aparências para a sua mente, não são coisas puramente objetivas, independentes da consciência. O mesmo vale para os sons que ouve, para os odores e as sensações corporais que sente. Todos eles consistem em aparências para os seus sentidos físicos.

Agora, feche os olhos e observe as coisas que você pensa que existem "lá fora" quando seus olhos estão fechados. Todos esses fenômenos conceituais que você imagina também consistem em imagens para a sua mente. Tudo o que você vivencia é feito de aparências, até mesmo o seu próprio senso de identidade pessoal.

Olhe para a sua mente, notando o que você de fato observa. Veja o que surge quando você pensa "a minha mente", e veja se essa entidade existe em si e por si.

Por fim, analise se a sua própria consciência é uma entidade real e independente. Veja se pode apenas estar consciente de estar consciente, observando com atenção o fenômeno puro da consciência. Investigue se ele pode ser encontrado em um exame cuidadoso ou se parece escapar a essa investigação.

Por esses meios, investigue a natureza da sua própria identidade, o conteúdo do seu mundo perceptivo e do seu mundo conceitual, sua mente e a própria consciência, para ver se há algo no universo da sua experiência que possa ser considerado como existente de forma independente. A constatação de que nada existe dessa forma é chamada de "insight sobre a natureza vazia dos fenômenos". Mas, ainda que todas as coisas sejam vazias dessa maneira, elas ainda surgem como se tivessem existência independente, assim como num sonho. Tanto no estado de vigília quanto no de sonho, as coisas de fato existem de uma forma radicalmente diferente de como elas surgem. Em ambos, tudo parece existir por si mesmo, independentemente da nossa consciência. Mas essa maneira de surgimento é ilusória, semelhante ao sonho. Isso não significa que o mundo não deva ser levado a sério, que as nossas alegrias e tristezas sejam insignificantes ou que tudo seja, de algum modo, sem sentido. Pelo contrário, todos esses fenômenos estão surgindo de forma interdependente, assim como o conteúdo de um sonho surge em relação à mente do sonhador.

Enquanto encerra essa meditação, abra os olhos deixando que essa consciência flua para a sua experiência de vigília. Permita que ocorra uma transição suave entre a sua meditação e a sua participação ativa no mundo.

Para contemplação adicional

Shantideva explica que há dois tipos de bodicita: um espírito que aspira ao despertar espiritual e um espírito de se lançar ativamente a esse despertar. A ponte entre os dois tipos é um conjunto de práticas que estrutura o meio de vida do bodisatva: as seis perfeições.

A primeira dessas perfeições é a generosidade, o espírito de doação. Isso significa doar de inúmeras formas: doar bens materiais, doar a amizade e o amor, doar proteção, doar conselhos espirituais. O modo de vida do bodisatva está saturado com o espírito de generosidade. A prática de shamatha, por exemplo, pode ser um ato de generosidade, de tornar a sua própria mente um instrumento útil a serviço dos outros, de forma altruísta. A generosidade estabelece a orientação do caminho como um todo – a de se colocar a serviço.

A segunda perfeição é a disciplina ética, resumida no seguinte princípio: evitar infligir danos a si mesmo e aos outros e, quando surgir a oportunidade, colocar-se a serviço. O tema da não violência, de ahimsa, é fundamental. Quando tiver a chance, tente ativamente aliviar o sofrimento dos outros e trazer alegria por meio de sua conduta física, verbal e mental. Esse é o núcleo ético da prática budista.

A terceira perfeição é frequentemente traduzida como "paciência", mas também significa coragem espiritual (semshuk), tolerância ou "bravura indômita". Inclui a vontade de nos aplicarmos à prática espiritual interior e servir aos outros, mesmo quando isso significa enfrentar problemas. Existem muitas dificuldades na vida como ela é, mas o caminho para a iluminação traz à superfície os problemas que poderiam permanecer dormentes. É difícil enfrentar as nossas próprias imperfeições e é isso que a prática do Darma nos obriga a fazer.

Em seguida, vem o zelo, ou entusiasmo. Isso significa prazer em se engajar em uma conduta saudável, quer seja como um meditador dedicado, um pai devotado, um esposo amoroso, um lojista bondoso, um médico atencioso ou simplesmente como um membro altruísta da sociedade.

Sobre essa base formada pelas quatro primeiras práticas vem a perfeição da meditação, que significa equilibrar e refinar a mente, especialmente por meio da quietude meditativa. Dessa forma, podemos aprimorar a mente e transformá-la em uma ótima ferramenta para a explorar a realidade e também para cultivar virtudes como a bondade amorosa e a compaixão.

Finalmente temos a sexta perfeição do modo de vida de um bodisatva, a sabedoria, que é a culminância das seis perfeições. Em suma, a motivação por trás do modo de vida do bodisatva é a bodicita relativa, e sua fruição é o cultivo da bodicita absoluta ou insight sobre a natureza da consciência primordial.

Os lamas tibetanos com quem estudei enfatizaram a importância do que chamam mi zöpeynyingjey, ou "compaixão intolerante", declarando que não ser capaz de suportar o sofrimento dos outros é uma coisa boa. Quando ouvi isso pela primeira vez, me perguntei como o caminho para a iluminação poderia ser alegre uma vez que nos abrimos cada vez mais para a miséria do mundo. Quando fiz essa pergunta, Sua Santidade o Dalai Lama respondeu que isso é possível equilibrando a compaixão com o insight sobre a natureza da realidade. A sabedoria é o grande remédio que cura a mente de suas aflições de forma radical e irreversível. A compaixão é a motivação, mas o antídoto direto para a ignorância que está por trás de todo o sofrimento é a sabedoria.

Devaneio sobre o eu

O objetivo da prática diurna da ioga dos sonhos diurna é perceber a natureza onírica da realidade no estado de vigília, começando com um exame da própria identidade pessoal. Começamos com essa pergunta: a que a noção de "eu" se refere? Você pode ter um conceito de "eu", mas isso não é igual ao eu, assim como o conceito de "mão" não é a mão. Por isso, é importante fazer a distinção entre as ideias que você tem sobre si mesmo e o "você" a que se referem essas ideias.

Cada um de nós veio a existir na dependência de causas e condições, como ter pais. E todos nós temos vários atributos, como nossas características físicas, gênero, inteligência, memória, imaginação e habilidades de linguagem. Junto a essas qualidades, cada um de nós tem um corpo, pensamentos, emoções, memórias, problemas e objetivos. E há outras coisas que temos, como parentes, amigos, bens materiais e reputação. Podemos falar de "o meu país" e "o meu planeta" ou até mesmo identificar a Via Láctea como "a minha galáxia".

Todas as coisas que identificamos como sendo "nossas" estão em um constante estado de fluxo. O nosso humor muda, o nosso corpo muda e a nossa atenção muda. Embora possamos, de forma geral, ter a sensação de que o nosso corpo e a nossa mente estão sob o nosso controle, vez após vez isso se mostra falso. O nosso corpo envelhece e adoece, quer gostemos ou não. As nossas emoções, pensamentos e atenção muitas vezes parecem ter vontade própria. E, claro, o controle que temos sobre nossos bens pessoais, amigos, colegas e sobre o ambiente em geral é comprovadamente limitado, a ponto de às vezes parecer que perdemos completamente o controle. Cada um de nós sonha à noite – os sonhos são nossos e de ninguém mais –, mas repare como o controle que temos sobre eles é pequeno.

Isso implica que pode haver algo arbitrário sobre a gama de coisas que chamamos de nossas. Consideramos alguns eventos e qualidades como sendo nossos simplesmente porque nós e mais ninguém podemos experimentá-los, como nossos pensamentos, desejos e sonhos. Consideramos também outras coisas como sendo nossas porque pensamos que vieram de nós e que podemos controlá-las, como nossos pensamentos, emoções, filhos e realizações. Além disso, há aquelas são nossas simplesmente porque nos identificamos com elas como resultado de uma associação real ou imaginária, como o nosso time de futebol, a nossa nação ou a nossa raça.

Mas experimentarmos algo não o torna inerentemente nosso. Muitas vezes, os objetos e as pessoas que achamos que podemos controlar agem de forma contrária aos nossos desejos, e o fato de algumas coisas serem nossas é, muitas vezes, uma questão de convenção social. Se algo fosse inerentemente nosso, estaria sempre sob nossa posse e controle, mas isso não é verdade nem mesmo sobre a nossa própria consciência, quanto mais sobre outras coisas. Entretanto, uma vez que tudo com o que nos identificamos é impermanente e sujeito a mudanças, ao final, isso não será mais nosso, ou porque terá desaparecido, ou porque nós teremos desaparecido. Em suma, a noção de de fato termos o que quer que seja é uma ilusão. Os nossos atributos e posses não são inerentemente mais nossos do que aqueles com os quais nos identificamos durante um sonho.

Agora, examinemos a natureza do eu que aparentemente tem todos esses atributos e pertences. Pense em quem você é, não no que você tem. É muito provável que, o que vem à mente são imagens mentais com as quais se identificou. Mas nenhuma dessas imagens é intrinsecamente sua e, como você as está percebendo enquanto objetos de sua mente, não parece plausível que elas sejam você de verdade. São apenas coisas que você vivencia e às quais se agarra como se fossem "eu" ou "meu".

Lembre-se de uma situação em que você tenha sido elogiado ou maltratado. No primeiro caso, você pode ter se sentido lisonjeado, pois você era a pessoa que estava sendo elogiada. Mas, se analisar as palavras usadas, verá que o que a outra pessoa estava exaltando não era você, mas sim alguma qualidade, posse ou realização atribuída a você. Mas nada disso é realmente você e, então, a sua resposta eufórica ao elogio foi baseada em uma ilusão. O mesmo é verdadeiro no caso de você ter sido insultado. Ninguém nunca de fato o insultou, apenas se referiram a aparências que surgiram às suas próprias mentes, e nenhuma delas é inerentemente você. Assim, não há necessidade de tomar como ofensa pessoal, é como ser ridicularizado em um sonho.

Quando examinamos cuidadosamente o que consideramos como sendo "eu" e "meu", não encontramos nada que seja intrinsecamente "eu" ou "meu". No budismo, dizemos que eles, "eu" e "meu", são "vazios" de uma existência inerente. Mas isso não quer dizer que não existam ou que não tenhamos nenhuma qualidade ou nenhum bem.

Nós com certeza existimos, bem como outras pessoas e nosso meio ambiente natural. Mas como nós existimos? De acordo com a visão do Caminho do Meio (Madhyamaka), tudo consiste em padrões de eventos surgindo em um perpétuo estado de fluxo inter-relacionado com o ambiente – nunca separado, nunca isolado e nunca independente. Assim, qualquer noção de si mesmo ou de alguma outra coisa como existindo de maneira independente é ilusória.

Todos os fenômenos condicionados surgem como eventos dependentemente relacionados, pois dependem de:

1. causas e condições anteriores;
2. componentes e atributos do próprio fenômeno;

3. designação conceitual que identifica o fenômeno que possui esses componentes e atributos.

Poderíamos analisar qualquer fenômeno natural com base nesses três modos de dependência, mas vamos continuar a enfocar a natureza do "eu". Afinal, cada um de nós vive e age a partir do centro de nosso próprio mundo; sendo por isso razoável partir do centro e, então, passar para o mundo exterior.

Quanto ao primeiro modo de dependência, todos passam a existir na dependência de causas e condições anteriores, como os pais. Em segundo lugar, cada um de nós existe na dependência de nosso corpo, mente e outras características pessoais. Mas esses dois fatores – causas anteriores e qualidades atuais – não são suficientes para constituir uma pessoa. Para que você possa vir a existir, alguém tem que pensar "você". Esse é o poder da designação conceitual. Ao identificá-lo como aquele que porta os seus atributos e possui o seu corpo e a sua mente, você é trazido à existência. Você e os outros pensam que você é e, portanto, você é. Mas, se essa designação conceitual for removida, você desaparecerá, deixando apenas os seus componentes e seus bens para trás, que já não serão mais seus. Pelo simples fato de existir como uma sequência de eventos relacionados de maneira dependente, você é vazio de existência inerente. O significado disso é que vivemos em um mundo participativo, no qual nossos próprios pensamentos desempenham um papel fundamental na determinação do que experimentamos como realidade. Acorde para esse fato e seja bem-vindo ao mundo do devaneio lúcido. Esse é o primeiro passo para a prática diurna da ioga dos sonhos.

Geshe Rabten uma vez comentou que, se você desenvolver primeiramente a bodicita relativa e, em seguida, insights sobre a natureza vazia de si mesmo, você experimentará isso com alegria, como se tivesse encontrado o mais precioso de todos os tesouros. Porém, se chegar a essa visão sem primeiro ter cultivado uma atitude altruísta desinteressada, você se sentirá como se tivesse perdido o mais precioso dos tesouros. Você terá realizado não que não existe de modo algum, mas que não existe independentemente de todos os outros e de seu meio ambiente. Então, se estiver vivendo como se o seu bem-estar fosse separado de todos que o rodeiam, será um choque desagradável descobrir que esse "eu" que você tem tratado com tanto carinho, acima de todos os outros, nem sequer existe.

Devaneio sobre o mundo

Não é apenas o eu que é ilusório, que surge pelo poder da designação conceitual. O mesmo vale para todo o universo de experiências. Tudo o que experimentamos existe em relação às nossas percepções e concepções. Tudo o que percebemos por meio dos nossos cinco sentidos físicos e do nosso sexto sentido mental – visões, sons, cheiros, sabores, tato, pensamentos, imagens mentais e emoções – são como reflexos em um espelho, como uma aparição ou um sonho. E, no entanto, em meio a essas aparências, a mente conceitual isola e designa objetos que concebe como possuindo certos atributos. Dessa forma, construímos os objetos que compõem o nosso mundo – de ambos os lados, subjetivo e objetivo –, e todos esses objetos carregam certos atributos, tais como componentes espaciais e temporais. Trazemos nosso mundo à existência nos concentrando em certas aparências e ignorando outras, e então dando sentido a essas aparências por meio de nossas demarcações e interpretações conceituais. Por ignorância, como um sonhador não lúcido, tomamos este mundo imaginado como se fosse substancial e independente. Acorde para a realidade de si mesmo e do resto do mundo como uma matriz de eventos dependentemente relacionados, cada um deles vazio de existência inerente, e você se lançará por completo à prática diurna da ioga dos sonhos.

Essa maneira de ver o mundo é perfeitamente compatível com a compreensão neurocientífica moderna da experiência. De acordo com pesquisas recentes, a principal diferença entre o sonho e a imaginação de um lado e a percepção de vigília de outro é que as experiências de vigília são acionadas por estímulos do mundo externo.

Porém, quando estamos sonhando, surgem muitos reflexos semelhantes do mundo exterior – visões, sons, cheiros, gostos, pensamentos e emoções. Esses não são diretamente despertados por estímulos do nosso mundo intersubjetivo. Da mesma forma, na imaginação, enquanto estamos bem acordados, podemos trazer algo à mente que ninguém mais pode experimentar. Mas os neurocientistas descobriram recentemente uma grande sobreposição entre os tipos de funções cerebrais que correspondem ao sonho, imaginação e percepção de vigília. A experiência de vigília também implica um tipo de imaginação ativa, moldando um mundo sob a influência da estimulação física externa do cérebro, em oposição à estimulação apenas interna.

As cores que você percebe ao percorrer o seu campo visual não são qualidades intrínsecas dos objetos externos. Como ressalta o neurologista António Damásio: "Não há nenhuma imagem do objeto que esteja sendo transferida do objeto para a retina e da retina para o cérebro."[51] Em vez disso, essas imagens são catalisadas por fótons que atingem a sua retina e produzem eventos eletroquímicos ao longo do nervo óptico até o córtex visual, embora as formas e cores que você percebe pareçam ser qualidades inerentes dos objetos existentes no mundo externo real. Alguns cientistas do cérebro concluíram que essas formas e cores percebidas existem apenas dentro do cérebro. Mas ninguém de fato viu o vermelho de uma rosa ou o azul do céu em meio às configurações neurais do cérebro. Essa é apenas uma conclusão especulativa baseada no pressuposto de que, uma vez que as imagens visuais não existem no mundo físico fora do cérebro, devem então existir dentro do cérebro. Imagine só!

Essa natureza ilusória também é verdadeira para os sons que ouvimos, para os odores, os gostos e as sensações táteis que sentimos. Todos eles consistem em aparências para a mente, aparências que não têm existência inerente no mundo exterior ao cérebro ou no interior do cérebro. Mas eles parecem ser atributos de objetos inerentemente existentes em um mundo real objetivo e, ao nos fixarmos a eles dessa maneira, persistimos em nosso atual estado de devaneio não lúcido.

Pelo menos desde o tempo de Descartes, os cientistas reconhecem a natureza subjetiva do mundo dos sentidos e têm procurado compreender o mundo físico real, uma vez que ele existe independentemente dos nossos sentidos. O que vem à mente quando você tenta conceber o universo como se ele realmente existisse "lá fora"? Pense, por exemplo, em um átomo. Você talvez irá imaginar um pequeno núcleo com elétrons circulando ao redor, dentro de um domínio muito maior de espaço vazio. Se você pensar no núcleo, poderá imaginar prótons e nêutrons. Se você conhecer um pouco mais de física, poderá imaginar partículas ainda menores, como os quarks. Você adquiriu essas imagens mentais dos físicos, que as apresentam como modelos dos constituintes fundamentais do mundo físico, que estão realmente no mundo externo, ainda que ninguém esteja olhando. Mas as imagens que vêm à mente quando pensamos em partículas elementares, átomos, campos e energia são criações livres da mente humana. Eles não são fotografias instantâneas dos

---

51 António Damásio, *The Feeling of What Happens: Body and Emotion in the Making of Consciousness*, Nova Iorque, Harcourt, 1999, p.321. Há uma edição brasileira para o livro: *O mistério da consciência: do corpo e das emoções ao conhecimento de si*, São Paulo, Companhia das Letras, 2000.

componentes reais do mundo físico, como se existissem independentemente da consciência. São modelos úteis, com certeza, mas só existem em relação à mente que os concebeu, assim como as experiências sensoriais existem apenas em relação aos nossos modos de percepção.

Esse ponto de vista do Caminho do Meio, que evita os extremos filosóficos do substancialismo e do niilismo, é resumido no "Sutra da perfeição da sabedoria em 20.000 versos". Nesse texto, Subhuti, um dos discípulos de Buda, declara: "Um bodisatva analisa todos os fenômenos como ... semelhantes a uma aparição, um sonho, uma miragem, um eco, uma imagem, um reflexo da Lua na água, uma criação mágica, uma aldeia de espíritos... Digo que até mesmo o nirvana é como um sonho, como uma ilusão. Se eu fosse capaz de apreender qualquer fenômeno mais sublime do que o nirvana, deveria dizer que até mesmo esse fenômeno é como um sonho, como uma ilusão."

Prática diurna da ioga dos sonhos

A prática diurna da ioga dos sonhos é de grande valor em si mesma e também é uma preparação vital para a prática noturna da ioga dos sonhos. Para reconhecer os sonhos pelo que são, pode ser útil adquirir o hábito de testar a natureza da nossa experiência no decorrer do dia. Stephen LaBerge, um proeminente pesquisador dos sonhos da Universidade de Stanford e coautor do livro *Exploring the World of Lucid Dreaming*,[52] desenvolveu uma técnica para fazer exatamente isso. Os fenômenos em um sonho, especialmente os materiais escritos, tendem a ser instáveis. Se você ler algo em um sonho, afastar seu olhar e, em seguida, olhar de novo, as chances de que o texto seja diferente na segunda vez são muito elevadas. Se fechar seus olhos e olhar por uma terceira vez, é ainda mais provável que seja diferente. Para testar se você está sonhando neste momento, leia uma frase, feche seus olhos, e depois olhe para ela novamente. Se na segunda vez você ler a mesma coisa, é mais provável que não esteja sonhando. Feche seus olhos e leia uma terceira vez, e, se ainda ler a mesma coisa, é ainda mais provável que não esteja sonhando. Isso é chamado de "verificação do estado da natureza de sua experiência atual".

Na vida cotidiana, quando algo muito incomum acontece, as pessoas geralmente exclamam: "Foi inacreditável! Parecia mentira! Eu me senti como se estivesse sonhando." Às vezes, dizemos para nós mesmos: "Tive que me be-

---

[52] Stephen LaBerge & Howard Rheingold, *Exploring the World of Lucid Dreaming*, Nova Iorque, Ballantine Books, 1990.

liscar para ver se aquilo era real ou se eu estava sonhando." LaBerge comenta que se beliscar não é uma maneira confiável para realizar uma verificação de estado, e a minha própria experiência confirma isso. Muito recentemente, fiquei surpreso e encantado ao descobrir que eu poderia flutuar à vontade. Isso parecia tão real que eu estava confiante de que não estava sonhando, mas me belisquei apenas para testar a minha hipótese. Com muita certeza, senti o beliscão na minha perna, o que reforçou a minha convicção de que eu de fato podia levitar. Porém, mais tarde acordei e, desde então, não consegui mais voar. Portanto, ou eu estava sonhando que podia levitar, ou eu estou agora no meio de um longo sonho em que pareço estar preso à terra para sempre. A moral dessa história é que só porque podemos tocar alguma coisa não significa necessariamente que ela exista independentemente da nossa experiência. A verificação do estado proposto por LaBerge é muito mais confiável do que o teste do beliscão.

Com base em seu teste, você pode chegar à conclusão de que agora está acordado e não sonhando. Isso é verdade: em relação ao seu estado de sonho comum, você agora está acordado. Contudo, em relação à consciência primordial, o estado desperto da consciência de um buda, neste momento, você está sonhando, vivenciando um eu ilusório em um mundo ilusório, ambos fabricados pelo poder do pensamento. Em um texto clássico chamado *Natural Liberation*,[53] sobre o qual recebi ensinamentos de Gyatrul Rinpoche, o contemplativo indiano do século VIII Padmasambhava dá o seguinte conselho em relação à prática diurna da ioga dos sonhos: imagine continuamente que você esteja sonhando o seu ambiente e todos que nele se encontram, embora, relativamente falando, você saiba que está acordado.

Por outro lado, em um sonho noturno, o sonhador não é idêntico à persona no sonho, uma vez que o sonhador está dormindo na cama e a persona está se movendo em meio ao sonho. Como sonhador, você sonha ser um personagem particular. Você pode até sonhar que pertence a uma espécie ou gênero diferente, ou como sendo mais velho ou mais novo do que é no estado de vigília. Ou pode assumir no sonho qualidades, padrões de comportamento ou características que você em geral não apresenta no estado de vigília. Em um seminário que LaBerge e eu lideramos, uma das participantes, experiente nessa prática, relatou um sonho lúcido em que se transformou em um disco de vitrola. Depois de ver o mundo dos sonhos a partir dessa perspectiva verti-

---

53 Padmasambhava, Op.cit.

ginosa por algum tempo, ela então se transformou em uma borboleta e voou janela afora. A persona sonhada é uma emanação, uma criação, um artefato do sonhador.

Vamos colocar essa mesma ideia no contexto do estado de vigília. Neste momento, pense em si mesmo como uma persona no sonho. Quem é o sonhador que sonha você? Um provável candidato é a sua própria consciência primordial, a dimensão mais profunda do seu ser. Aqueles que vagam pela vida em um sonho não lúcido perderam o contato com a verdadeira identidade, com a verdadeira natureza, e são aprisionados pela fixação em coisas que não são "eu" ou "meu" como se fossem as nossas verdadeiras identidades e posses. Da mesma forma, nos fixamos ao mundo que nos rodeia como se fosse inerentemente real e objetivo, como em um sonho não lúcido. O objetivo principal da ioga dos sonhos diurna é tornar-se lúcido durante o estado de vigília como uma preparação para tornar-se lúcido quando estamos dormindo, abrindo o caminho para a prática noturna da ioga dos sonhos.

13 Prática noturna de ioga dos sonhos

NO DIA DE SUA ILUMINAÇÃO, O BUDA se sentou sob a árvore bodhi firmemente decidido a não se mover até que alcançasse o despertar espiritual. A noite foi dramática, com o irromper das várias realizações de Shakyamuni e, enfim, ao amanhecer, veio a sua última realização: o seu bodhi, o seu despertar. A iluminação do Buda oferece uma boa introdução para esse tema da prática noturna da ioga dos sonhos. Há um paralelo fantástico. Toda a ideia da ioga dos sonhos é de que, em meio ao sonho, você desperte. Na terminologia científica moderna isso é chamado de "sono paradoxal", porque você está dormindo e, simultaneamente, está desperto. Se você se tornar experiente em sonhos lúcidos ou ioga dos sonhos, terá plena consciência de estar sonhando em meio ao sonho.

O que acontece quando você dorme? No início, as pessoas geralmente entram em um estado sem sonhos, onde não há nenhuma forma, conteúdo ou narrativa. É como o "reino da não forma" no budismo, uma dimensão da existência onde os seres estão presentes e conscientes ainda que não haja nenhum conteúdo tangível à consciência e que os seres que habitam esse reino não tenham corpo. Portanto, o estado sem sonhos é análogo a morrer no reino humano e renascer no estado da não forma. Esse é um tipo de sono em que não há o movimento rápido dos olhos (REM, rapid eye movement) característico dos sonhos. Outro tipo de sono não REM ocorre quando você não está sonhando, mas a mente não está desprovida de conteúdo. Aqui, não há nenhuma sequência clara e coerente acontecendo, as imagens apenas surgem sem qualquer carga emocional. É análogo ao renascimento no reino da forma: podem ser formas abstratas ou arquetípicas, mas, ainda assim, são apenas formas. De acordo com a cosmologia budista, os seres que habitam essa dimensão estão corporificados de forma sutil e etérea, e percebem vários tipos de aparências, mas suas mentes permanecem em um estado tão refinado que não se envolvem em nenhum tipo de conduta não virtuosa. Não há nenhum "carma negativo" sendo acumulado no reino da forma ou da não forma.

Então, cerca de 90 minutos depois de adormecer, pode ser que você comece a ter o seu primeiro sonho. Você entra em sono REM e ocorre no cérebro uma configuração específica da atividade no EEG (eletroencefalograma). Existem também outras respostas que permitem que os investigadores reconheçam que alguém está sonhando com base numa série de medidas científicas objetivas. Caracteristicamente, em um sonho há uma linha de história. Normalmente, você tem um corpo, assume uma forma "física" no sentido de que você pode tocar, ver e ouvir a sua presença física no sonho, mas essa forma não é "material", porque não é uma configuração de massa-energia. Em alguns sonhos você pode ser mais semelhante a uma consciência abstrata no espaço, mas, com frequência, como todos sabemos, nós adquirimos uma certa persona em um sonho. Então, nos movemos pelo sonho.

Isso é semelhante a renascer no que os budistas chamam de "reino do desejo" e sabemos que, frequentemente, os sonhos expressam desejos. Desejos sensoriais são a base e a força motriz de muitos sonhos. Outra característica comum é a desorientação – delusão, embotamento, um estado de confusão. Por exemplo, percebo que, em muitos sonhos não lúcidos, eu normalmente me perco. Lembro-me de um sonho onde eu estava em um grande hotel vagando por um labirinto de corredores, perguntando: "Onde está o meu quarto? Onde está o meu quarto?" Tanto o budismo quanto a psicologia freudiana consideram sonhos não lúcidos como estados de delusão: pensamos estar lidando com uma realidade objetiva independente de nossa mente, mas não estamos.

Então, finalmente, o sonho chega ao fim e você "morre" naquele reino do desejo, podendo depois disso passar algum tempo em um reino da não forma entre os sonhos. Em seguida, vem outro sonho. As últimas duas horas de uma noite inteira de sono contêm a maior densidade de sonhos. Um único sonho, com sua própria narrativa contínua, pode durar até 45 minutos. Por sinal, os pesquisadores descobriram que o tempo no sonho é mais ou menos equivalente ao tempo durante a vigília. Ou seja, se no sonho pareciam ter se passado 45 minutos, esse período provavelmente durou cerca de 45 minutos no estado de vigília. Portanto, esse é o formato básico do sonhar. Usando a analogia da morte e renascimento na visão budista, em uma noite você "morre" e em seguida renasce metaforicamente em reinos diferentes. Você morre e renasce, morre e renasce, e segue em frente a cada uma das vezes impulsionado pelo quê? No Ocidente moderno, diríamos que você é impulsionado pelo subconsciente e, com base nisso, analisaríamos os sonhos a fim de lançar luz sobre o inconsciente. No entanto, no budismo, afirma-se que os sonhos emergem da consciência substrato ou da base da morte e renascimento, que é o ciclo de vida.

Dessa forma, você experimenta a quintessência do samsara em uma única noite. Recordando o seu sonho a partir da perspectiva de ter acabado de acordar, você pode pensar: "Ah, por que me agarrei a essa persona no sonho? Eu não era realmente essa pessoa." Você se pergunta: "Por que eu passei por toda essa turbulência? Por que me agarrei a tudo nesses sonhos como se fosse real, me tornando tão perturbado e triste, tão desorientado com todas essas emoções que surgiram? Como pude me deludir tanto?" A razão é simples: você se esqueceu de quem você é e se identificou com o que você não é. É claro que isso acontece porque, quando adormece, você se torna amnésico até mesmo de um sonho em relação ao outro. Quando estamos sonhando, raramente nos lembramos do que estávamos sonhando antes. É muito difícil até mesmo lembrarmos do último sonho da noite, ainda mais dos anteriores. Conforme você acorda, o sonho pode escapar tão rapidamente que tentar lembrá-lo é como tentar agarrar água. De acordo com a visão de mundo budista, essa amnésia satura todo o conjunto das experiências samsáricas, conforme o nosso fluxo de consciência transmigra de uma forma de corporificação para a seguinte.

Por um lado, quando estamos sonhando, esquecemos quem somos. Por outro lado, é mais do que apenas uma questão de esquecer, porque, se realmente tivéssemos esquecido, poderíamos nos preocupar com "quem sou eu?". Esse questionamento seria um passo na direção da sabedoria – reconhecer que não sei quem sou. E haveria um passo seguinte na direção de reconhecer: "Não sei quem eu sou e nem tenho certeza de que isso seja real ou não." Se pudéssemos realizar esses questionamentos, estaríamos a meio caminho da lucidez.

O Buda afirmou ter despertado e, segundo a sua perspectiva, estamos todos adormecidos. Todos os nossos estados, incluindo o sono e a vigília, são um sonho. Temos a capacidade de despertar, mas é como se tivéssemos esquecido nossa verdadeira natureza, que não é outra senão a nossa natureza búdica. E, no meio dessa ignorância, tomamos o que não é "eu" e nem "meu" por aquilo que percebemos como "eu" e "meu". Fixamo-nos à nossa história pessoal, ao nosso corpo, gênero, talentos, habilidades e defeitos. Fixando-nos aos nossos desejos, às nossas esperanças e aos nossos medos, solidificamos ainda mais a nossa noção reificada de identidade pessoal. E, conforme nos identificamos com inúmeras coisas que não são nem "eu" nem "meu", ignoramos quem realmente somos. Essa questão nem sequer é levantada. Observe o paralelo notável que há entre despertar dentro de um sonho e o despertar do Buda para a realidade como um todo. Quando nos tornamos completamente lúcidos dentro de um sonho, compreendemos a natureza da nossa verdadeira identidade e o mundo de sonhos ao nosso redor, e essa percepção produz grande alegria e liberdade. Isso também é válido, em uma escala infinitamente mais ampla, quanto à iluminação do Buda.

Os contemplativos budistas tibetanos relatam que há paralelos importantes entre adormecer e morrer, entre o estado de sonho e o bardo, e entre acordar e reencarnar. Há também uma correlação entre tornar-se lúcido em um sonho e perceber a natureza ilusória dos fenômenos no estado de vigília. Em ambos os casos, você "acorda" em meio a uma realidade de sonho e vê as coisas como elas realmente são.

O "falso despertar" é outra experiência comum, estudada por pesquisadores dos sonhos lúcidos. Stephen LaBerge comenta:

> *Às vezes, falsos despertares ocorrem repetidamente: o sonhador lúcido parece ter acordado repetidas vezes, mas, em cada uma dessas vezes, acaba descobrindo que ainda está sonhando. Em alguns casos, os sonhadores lúcidos relatam dezenas de falsos despertares, antes de, finalmente, acor-*

> *darem "de verdade" ... Muito ocasionalmente, um sonhador pode reconhecer um falso despertar como um sonho. No entanto, isso muitas vezes é difícil, porque o sonhador acredita que já está acordado e nunca pensa em questionar essa premissa.*[54]

Alguém que tenha compreendido completamente a natureza da realidade como um todo é chamado de "buda", ou "aquele que despertou", ou um "ser iluminado". Mas assim como ocorrem os falsos despertares na transição do estado de sono para o estado de vigília, podem também ocorrer falsos despertares espirituais. Ao experimentar alguma mudança excepcional em sua consciência, algumas pessoas concluem que estão iluminadas e rapidamente proclamam isso para o mundo. Mas, em muitos casos, os estados místicos de consciência que experimentaram são transitórios, e elas acabam retornando às atitudes e comportamentos de costume. É importante reconhecer esses falsos despertares pelo que são, sem chegar à conclusão prematura de que, como o seu próprio despertar foi transitório, ninguém mais pode ter encontrado algo mais duradouro.

Nenhuma tradição espiritual tem o monopólio da definição de "iluminação", mas, na tradição budista, essa realização significa estar para sempre livre de todas as aflições mentais e obscurecimentos, como egoísmo, desejo, hostilidade, inveja e arrogância, bem como dos sintomas de tais aflições, incluindo ansiedade, depressão e frustração. O coração e a mente foram curados de suas tendências aflitivas de forma completa e irreversível, e isso se reflete no comportamento. Mas a ocorrência dos falsos despertares está descrita até mesmo na literatura budista tradicional. Há um relato envolvendo um monge mais velho e seu discípulo iniciante. Enquanto o mestre equivocadamente pensava já estar iluminado, seu jovem discípulo tinha realmente atingido a liberação, mas continuava o treinamento para adquirir mais conhecimentos e virtudes. De maneira intuitiva reconhecendo que seu mestre havia avaliado mal seu próprio grau de amadurecimento espiritual, o discípulo traçou uma estratégia para trazer o velho monge à realidade. O discípulo criou mentalmente uma aparição de um elefante enfurecido e projetou essa ilusão para que seu mestre pudesse vê-la. O mestre confundiu a ilusão com um elefante real e, em pânico, saiu correndo. Quando o discípulo o alcançou, após a dissolução da aparição, ele calmamente perguntou: "Mestre, é possível para um

---

54 Stephen LaBerge, *Lucid Dreaming: The Power of Being Awake and Aware in your Dreams*, Nova Iorque, Ballantine Press, 1985, p.129–131.

ser iluminado sentir tanto pânico frente a uma ilusão?" Esse foi o toque de despertar necessário para o mestre, que voltou para a sua própria prática com uma compreensão mais clara do que ainda precisava ser realizado.

Prática

Deixe a sua consciência repousar no corpo, no campo das sensações táteis, incluindo os seus pés, panturrilhas, coxas, nádegas, tronco, pescoço e cabeça. Sinta o ritmo, o fluxo da entrada e da saída do ar. Observe essas sensações táteis e observe como se deslocam durante cada respiração.

Dê um descanso à sua mente, essa mente que está sempre pulando de um estímulo para outro em busca das fontes de excitação. Opte por sair da agitação e escolha a serenidade. Por puro hábito, certamente surgirão pensamentos discursivos involuntários e imagens mentais no espaço da consciência. A cada expiração, como o soprar de uma brisa suave, deixe o conteúdo da mente ser liberado e levado.

Mesmo que esteja ereto na posição sentada, a cada expiração, permita que o corpo inteiro seja levado a um estado mais e mais profundo de repouso, de profundo relaxamento. Deixe que a sua mente abandone todas as preocupações do dia, da noite e as preocupações com o futuro. Deixe que ela venha a repousar na quietude da entrada e da saída do ar. Relaxe profundamente o corpo e a mente, a ponto de se sentir como se estivesse adormecendo conscientemente. É como se você estivesse fechando as portas da casa para ir se deitar, apagando as luzes de cada um dos sentidos. Mas deixe uma luz acesa – a luz da mente. Deixe a luz da percepção mental acesa.

A prática dessa sessão pode ser feita durante o dia, quando estiver acordado, e também à noite, quando estiver no processo de adormecer. Esse é um método prático para adormecer de forma consciente, para observar as transições que ocorrem conforme a mente passa do estado de vigília para o estado de sono sem sonhos. Mantenha apenas uma luz acesa enquanto os seus sentidos físicos forem desligados. Adormeça e sustente a consciência mental nesse processo. Conforme a sua consciência se recolhe do mundo externo de visões, sons e sensações táteis, e conforme se retira do mundo interior de conceitos, memórias, desejos, esperanças e medos, recue a essa quietude interior sem formas, na qual você está completamente acordado.

Agora, redirecione o seu foco como se estivesse dormindo. Posicione o feixe luminoso de sua atenção sobre o domínio da experiência da mente, esse reino onde surgem as imagens mentais, pensamentos, emoções e sonhos. E observe os eventos da mente sem ser carregado por eles. Observe-os com clareza e lucidez, sem intervenção. Observe até mesmo os impulsos menos intensos e mais sutis surgindo na consciência, as imagens fugazes. Como se estivesse sonhando lucidamente, lembre-se de que todos esses fenômenos nada mais são do que manifestações da consciência, sendo que ela mesma não tem forma. Nenhum desses fenômenos é você e nenhum deles existe independentemente da sua própria consciência.

Num primeiro momento, você recolheu a atenção do ambiente exterior para o corpo, o campo de sensações táteis, e em seguida a recolheu outra vez, mais profundamente, para o campo da mente. Agora, recolha a atenção para o centro, o centro em relação ao qual não existe periferia, o centro sem limites. Permita que sua consciência repouse em sua cognição mais íntima, na consciência de estar consciente. Repouse nessa simplicidade absoluta, consciente de estar consciente, sem um objeto. Quando faz isso, você repousa na própria luminosidade, a natureza clara e cognitiva da consciência.

O que você vê? Em meio aos muitos estímulos para a mente, em meio ao fluxo do ambiente do corpo e da mente, é possível discernir uma quietude contínua? Se assim for, esse é o estado inato da própria quiescência meditativa que não precisa ser alcançada, que já está presente. Quando repousa na consciência, você é capaz de ver que não há um objeto específico que seja a consciência? Ela não é uma entidade real. Não tem uma identidade inerente própria. É tão vazia e aberta quanto o próprio espaço. Mas, além dessa qualidade de espacialidade, você consegue discernir a luminosidade natural, o brilho da consciência inata que está sempre presente? Afirma-se que essa é a natureza da consciência. Isso é voltar para casa, para a consciência.

Dedique os méritos e encerre a sessão.

Para contemplação adicional

Existem muitas técnicas diferentes para reconhecer o estado de sonho e abrir as portas para a prática da ioga dos sonhos. Na tradição tibetana, algumas dessas técnicas envolvem visualização. Conforme o praticante adormece, faz-se uma visualização no coração ou no chacra da garganta. Acredito que algumas pessoas sejam capazes de adormecer sustentando essa visualização.

Quando bem-sucedida, elas passam diretamente do estado de vigília para o estado de sonho, mantendo a visualização durante todo o caminho. Isso requer uma mente bastante calma, a ponto de não ser necessário quase nenhum esforço para gerar e sustentar a visualização. Se você tem uma mente calma assim, essa pode ser uma técnica muito útil. Mas, a julgar pela minha experiência e a de alguns dos meus professores, essas técnicas de visualização são um pouco exigentes demais para a maioria de nós. O esforço necessário pode nos manter acordados. No meu caso, quando estou praticando visualizações, eu não adormeço. E, quando finalmente libero a visualização, perco a consciência imediatamente, o que me impede de transportar a visualização ao estado de sonho.

Aqui estão algumas técnicas que você pode tentar para facilitar o sonho lúcido. Adormecer na "postura do leão adormecido", aquela em que o Buda faleceu, pode favorecer essa prática. Isso implica deitar sobre seu lado direito, apoiando a bochecha direita sobre a mão direita, com o braço esquerdo ao longo da perna esquerda. Os contemplativos budistas recomendam essa postura não apenas para a ioga dos sonhos como também para adormecer de maneira geral. Você pode assumir essa posição e, em seguida, trazer a consciência para o corpo. Você é como um submarino deslizando sob a espuma e sob a turbulência de todas as ondas na superfície do mar. Na tranquilidade do corpo, simplesmente não leve a atenção às preocupações, emoções, pensamentos, memórias e assim por diante. Finalmente, você adormecerá com atenção plena e clara. Na minha opinião, esse é um método muito prático.

Se preferir, você pode tentar repousar sua consciência no domínio da mente da maneira ensinada pelo lama tibetano Namkhai Norbu. Nessa técnica, em vez de ter o campo de sensações táteis como objeto da mente, você se concentra no teatro da própria mente. O objetivo é repousar com clareza e não se deixar levar por pensamentos e outros fenômenos mentais. Você deve então repousar, observando a mente sem perder a continuidade da consciência. Essa é uma excelente preparação para o sonho lúcido. Aqueles que tiveram sonhos lúcidos sabem que, muitas vezes, logo depois de reconhecer que está sonhando, talvez em uma questão de segundos, você o perde, ou porque volta ao estado não lúcido ou porque fica tão animado que acaba acordando. Por isso, é importante saber como manter a lucidez. A prática é semelhante a cultivar shamatha como suporte para vipashyana, para que você possa sustentar seus insights experimentais sobre a natureza da realidade. Uma maneira de conseguir isso é desenvolver a imperturbabilidade da sua consciência em repouso. Aprenda a repousar a consciência sem se deixar levar pelos atores no teatro da mente. Lembre-se da metáfora: seja o anfitrião gracioso em meio a hóspedes indisciplinados, sendo que os convidados indisciplinados são o que quer que surja e desapareça em seu campo mental. Seja capaz de manter essa continuidade mesmo quando não houver continuidade ou coerência dos conteúdos da mente. A sua consciência permanece coerente e contínua mesmo em meio a tudo isso. Quando conseguir fazer isso, quando puder sustentar a lucidez por vários minutos, você terá estabelecido a base para fazer o mesmo no estado de sonho. Como Lerab Lingpa afirmou anteriormente, estabelecer a mente em seu estado natural é a base para todos os estados mais avançados de samadhi.

Outra opção é desengajar a sua consciência do corpo e da mente. Aqui você escolhe não se interessar por nada, nem mesmo pelo conteúdo da sua mente. Você simplesmente permite que sua consciência se estabeleça em seu próprio espaço, sem qualquer objeto como referência. Agora, não há relação sujeito/objeto, apenas a cognição primordial, o conhecimento antes do conhecimento de qualquer outra coisa, o conhecimento de simplesmente estar consciente.

Se você tiver a intenção de explorar o mundo dos sonhos lúcidos e as dimensões de consciência que podem ser acessadas por meio da ioga dos sonhos, lembre-se de que o período de maior frequência de sonhos ocorre durante as últimas duas horas antes de acordar. Muitas vezes, esses sonhos tendem a ser mais claros, mais frequentes e de maior duração. Portanto, você deve planejar despertar cerca de duas horas e meia antes da hora em que normalmente desperta. Acerte o seu alarme, acorde e fique acordado por 30–45 minutos. Durante esse tempo, envolva a sua mente na teoria e prática do sonho lúcido. Leia e contemple algum dos excelentes livros sobre sonhos lúcidos ou ioga dos sonhos. Deixe a sua mente ser permeada por esses pensamentos, deixe que essa seja a realidade à qual você está atento. Em seguida, coloque o livro de lado, deite-se virado para o lado direito e volte a dormir com essa firme determinação: "Agora, neste horário nobre para sonhar, vou reconhecer o sonho como tal." Stephen LaBerge descobriu que, fazendo isso, as suas chances de ter um sonho lúcido aumentam em 20 vezes. Esse é um enorme dividendo para compensar o sacrifício de acordar cedo e ficar acordado por alguns minutos.

As pessoas trazem várias motivações para a prática do sonho lúcido e da ioga dos sonhos. Alguns entram na prática principalmente para desfrutar de suas fantasias – fazendo da prática uma fuga temporária de sua realidade des-

perta normal ou uma diversão. A prática budista de ioga dos sonhos vai muito além da realização de saber que se está sonhando enquanto se está sonhando. Esse treinamento budista pode ser dividido em vários estágios:
- reconhecer o estado de sonho;
- transformar o sonho;
- ver através do sonho.

Reconhecer o estado de sonho

O primeiro passo é determinar o estado de sonho como tal, tornar-se lúcido durante o sonho. Juntamente com as outras técnicas mencionadas, essa primeira fase pode ser conseguida através do reconhecimento de um dos seus sinais de sonho. Se treinar para reconhecer esses sinais no estado de vigília, você poderá ser capaz de transportar essa habilidade para o estado de sonho e reconhecê-lo como tal. Pode ser que você note algo extremamente estranho em um sonho e reflita: "Como isso poderia ser real?" Em qualquer hora do dia ou da noite, quando algo estranho ou improvável acontecer, faça uma verificação de estado, como descreve Stephen LaBerge, e verifique se está sonhando. O fato de os eventos parecerem perfeitamente reais não é garantia de que você esteja acordado.

Quando for capaz de se tornar lúcido nos sonhos, aprenda a sustentar essa lucidez. Se o sonho começar a se desvanecer – como às vezes acontece quando você fica tão emocionado que começar a acordar ou quando o sonho fica confuso e você começa a perdê-lo –, preencha a sua consciência com os estímulos. Comece a rodar, girando o seu corpo diversas vezes. Isso inundará a sua consciência e o sonho será restaurado. Outra solução é esfregar as mãos ou massagear todo o seu corpo. O truque é se engajar com o sonho de modo que o cenário do sonho se torne a sua realidade.

Transformar o sonho

Imagine que você possa manter a lucidez por cinco, dez, 15 ou até 20 minutos em um sonho. Comece deliberadamente a fazer coisas novas no sonho, como voar. Agora você está em posição para decolar em sua própria expedição, explorando as fronteiras da sua mente. Ainda assim, nessa fase, as coisas no sonho parecem ser sólidas e reais, independentes da consciência. A segunda etapa da ioga dos sonhos tradicional, uma prática que remonta a, pelo menos, 1.200 anos, é exercitar a sua habilidade de se transformar. Use a sua vontade e a sua imaginação para transformar os conteúdos e os acontecimentos do sonho, incluindo a sua própria forma. Você pode ser um mutante. Se você é um homem, transforme-se em uma mulher. Se você tem mais idade, torne-se mais jovem. Se você estiver com uma multidão de pessoas, transforme-a em apenas uma ou duas pessoas. Se você estiver com uma ou duas pessoas, transforme-as em muitas. Transformar o pequeno no grande e o grande no pequeno. Em outras palavras, seja um artista e recrie a tela dos seus sonhos. Então, veja se existe objetivamente alguma coisa "lá fora" ou subjetivamente qualquer coisa "por aqui" quanto à sua própria identidade, à sua própria encarnação no sonho, qualquer coisa que seja muito real e tangível para ser mudada. Há algo no sonho que resiste à sua imaginação? Se assim for, investigue mais profundamente até reconhecer claramente a sua natureza ilusória. Essa percepção quebrará as barreiras da objetificação que domina os sonhos não lúcidos.

Ver através do sonho

À medida que você explora as mudanças da forma, é bem provável que elementos da consciência substrato emerjam por você estar explorando as profundezas da consciência. É bem possível que, no decorrer desse treinamento, se desencadeiem pesadelos. Algumas das tendências habituais mais negativas na consciência substrato serão inevitavelmente despertadas, e poderão se manifestar como perturbações e talvez como sonhos terríveis. Estes poderão até mesmo ser repetitivos. Quando começar a ter esses pesadelos, se você se tornar cada vez mais habilidoso em transformá-los, poderá fazer o óbvio: fazê-los ir embora. Se algum monstro terrível o ameaçar, você poderá transformá-lo em um cachorrinho, em um sorvete de casquinha ou em um buquê de flores. Lembre-se de que, durante sua iluminação, quando as hordas de demônios convergiram para o Buda brandindo suas armas, ele transformou esses demônios em flores.

Você também poderá dar um passo adiante. Quando outro pesadelo surgir, você poderá passar para a terceira fase da prática de ioga dos sonhos. Sabendo que seu corpo no sonho não pode ser ferido por nenhuma das aparências no sonho, relaxe e permita que ele seja atacado. Se um crocodilo estiver se movendo na sua direção, com os seus olhos redondos esbugalhados acima da superfície da água, no momento em que ele abrir as suas mandíbulas para devorá-lo, relaxe e cumprimente-o graciosamente: "O almoço está servido. Bom apetite!" Relaxe e liberte a sua identificação com o seu corpo de sonho, sabendo que não há nenhum dano que possa ser infligido a ele ou a você, não por um crocodilo de sonho. Deixe-o mastigá-lo à vontade e, quando ele tiver terminado, você pode simplesmente se refazer e, se estiver em um estado de espírito especialmente generoso, perguntar ao crocodilo se ele gostaria de repetir a refeição – sem medo e sem necessidade de modificar nada. Essa é a fase três e indica a profundidade do seu insight sobre a verdadeira natureza dos sonhos.

Em algum momento na sua prática de ioga dos sonhos, você pode ficar curioso para saber como seria experimentar a lucidez sem nenhum tipo de conteúdo – a experiência de lucidez em um sono profundo sem sonhos. Para explorar isso, você pode liberar o sonho e simplesmente estar consciente de estar consciente. Você não tem que se preocupar com os joelhos doloridos, com a sua postura, com as pequenas coceiras aqui e ali ou com qualquer outra distração durante a meditação. Agora você está dormindo, e, portanto, a sua mente está naturalmente recolhida dos sentidos físicos e do corpo. Você já está em uma arena de meditação, tudo que precisa fazer é meditar. Então, depois de o crocodilo ter lhe devorado como um jantar de três pratos, você talvez possa decidir que "já é suficiente" e dissolvê-lo. Em seguida, permita que a consciência repouse na própria consciência.

Quando você acordar após a prática de ioga dos sonhos, Padmasambhava aconselha o seguinte:

> *De manhã, quando acordar, contemple com vigor e clareza: nem um único sonho de todos os que tive na noite passada permanece quando eu acordo. Da mesma forma, nenhuma de todas essas aparências que surgirem durante o dia de hoje estará nos meus sonhos à noite.*[55]

Os sonhos do dia não são fundamentalmente mais reais do que os sonhos da noite. São igualmente ilusórios. Do ponto de vista do Desperto, estamos sonhando neste exato instante. Ontologicamente falando, este reino de vigília não é mais real do que os sonhos que vivenciaremos à noite. Então, como seria estar lúcido durante o estado de vigília? Que tipo de liberdade, que tipo de alegria, que tipo de escolhas poderiam ser feitas se entendêssemos a natureza deste sonho desperto? O que poderia ser mais fascinante? Não sou capaz de imaginar aventura maior do que essa.

---

55 Padmasambhava, Op.cit.,

14 A Grande Perfeição

DURANTE OS PRIMEIROS 20 ANOS DO meu treinamento no budismo, estudando e praticando sob a orientação de professores como Geshe Ngawang Dhargyey, Geshe Rabten, Gen Lamrimpa, Sakya Dagmola, Balangoda Ananda Maitreya e Sua Santidade o Dalai Lama, fui exposto principalmente à abordagem de desenvolvimento do amadurecimento e do despertar espiritual. Mas, desde o início da década de 1990, sob a orientação do Lama Nyingmapa Gyatrul Rinpoche, venho treinando a abordagem de descoberta da Grande Perfeição ou Dzogchen. Durante esse tempo, também tive a sorte de receber mais instruções sobre essa tradição contemplativa de outros lamas Nyingmapa e de Sua Santidade o Dalai Lama.

Os lamas da ordem Nyingmapa veem o Dzogchen como o pináculo da teoria e da prática budista, e declaram que ele é especialmente relevante e eficaz em tempos de degenerescência moral como a era atual. Portanto, há um paradoxo intrigante aqui: o Dzogchen é apresentado como a mais sutil e profunda de todas as teorias e práticas budistas, mas também se diz que é adequado principalmente para pessoas cujas mentes são grosseiras e não refinadas.

Muitos ensinamentos budistas que apresentam a abordagem de desenvolvimento enfatizam a importância da árdua purificação e transformação da mente, sobre a qual pesam as aflições e os obscurecimentos. Essa perspectiva vê a natureza búdica como a nossa capacidade de atingir a iluminação, mas adverte que, a menos que nos apliquemos diligentemente à prática disciplinada por um tempo muito longo, essa capacidade permanecerá sendo apenas uma promessa. A partir dessa perspectiva, o caminho para a iluminação parece longo e árduo. Por outro lado, de acordo com a abordagem de descoberta ensinada no Dzogchen, a nossa natureza búdica é a natureza essencial de nossa mente. É primordialmente pura e repleta de todas as qualidades de um buda neste momento. Tudo o que temos a fazer é remover os véus. E a maneira de fazer isso não é desenvolvendo virtudes e combatendo os vícios assiduamente, mas sim deixando que a consciência repouse em seu próprio estado natural sem esforço. Desse modo, as qualidades da iluminação surgem espontaneamente. Há até mesmo um texto clássico sobre Dzogchen, do mestre do século XIX Düdjom Lingpa, chamado "Buddhahood without meditation" ["O estado de buda sem meditação"]. Isso soa maravilhosamente bem, quase bom demais para ser verdade. Mas muitas pessoas no Ocidente estão migrando para esses ensinamentos e retiros de meditação reagindo a essa abordagem com uma sensação de alívio, em contraste ao desânimo que sentem quando encaram as árduas disciplinas ensinadas em muitas tradições contemplativas, incluindo o budismo. No entanto, ainda que os ensinamentos da Grande Perfeição sejam muito atraentes para pessoas aprisionadas na correria do mundo moderno e que simplesmente não conseguem encontrar tempo para meditar, eles não fornecem uma solução rápida para atingir a iluminação.

O grande perigo é que o Dzogchen seja, assim como o Zen e o Vipassana, tirado de seu contexto para ser aplicado ao mundo moderno. Os ensinamentos do Zen, únicos e ricos, podem ser tomados de forma simplista e reduzidos a "apenas sentar", e as práticas profundas do Buda ensinadas nas quatro aplicações da atenção plena podem também ser reduzidas a apenas estar plenamente atento. Da mesma forma, a teoria, a meditação, e o modo de vida ensinados no

Dzogchen podem ser simplificados e reduzidos a apenas estar presente e ser espontâneo, sem rejeitar nada e sem praticar nada.

Quando os ensinamentos da Grande Perfeição são estudados a fundo, fica claro que esse caminho não é simplesmente uma descoberta passiva de sua natureza búdica, mas que também envolve uma sequência exigente de práticas que fazem parte de uma visão sofisticada tanto da realidade relativa quanto da realidade absoluta. A prática autêntica do Dzogchen resulta no despertar espiritual perfeito de um buda, mas isso requer um alto grau de preparação. Sem atingir shamatha, sem a realização das quatro qualidades incomensuráveis, de bodicita e do insight direto sobre a ausência da natureza inerente de todos os fenômenos, o Dzogchen não será completamente eficaz. No entanto, isso não quer dizer que o Dzogchen precise ser adiado até que tenhamos compreendido bem esses estágios de prática mais elementares. Muitas pessoas acham que o Dzogchen é útil mesmo nos estágios iniciais da prática. Mas é importante não reduzir esse sistema profundo de teoria e prática a "apenas estar consciente". Esse tipo de reducionismo é comum na prática moderna do Zen e do Vipassana, mas as pessoas que fazem isso não devem esperar que tais práticas produzam os mesmos benefícios que proporcionaram para as gerações de contemplativos budistas que nos precederam.

É uma questão de ponderação. Por um lado, os clássicos da Grande Perfeição declaram que shamatha, bodicita e a realização da vacuidade podem surgir a partir da simples prática de repousar no estado natural de consciência primordial, rigpa. Mas é muito fácil confundir a consciência substrato ou simplesmente um estado de vazio mental com essa dimensão primordial de consciência pura, vazia e luminosa. Especialmente quando experimentamos um sentimento de bem-aventurança, clareza e não conceitualidade em nossa meditação, podemos nos agarrar a essas experiências e confundi-las com o estado real de rigpa. Contudo, como o grande mestre Dzogchen do século XIX Patrul Rinpoche adverte:

> *Um iniciante pode ser capaz de deixar a mente repousar naturalmente em si mesma e tentar manter isso. No entanto, é impossível para ele se livrar da fixação a muitas experiências, como "bem-aventurança", "clareza" e "não conceitualidade", que acompanham o estado de calma e quietude.*[56]

---

56   Citado em Sua Santidade o Dalai Lama, *Dzogchen: The Heart Essence of the Great*

Para elaborar a questão, é possível experimentar a consciência substrato sem insight sobre a natureza de qualquer outro fenômeno. Acessar a consciência substrato é um resultado direto de shamatha, sem necessidade de vipashyana. No entanto, para realizar a consciência primordial é preciso reconhecer a natureza vazia do samsara e do nirvana, e perceber todas as aparências como manifestações da consciência primordial. Para obter acesso à consciência do substrato, você remove a mente de sua própria base individual. Por outro lado, para realizar a consciência primordial é preciso abrir sua consciência para o "um só sabor" de todos os fenômenos como manifestações da consciência primordial.

Então, como podemos evitar as armadilhas que nos levam a confundir as experiências meditativas mundanas com a consciência primordial? Por meio das práticas profundas e simples, porém bastante desafiadoras, do Dzogchen, sem tirá-las de seu contexto e apreciando a sutil combinação de esforço e relaxamento, controle e liberação, desenvolvimento e descoberta que esse caminho implica, podemos, então, ter sucesso.

Prática

Em seu livro *A Spacious Path to Freedom*,[57] Karma Chagmé cita as instruções em quatro etapas do contemplativo tibetano Siddha Orgyen, sobre a união de Dzogchen e Mahamudra:
1. repouse na consciência não estruturada;
2. solte as memórias e os pensamentos;
3. transforme a adversidade em ajuda;
4. solte as aparências.

O Mahamudra é um sistema de práticas meditativas intimamente relacionado com o Dzogchen. Nos trechos a seguir, esse sistema se refere à natureza última da consciência, dharmakaya. As instruções são tão profundas e lúcidas que eu as ofereço sem nenhum comentário de minha parte:

Perfection, Ithaca, Snow Lion Publications, 2000, p.66.

57 Idem.

1. Repouse na consciência não estruturada

Fique à vontade como um brâmane contando histórias. Fique solto como um feixe de palha cuja amarração foi cortada. Seja gentil como se pisasse em uma almofada macia. Caso contrário, você se aprisionará como se tivesse caído em uma teia de aranha. Mesmo contraindo todo o corpo e a mente como um lenhador agarrado a um penhasco, a mente resiste à quietude. Em um estado livre de um objeto de meditação e de um meditador, ponha-se em guarda, simplesmente recolhendo a mente sem distração, e então deixe tudo ser como é, calmamente. Assim, a consciência retornará ao seu lugar de descanso como um camelo mãe que havia sido separado de seu filhote.

Portanto, o ponto crítico de sustentar a mente é simplesmente saber como relaxar em um estado livre de distrações e sem meditar. Isso é profundo. Mais uma vez, diz-se que relaxar a consciência não é algo fácil.

2. Solte as memórias e os pensamentos

Essa mente comum existe original e primordialmente como o dharmakaya. Os seis campos de experiência, que surgem como as diferentes memórias e pensamentos diversos, são formas do dharmakaya e a mente segue cada um desses objetos. Uma vez que a experiência de todos eles tenha surgido no fluxo mental, ao reconhecer a própria natureza dessa experiência em seu próprio estado, a essência do Mahamudra é vista. Nessa realização, não há expulsão de coisas ruins que não pertençam à meditação e não há nada a ser afirmado. Sejam quais forem os pensamentos que surjam, não se distraia com eles, mas mantenha a prática como o fluxo de um córrego.

3. Transforme a adversidade em ajuda

Sejam quais forem as aparências das oito preocupações mundanas que surjam, não as considere um problema, mas se relacione com elas como uma ajuda. Se você compreende esse ponto, não há necessidade de buscar intencionalmente a não conceitualidade, não há necessidade de considerar os pensamentos como sendo um problema. Então, a sua consciência é generosamente sustentada sem o aparecimento de uma fome de prática espiritual. Desse modo, sem buscar a quietude, a vivacidade ou a bem-aventurança da mente, pratique sem rejeitar ou aceitar o que quer que surja. Essa consciência comum não é fabricada e nem estruturada. A autoiluminação em si é o encontro com todos os fenômenos.

4. Solte as aparências

Assim, todas as memórias e pensamentos, todas as aparências e todas as experiências de atividades surgem na natureza do Mahamudra. Da mesma forma que nenhuma pedra comum é encontrada em uma ilha de ouro, os vários fenômenos do samsara e do nirvana naturalmente não perdem o seu frescor, a sua face não muda e eles surgem como a consciência primordial, inata e auto-originada na natureza do Mahamudra primordial, não criado e não fabricado.[58]

PARA CONTEMPLAÇÃO ADICIONAL

Vamos iniciar contextualizando essa prática profundamente simples dentro do quadro mais amplo dos ensinamentos budistas. Isso pode permitir que você desenvolva uma apreciação mais profunda pela simplicidade dessa prática – uma simplicidade que de forma alguma é fácil de se dominar. A tradição Theravada, que enfatiza os fundamentos do Darma budista, visa à libertação individual (pratimoksha). Essa é a busca do nirvana, a busca pela liberação do samsara – do sofrimento e das causas do sofrimento. O tema geral que atravessa esses ensinamentos e práticas fundamentais é reconhecer as aflições ou distorções da mente: apego, hostilidade, delusão e assim por diante. À medida que essas aflições surgem, você as reconhece e aprende a neutralizá-las. Você mesmo irá se curar, aplicando os antídotos. É uma abordagem profundamente sensata.

---

[58] Citado em Karma Chagmé, *A Spacious Path to Freedom: Practical Instructions on the Union of Mahāmudrā and Atiyoga*, Ithaca, Snow Lion Publications, 1998, p.141–144.

Um relato muito inspirador do Buda e de muitos outros praticantes contemplativos que vieram depois dele é de que a mente não é irreversivelmente propensa a essas aflições mentais. Ela pode ser curada de forma permanente. O foco é a própria existência, um ponto de partida razoável, e a prática requer muito esforço. Nesses primeiros ensinamentos do Buda, muitas vezes se encontram exortações para se esforçar com afinco, para resistir quando está prestes a se render à raiva, à agressão ou a qualquer tipo de comportamento não virtuoso, seja de corpo, fala ou mente. A prática envolve elaborações conceituais (prapañcha), ou seja, há muito a ser compreendido e a ser feito em termos de purificação e transformação da mente.

Uma segunda escola do budismo é conhecida como Mahayana, o Grande Veículo. Aqui, a motivação para a prática espiritual não é apenas a libertação pessoal, mas a liberação de todos os seres sencientes. E o objetivo não é simplesmente a liberação do sofrimento e de suas causas internas – as aflições mentais –, mas a eliminação de todas as obscuridades mentais, para que a nossa capacidade plena de sabedoria, compaixão e poder da consciência possa se manifestar. Esse caminho não nega a busca pela liberação individual, mas a amplia e inclui todos os seres. Todos os aspectos de nossa existência, desde que fomos concebidos (sem contar a questão de nossas encarnações anteriores), ocorrem na dependência de outros – da bondade de nossos pais, professores, amigos da escola e todos ao nosso redor. Geshe Rabten compartilhou a sua própria experiência comigo, há muitos anos:

> *Ao refletir sobre o desenvolvimento do espírito do despertar, em que a preocupação consigo mesmo é transformada em preocupação com os outros, percebi que somos dependentes da bondade dos outros para todas as nossas atividades e em todos os estágios de desenvolvimento espiritual, como uma criança que precisa contar com os outros para todas as suas necessidades. Se não podemos contar com os outros seres, não temos poder algum.*[59]

Ao reconhecermos isso, torna-se desnecessário afirmar que a nossa busca individual pela felicidade deve considerar e incluir todos aqueles que nos possibilitaram viver e buscar a nossa própria felicidade. Assim, ampliamos o

---

59 Geshe Rabten, *The Life and Teachings of Geshe Rabten: a Tibetan Lama's Search for Truth*, Londres, George Allen and Unwin, 1980, p.116.

alcance de nosso interesse e dos nossos cuidados, e aspiramos a atingir o mais perfeito e elevado estado de despertar espiritual, semelhante ao de um buda, para que possamos servir melhor aos outros.

Assim como a busca pela liberação individual, o caminho Mahayana também implica neutralizar as aflições da mente, às vezes de forma vigorosa. Também inclui cultivar qualidades virtuosas diligentemente – atenção equilibrada, bondade amorosa, compaixão, discernimento e assim por diante. É também uma prática com elaborações conceituais que exige esforço para a transformação. Mas agora a amplitude é enormemente expandida, porque a prática é realizada para o benefício de todos os seres sem exceção.

O terceiro veículo do Darma budista, o mais alto escalão da teoria e da prática, é chamado de Vajrayana, ou "veículo de diamante". Da mesma forma que o Mahayana incorpora as práticas de liberação individual, o Vajrayana abrange o Mahayana. É como um Mahayana ampliado – há um sentido de urgência na prática Vajrayana, motivado não pela impaciência, mas por uma profunda compaixão. Os problemas que afligem os seres sencientes são extremamente terríveis. E, então, se existem remédios disponíveis, é como os praticantes Vajrayana diriam: "Mãos à obra!" O Vajrayana implica tomar toda a energia que temos à nossa disposição, incluindo a energia das aflições mentais, e transmutá-la por meio de uma espécie de alquimia espiritual. Essa energia é transmutada em caminho espiritual utilizando-se técnicas onde as elaborações conceituais transformam a negatividade em combustível para a maturação espiritual. O falecido Lama Thubten Yeshe, discípulo de Geshe Rabten, escreveu um livro claro e acessível sobre esse tema, chamado Introduction to Tantra.[60]

Por fim, chegamos ao Dzogchen, considerado por muitos tibetanos como a culminância do Vajrayana. Aqui, não há mais o mesmo sentido de esforço diligente, de desenvolvimento, de transformação – já não há elaborações conceituais de teorias e sistemas filosóficos e psicológicos complexos. Em vez disso, há simplicidade. A ênfase é na liberação da mente e em se estabelecer profundamente na natureza da consciência pura, que não precisa de modificação e que não pode ser desenvolvida. Assim, a abordagem de desenvolvimento dá lugar à descoberta. O Dzogchen é uma prática sem elaborações conceituais, é a prática da não meditação. De um modo muito profundo, não há nada a ser

---

60   Lama Thubten Yeshe, *Introduction to Tantra: The Transformation of Desire*, Sommerville, Wisdom Publications, 2014. Há uma edição brasileira para o livro: *Introdução ao Tantra: a transformação do desejo*, São Paulo, Gaia, 2007.

feito. Mas o Dzogchen não vira as costas a tudo o que foi dito até agora: ele incorpora tudo isso de uma maneira muito especial.

O objetivo da prática Dzogchen é a realização de rigpa – consciência prístina que é a natureza fundamental da nossa própria mente e, em última análise, a própria natureza búdica. As realizações da vacuidade e de rigpa são fortemente enfatizadas na tradição budista tibetana. Então, qual é a relação entre elas? É dito por muitos dos grandes praticantes, incluindo o atual Dalai Lama, que, a fim de penetrar rigpa, você deve realizar a vacuidade. O que isso significa?

Segundo os ensinamentos do Madhyamaka – ou Caminho do Meio – sobre a vacuidade, ensinamentos que são fundamentais e completamente compatíveis com o Dzogchen, o mundo em que vivemos, aqui e agora, é semelhante a um sonho. Mas a noção de que os fenômenos que vivenciamos no estado de vigília não têm uma existência mais real, objetiva e inerente do que a de um sonho parece ser contrária à nossa experiência. Na verdade, os mestres Madhyamaka dizem que há uma profunda incongruência ou incompatibilidade entre a maneira como os fenômenos parecem ser para nós e a forma como eles são. Se você estivesse em uma mesa de restaurante comendo com os amigos e observasse a pessoa ao seu lado, ela pareceria ter uma existência objetiva, independentemente da sua própria consciência ou da consciência de qualquer outra pessoa. Para confirmar isso, você poderia se aproximar e cutucá-la, e, para tornar isso mais "científico", poderia pedir que as outras pessoas à mesa também a cutucassem. Com esse contato físico em primeira pessoa e com a corroboração de sua própria experiência por uma terceira pessoa, você poderia concluir que essa pessoa é objetivamente real, independentemente das percepções ou concepções de quem quer que seja. Mas lembre-se de que você pode fazer a mesma coisa quando está sonhando. As aparências, incluindo as sensações táteis, podem ser enganosas. Assim, a filosofia budista do Caminho do Meio ensina que os fenômenos, que parecem existir independentemente, não existem desse modo. Para que passem a existir, eles devem ser conceitualmente designados. Os fenômenos que experimentamos não existem independentemente de nossos modos de percepção ou concepção – portanto, dizemos que eles são vazios de existência inerente e objetiva, como os eventos em um sonho.

Essa realização pode ser caracterizada como "estar em um estado de vigília lúcido". Para investigar a relação entre a realização da vacuidade e da consciência prístina, imagine que você esteja sonhando. Nesse sonho, você decide que as preocupações mundanas não estão trazendo a satisfação que procura, e então você decide procurar outras coisas. Você faz uma varredura na lista telefônica, verifica com os amigos e, finalmente, encontra um professor budista qualificado, digamos, um lama tibetano. Em seu sonho, você se encontra com o lama e pede orientação. Depois de lhe dar muitos dos ensinamentos básicos do budismo, o lama sente que chegou o momento de lhe dar instruções sobre a meditação da vacuidade. Explicando que nada existe de forma inerente, independente da designação conceitual, ele revela a você a natureza de sonho de todos os fenômenos. Ao investigar a natureza dos fenômenos por si mesmos, quanto mais você examina a natureza de sua própria identidade, de sua mente e de tudo ao seu redor, mais você percebe que não há natureza inerente em coisa alguma. Então, você acaba por reconhecer: "Isso é realmente como um sonho e todos esses fenômenos são apenas objetos que passam a existir pelo poder da designação conceitual, por meio da qual eu reifico o meu mundo. Eu compartimento o meu mundo, separo o sujeito do objeto… Sim, eu vejo que é realmente um sonho." Lembre-se: nesse cenário, você está de fato sonhando.

E agora, observando o seu progresso, o lama diz: "Agora que você já obteve insights sobre a vacuidade, acho que está pronto para o Dzogchen. Então, eu tenho algumas notícias para você. Você não é de forma alguma a pessoa que pensa ser. Você não é essa persona de sonho com a qual se identifica. Na verdade, tudo o que você pensa ser é apenas uma aparência. Eu sou apenas uma aparência e tudo o que estamos vivendo aqui é uma manifestação, uma exibição da consciência prístina. Você não está nesse sonho. Na realidade, você é o sonhador, o sonhador de mim, o sonhador de você, você é o sonhador de todo o ambiente. Isso não é como um sonho, isso é um sonho! Agora, desperte!" Portanto, enquanto estava sonhando, você reconheceu a natureza não objetiva do conteúdo do sonho. Além disso, reconheceu que você é o sonhador e não o que é sonhado. Então, despertando, tornando-se lúcido em seu sonho, você vivencia um fac-símile de rigpa.

Agora, vamos aplicar isso ao estado de vigília. O Buda e os mestres Madhyamaka posteriores, como Nagarjuna, Shantideva, Tsongkhapa e o Dalai Lama, declaram que o estado de vigília é como um sonho. E oferecem métodos de investigação contemplativa para realizarmos a ausência de natureza inerente destes fenômenos aqui e agora. Com base nisso, os mestres Dzogchen declaram: isso não é como um sonho, isso é um sonho e estamos apenas sonhando que somos seres sencientes, mas, na verdade, somos budas. Nós nunca fomos outra coisa senão seres despertos. Tudo o que precisamos fazer é reconhecer o que já somos.

Se a visão Madkyamaka da vacuidade afirma que todos os fenômenos, sem exceção, são desprovidos de existência inerente e que existem pelo poder da designação conceitual, o que dizer da própria natureza de rigpa? No Dzogchen, rigpa é descrito como a base do ser, como o "um só sabor" que abrange todo o samsara e todo o nirvana. Em outras palavras, rigpa soa como algo "real" no sentido absoluto. Além disso, diz-se que rigpa transcende toda a elaboração conceitual, toda a categorização – originação e cessação, sofrimento e alegria, eu e não eu, bom e mau, sujeito e objeto, mente e matéria, e até mesmo existência e não existência. Rigpa está além de tudo isso. Como Patrul Rinpoche diz:

> *Essa consciência desimpedida e que tudo penetra é o ponto chave da sabedoria naturalmente inerente e inexprimível, que está além de todos os extremos filosóficos, como surgir e cessar, existir e não existir, e, portanto, além das palavras e dos conceitos.*[61]

Nesse caso, rigpa é algo que passa a existir pelo poder da designação conceitual? Não, claro que não. Como poderia ser assim, se rigpa transcende a própria modalidade de designação conceitual, de construções conceituais? Está além de tudo isso e, portanto, não poderia vir a existir como resultado do pensar. Mas os ensinamentos Madhyamaka sobre a vacuidade dizem que, se afirmar a existência de algo independente da designação conceitual, isso implica que esse algo existe por sua própria natureza inerente. Como resolver esse dilema?

A resposta se torna facilmente perceptível se dermos um passo atrás. Lembre-se de que o status de rigpa, de consciência prístina, desafia as próprias categorias de existência e não existência. Rigpa não é intrinsecamente real e nem inerentemente irreal. Não é "isso", não é "aquilo", não se enquadra em nenhuma das nossas categorias conceituais. Assim, estando além da existência e da não existência, não é nem verdadeiramente existente, nem é trazida à existência pelo poder da designação conceitual.

Agora, imagine que você ouça ensinamentos e leia livros sobre o Dzogchen e, por fim, faça alguma ideia ou obtenha alguma noção de rigpa. Você ouve o familiar refrão de que rigpa é a consciência conceitualmente não estrutu-

---

61 Citado em Sua Santidade o Dalai Lama, Op.cit., p.68.

rada, a consciência prístina, a base do samsara e do nirvana que se manifesta espontaneamente como exibições de todo o mundo e que ainda desafia todas as construções conceituais. Mas, conforme reflete sobre essas afirmações, você gera construções conceituais sobre rigpa. O que você está chamando de rigpa está agora surgindo na sua mente como um objeto. No entanto, quando você realmente repousa a sua consciência em rigpa, a própria dicotomia entre sujeito e objeto se dissolve, não há objetos da mente reificados, porque não há divisão reificada entre sujeito e objeto. Essa é a primeira das duas principais fases da prática do Dzogchen, conhecida como o Atravessar (Breakthrough). Quando a mente está repousando em seu estado primordialmente desperto que permeia toda a existência, isso é rigpa. Mas, então, rigpa não é de forma alguma um objeto da mente. E a questão de saber se é inerentemente existente nem sequer se coloca.

A clara luz da morte

É possível que pessoas como nós alcancem esses estados elevados de realização espiritual, desafiando até mesmo a própria morte? De uma forma muito prática, a resposta é "sim", mesmo se deixarmos um cadáver para trás ao final desta vida. Isso tem tudo a ver com o que pensamos que somos, com isso a que estamos nos agarrando como "eu" e "meu". Enquanto eu me agarrar a este corpo, irei morrer, o meu corpo estará destinado a desaparecer de um jeito ou de outro. Enquanto eu me agarrar à minha mente, à minha psique, à minha personalidade, à minha história pessoal, ao meu conhecimento, aos meus interesses e a outras coisas que já adquiri, eu irei morrer. No processo de morte do corpo, o cérebro e o sistema nervoso perdem a sua capacidade de dar sustentação à psique, que por fim desaparece. Mas, de acordo com os contemplativos budistas, a psique não desaparece sem deixar vestígios. Como no cultivo de shamatha, a psique se dissolve na consciência substrato, que segue de uma vida para outra. Em seguida, na fase culminante do processo de morte, até mesmo a consciência substrato se torna dormente e todas as dimensões da consciência são reduzidas à extrema simplicidade de rigpa, que se manifesta naquele momento como a clara luz da morte.

A clara luz da morte, que não é outra senão a sua própria natureza búdica, é não nascida. Ela não surge na dependência de causas e condições, nem é condicionada pelo seu cérebro ou pelo ambiente. Sendo assim, não está sujeita a morte e decrepitude. Você pode aprender, ainda em vida, a soltar as fixações em níveis cada vez mais sutis – liberando a sua mente, a sua fala, o seu corpo, a sua história pessoal. Ao repousar profundamente nessa consciência prístina, sabendo que a consciência primordial e não nascida remanescente é quem você é – você não morre. Essa é uma abordagem prática da imortalidade, mesmo que seu corpo morra e sua psique desapareça.

Aqueles que são capazes de reconhecer a natureza da consciência, quando estão na sequência final de experiências do processo de morrer comumente, permanecem na clara luz da morte durante dias ou semanas, ou, raramente, mesmo durante meses. Nesse período, os batimentos cardíacos, a respiração e todos os sinais metabólicos são interrompidos. Mas eles ainda estão meditando. Resta um calor na região do coração e o corpo não se decompõe. Hoje em dia, se discute pouco sobre a veracidade desse fenômeno. Ele foi presenciado por muitas pessoas, budistas e não budistas, incluindo médicos, mais recentemente.

A primeira vez que vi evidências desse fenômeno foi em 1992, quando estava em Dharamsala, na Índia, com um grupo de neurocientistas que estudavam iogues tibetanos avançados. Assim que chegamos à cidade, recebemos uma mensagem do gabinete de Sua Santidade o Dalai Lama incentivando-nos a ir rapidamente para a casa de Ratö Rinpoche, um lama tibetano idoso que vivia no exílio perto da sede do governo tibetano. A sua respiração e os seus batimentos cardíacos haviam cessado seis dias antes, e os seus assistentes observaram que o seu corpo não havia se deteriorado e que se mantinha um calor em seu coração. Os neurocientistas e eu chegamos poucas horas depois de ele ter encerrado essa meditação final na clara luz da morte, o que era indicado pelos primeiros sinais de decomposição física. O seu corpo mal havia começado a desfalecer e não havia nenhum odor desagradável no quarto.

Ratö Rinpoche foi reconhecido como um tulku, a reencarnação de um mestre altamente realizado, quando era criança pequena. Ele nasceu, por assim dizer, como um aristocrata espiritual, recebendo treinamento de professores realizados desde criança. Mas nem todos que exibem a realização da clara luz da morte são lamas encarnados. Um dos meus principais professores, o contemplativo tibetano Gen Lamrimpa, era simplesmente um monge tibetano, havendo sido ordenado ainda criança no Tibete, estudando na Índia e passando as últimas décadas de sua vida em meditação intensiva. Ele faleceu no outono de 2003 e, após a cessação de sua respiração e de seus batimentos cardíacos, permaneceu na clara luz da morte por cinco dias. A sua vida e a sua morte foram uma inspiração para todos os seus alunos, no Oriente e no Ocidente.

Conheci Gen Lamrimpa em 1980, quando estava em um retiro solitário de cinco meses nas montanhas acima de Dharamsala, praticando sob a orientação de Sua Santidade o Dalai Lama. Um velho amigo meu, Jhampa Shaneman, permitiu que eu me mudasse para sua cabana de retiro que não estava sendo usada no momento. Essa cabana se situava em um conjunto de cabanas de meditação ocupadas por experientes iogues tibetanos e Gen Lamrimpa era o meu vizinho mais próximo. Eu o visitava uma vez por semana para consultá-lo sobre a minha prática, e me impressionavam a sua profunda compreensão e a calorosa compaixão. Anos mais tarde, ele aceitou o meu convite para conduzir um retiro de shamatha de um ano no Noroeste Pacífico, durante o qual compartilhamos uma cabana e eu continuei o meu treinamento com ele. Na minha cabeça, ele era o iogue entre os iogues: às vezes, meditava de cinco horas da manhã até uma hora da manhã do dia seguinte. Ninguém que o conhecia ficaria surpreso ao saber que ele havia morrido com tamanha equanimidade e alegria, e que havia passado os seus últimos dias repousando no mais profundo estado de consciência.

Nem todo mundo que realiza a clara luz da morte é reconhecido em vida como um iogue realizado como Gen Lamrimpa. Lama Putse, líder de recitações do monastério Ka Nying Shedrub Ling, em Boudhanath, Nepal, era respeitado por seus colegas monges como um especialista em todos os aspectos dos rituais e um qualificado revisor de tratados escriturais budistas. Mas poucos sabiam da profundidade de sua realização meditativa. Segue um trecho do boletim publicado logo após sua morte, em 31 de março de 1998:

> *Para a nossa maravilhosa surpresa, Lama Putse permaneceu por 11 dias no estado meditativo pós-morte de tuk-dam. Durante esse tempo, não houve nenhum dos habituais sinais de decomposição pós-morte. O seu corpo permaneceu fresco e completamente livre de odores, a carne macia e suave, sem nenhum sinal de rigidez cadavérica. O seu rosto estava tranquilo e parecia ter vida. Na noite do dia 8 de abril, a nosso pedido, o dr. David R. Shlim, respeitado médico-chefe da clínica CIWEC, veio ao mosteiro para ver o Lama Putse. Dr. Shlim ficou espantado com a condição extraordinária do corpo e declarou que não conseguia pensar em nenhuma explicação, do ponto de vista médico e científico, para tal ocorrência... Durante os 11 dias de tuk-dam, vários monges permaneceram no quarto de Lama Putse para realizar pujas durante 24 horas por dia. O quarto tinha uma agradável fragrância suave e um frescor notável...*

> *Lama Putse concluiu a sua meditação de tuk-dam no sábado, dia 11 de abril. Quando o tuk-dam termina, a mente da pessoa deliberadamente se separa do corpo físico e o corpo começa a se decompor rapidamente.*[62]

Aparentemente, todos os contemplativos citados nesses relatos foram capazes de reconhecer a consciência primordial quando estavam morrendo e é por isso que a experiência é conhecida como a clara luz da morte. Foi o reconhecimento desse estado que lhes permitiu sustentá-la, postergando a deterioração do corpo. Se a sua consciência "vê a sua própria face" na hora da morte, isso é como reconhecer um velho amigo. Os tibetanos chamam isso de "encontro da clara luz da consciência mãe e filha" e a experiência é semelhante a uma criança subindo para o colo de sua mãe. É como voltar para casa. Esse é o estado fundamental absoluto de sua consciência, não um território estranho. Caso você se familiarize com esse estado de consciência por meio de sua prática meditativa, essa experiência não causará desorientação na morte. Você irá reconhecer a base absoluta de sua existência.

Corpo de arco-íris

Alguns mestres de meditação muito avançados no caminho Vajrayana revelam algo ainda mais surpreendente no momento da morte, chamado de "corpo de arco-íris". O Dzogchen, assim como outras práticas do Vajrayana, inclui o tema da alquimia, de transmutar as aflições mentais em um elixir da sabedoria primordial. Mas há também um processo de transmutação do próprio corpo. O Tantra Kalachakra, outro sistema entre os mais profundos da teoria e da prática no budismo Vajrayana, fornece explicações detalhadas sobre como alcançar a transmutação alquímica do corpo por meio da prática avançada de meditação, que envolve visualizações complexas e profunda realização. Com a culminância dessa prática, os elementos materiais do corpo são extintos, restando apenas um corpo de "forma vazia".

Ao longo da última década, ouvi falar de dois contemplativos tibetanos que demonstraram uma realização parcial do corpo do arco-íris ao morrer. Um deles foi um Geshe Gelukpa que viveu em Lhasa e o outro foi um lama da ordem Jonangpa que viveu no mosteiro Dzamthang, no Tibete oriental. Nesses dois casos, testemunhas relataram que, no momento da morte, o corpo do lama

---

[62] "Notícias do Monastério Ka-Nying Shedrub Ling, Boudhanath, Nepal", *Boudha Sangha News*, 16 abr 1998.

encolheu, atingindo o tamanho de uma criança pequena, mas manteve as proporções e as características do lama adulto. A crença budista tibetana é de que os componentes materiais do corpo se dissolvem em energia pura da consciência primordial, mas, nesses casos, a transmutação alquímica não foi completa.

Penor Rinpoche, antigo chefe da ordem Nyingma, a quem traduzi em junho de 2000 em Los Angeles, afirmou naquela época (ele tinha então 60 anos) que sabia pessoalmente de seis casos de contemplativos tibetanos que haviam atingido completamente o corpo do arco-íris. Isso ocorre quando uma pessoa passa pelo processo da morte, entra na clara luz da morte, libera a experiência e, ao fazer isso, o corpo simplesmente desaparece, restando geralmente apenas as partes que não estão mais vivas: os cabelos e as unhas. Esse processo implica uma profunda transmutação e extinção dos componentes materiais do corpo. Assim, de acordo com relatos tibetanos, manifestar o corpo de arco-íris é um evento raro – que no passado recente ocorreu cerca de uma vez a cada década –, o que é notável, considerando que, ao longo dos últimos 50 anos, a civilização tibetana tem sofrido um genocídio de grande escala nas mãos dos comunistas chineses, que também destruíram praticamente todos os monastérios tibetanos e centros de retiro contemplativos.

David Steindl-Rast, monge beneditino, ficou curioso a respeito do corpo de arco-íris depois de ouvir relatos sobre vários mestres tibetanos, conhecidos por sua sabedoria e compaixão, que tinham mostrado sinais dessa realização no processo de morte. Segundo os relatos, arco-íris surgiram repentinamente no céu na ocasião da morte desses mestres e depois de vários dias seus corpos desapareceram. Em alguns casos, restaram unhas e cabelos. Em outros casos, nada restou. Isso o fez refletir sobre a ressurreição de Jesus Cristo, ponto central de sua própria fé. Ele comentou: "Se pudermos demonstrar como um fato antropológico que o que está descrito na ressurreição de Jesus não apenas ocorreu com outros, mas ainda está acontecendo nos dias de hoje, a nossa visão do potencial humano será colocada sob uma luz completamente diferente."[63] O padre Steindl-Rast entrou em contato com o padre Francisco Tiso, um sacerdote católico romano ordenado que havia estudado a língua e a cultura tibetana, pedindo-lhe para investigar o assunto. O padre Tiso foi aluno de Khenpo Achö, um monge Gelukpa que viveu no leste do Tibete e cujo corpo desapareceu depois de sua morte em 1998. Ele conseguiu localizar a

---

63   Gail B. Holland, "The rainbow body", *IONS: Noetic Sciences Review*, número 59, mar/abr 2002, p.33.

aldeia no Tibete onde Khenpo Achö havia morrido e conduziu entrevistas gravadas com testemunhas oculares da morte de Khempo Achö. O padre Tiso relatou: "Todos os entrevistados mencionaram a fidelidade a seus votos, a sua pureza de vida e que ele muitas vezes falou da importância de se cultivar a compaixão. Ele tinha a capacidade de ensinar, mesmo às pessoas mais brutas e mais violentas, como ser um pouco mais suave, um pouco mais consciente. Estar na presença desse homem transformava as pessoas."[64]

De acordo com as testemunhas oculares que ele entrevistou, quando Khenpo Achö estava morrendo, a sua respiração parou e a sua carne se tornou um pouco rosada. Uma pessoa disse que o seu corpo ficou branco e radiante, e todos disseram que começou a brilhar. Por sugestão de um amigo, com o mesmo nome, Lama Achö, o corpo de Khenpo Achö foi envolto em um manto amarelo e, com o passar dos dias, testemunhas relataram que puderam ver através do manto que os seus ossos e o seu corpo estavam encolhendo. Após sete dias, retiraram o pano amarelo e nada havia restado de seu corpo.

Na literatura Dzogchen, essa conquista é conhecida como o "pequeno corpo de arco-íris". Muito mais rara do que ela é a conquista do corpo de arco-íris da grande transferência. Com essa realização, a transmutação alquímica completa dos constituintes materiais do corpo em energia da consciência primordial pode ocorrer enquanto você ainda está vivo e com boa saúde. Eu encontrei poucos relatos de realizações como essas durante os últimos 1.200 anos no Tibete, embora elas possam ter ocorrido sem que eu tenha conhecimento. Um dos que a realizou foi Padmasambhava, que viveu no século VIII. Outro foi seu contemporâneo, Vimalamitra, e um terceiro foi Chetsün Senge Wangchuk, que viveu na virada do século XI para XII. Além disso, ouvi dizer que dois outros mestres tibetanos, Nyenwen Tingdzin Zangpo e Chetsün Senge Shora, alcançaram esse estado. O que Jesus manifestou após a sua morte é uma questão em aberto.

A transmutação de Padmasambhava foi concluída antes de ele ter morrido – não havia mais matéria em seu corpo, nada para morrer, nem mesmo fisicamente. Assim, se diz que ele não morreu. Aparentemente, ele dissolveu o seu corpo em luz e partiu do Tibete para outro reino onde a sua presença era mais urgentemente necessária. Mas a realidade mais profunda é que o seu próprio ser se expandiu infinitamente no espaço que tudo permeia, o dharmakaya, ou mente do Buda. Düdjom Lingpa apresenta essa visão geral dos diferentes níveis de realização do corpo de arco-íris:

---

64   Ibidem, p.34.

Aqueles de faculdades mentais superiores são liberados como uma corporificação da grande transferência, expandindo-se infinitamente no dharmakaya que tudo permeia, como a água fundindo-se com a água ou o espaço fundindo-se com o espaço. Aqueles de faculdades medianas atingem a iluminação como um grande corpo de arco-íris, como um arco-íris desaparecendo no céu. Para aqueles de faculdades inferiores, quando a clara luz da base surge, as cores do arco-íris se estendem partindo do espaço absoluto e os seus corpos materiais diminuem de tamanho, até que finalmente desaparecem como corpos de arco-íris, não deixando para trás qualquer vestígio de seus agregados. Isso é chamado de "pequeno corpo de arco-íris". Quando a clara luz da base surge, os corpos materiais de algumas pessoas diminuem de tamanho ao longo de um período de até sete dias e, em seguida, finalmente, deixam para trás apenas o resíduo de seus cabelos e de suas unhas. A dissolução do corpo em partículas diminutas é chamada de "pequena transferência". Para aqueles de faculdades superiores, essa dissolução do corpo em partículas diminutas pode ocorrer até mesmo durante o Atravessar (Breakthrough).[65]

Uma ciência contemplativa da consciência

Em nosso mundo materialista moderno, todos esses relatos soam como pura fantasia. No entanto, certa vez, o grande escritor de ficção científica Arthur C. Clarke comentou que qualquer tecnologia suficientemente avançada é indistinguível da magia para aqueles que não a compreendem. E John Searle, um filósofo contemporâneo, recentemente declarou: "Apesar de nossa arrogância moderna sobre o quanto sabemos, apesar das garantias e da universalidade da nossa ciência, no que diz respeito à mente, estamos caracteristicamente confusos e em desacordo."[66] Isso não quer dizer que ele, defensor do materialismo científico, acharia plausível o que foi afirmado anteriormente. Mas talvez essa observação deva ser tomada como uma nota de advertência sobre confundir meras suposições com conhecimento.

Os budistas tibetanos, apoiando-se nas descobertas do Buda e em 1.500 anos de experiência contemplativa budista indiana, têm preservado e desenvolvido uma ciência da consciência altamente avançada ao longo dos últimos

---

65   Düdjom Lingpa, Op.cit., p.464-465.

66   John. R. Searle, *The Rediscovery of the Mind*, Cambridge, MIT Press, 1994, p.247.

1.200 anos. Nós, no Ocidente moderno, só agora estamos na infância do desenvolvimento dessa ciência. Embora estejamos muito avançados quanto a ciências físicas, quando se trata de compreender a natureza e os potenciais da consciência, ainda estamos na Idade das Trevas. É uma tarefa que exige rigorosa investigação empírica e não uma fé cega ou racionalização metafísica. À luz do comentário de Arthur C. Clarke, as tecnologias contemplativas dos tibetanos podem ser tão avançadas que, para nós, são indistinguíveis da magia.

No geral, não há nada que me impressione por ser tão profundamente universal, perene e primordial como o Dzogchen. Muitos aspectos do budismo são únicos, como as quatro aplicações da atenção plena e os ensinamentos Madhyamaka sobre a vacuidade. Mas encontramos ensinamentos profundamente semelhantes ao Dzogchen em diversas tradições contemplativas ao longo da história, no Oriente e no Ocidente. Em última análise, sou propenso a pensar que o Dzogchen é primordial e universal demais para ser confinado a qualquer tradição espiritual em particular.

Reflexões finais

Diz-se, especialmente na ordem Nyingma do budismo tibetano, que o Dzogchen é a joia da coroa de todos os níveis e modalidades de prática budista. Por muitos séculos, o Dzogchen foi ensinado apenas para as pessoas que haviam recebido uma série de iniciações e que já haviam concluído extensas práticas preliminares. De maneira geral, esse ainda é um bom conselho. Ao mesmo tempo, também é verdade que a tradição Nyingma preservou uma série de profecias que supostamente se relacionam com a nossa era, após o Tibete ter sido subjugado e a liberdade de preservar a sua herança espiritual ter sido negada aos tibetanos. Foi profetizado que haveria um florescimento do budismo fora do Tibete. Isso está começando a acontecer. A nossa época é considerada uma era de degenerescência em vários aspectos, o que é óbvio para muitos de nós. Paradoxalmente, a previsão era de que nesta era degenerada o Dzogchen iria florescer. Poderia se pensar que em eras degeneradas, em que as pessoas são brutas, materialistas e cheias de agressividade e egoísmo, o Dzogchen seria sutil demais para ser praticado. Mas, ao contrário, as profecias dizem que agora o Dzogchen está maduro.

Mais e mais professores, incluindo muitos mestres tradicionais, como os meus reverenciados lamas Gyatrul Rinpoche e Sua Santidade o Dalai Lama, estão tornando esses ensinamentos disponíveis para o público e não apenas para aqueles que foram iniciados no Vajrayana. O Dzogchen está sendo apresentado para as pessoas que nem sequer são praticantes budistas. Assim, o Dzogchen é algo que parece muito contemporâneo, embora se mantenha absolutamente primordial.

Um dos aspectos mais interessantes e promissores da teoria e da prática do Dzogchen é a ideia de que, quando se libera a mente, soltando as fixações, as qualidades inatas do próprio Buda surgem à superfície. Costuma-se dizer na literatura Dzogchen que, se você realizar rigpa, nenhuma outra prática precisará ser feita para cultivar bodicita. A grande compaixão, bondade e empatia – todas essas virtudes surgirão espontaneamente de sua própria consciência primordial. Essas qualidades da consciência emergem naturalmente quando simplesmente paramos de impedir, constringir e estrangular a consciência – se apenas não fazemos e fazemos o não fazer luminosamente. Se não fazemos em um estado de luminosidade, a mente se desembaraça, e surge uma fonte de alegria e de todas as qualidades da iluminação.

Gyatrul Rinpoche repreendeu seus alunos diversas vezes enquanto dava ensinamentos Dzogchen, dizendo: "Vocês sabem por que não realizaram as suas aspirações espirituais? Porque vocês não acreditam em si mesmos. Não que não acreditem no budismo ou na tradição Nyingma, mas porque vocês não acreditam em si mesmos." E assim é. O desafio diante de nós é primordial: descobrir quem realmente somos, conhecer a nós mesmos. Isso nos libertará.

Que muitos seres sejam beneficiados

Para maiores informações sobre lançamentos da Lúcida Letra,
cadastre-se em *www.lucidaletra.com.br*

Impresso em abril de 2021, na gráfica Vozes, utilizando-se as
fontes Bembo, ATRotisSemiserif e URW Palladio ITU sobre
papel Avena 80g/m².